MW01013792

ALL IN

CÓMO LOS GRANDES LÍDERES
CONSTRUYEN EQUIPOS EXITOSOS

ALL IN

MIKE MICHALOWICZ

Autor de la *GANANCIA ES PRIMERO* y *EL GRAN PLAN*

CONECTA

El papel utilizado para la impresión de este libro ha sido fabricado a partir de madera procedente de bosques y plantaciones gestionadas con los más altos estándares ambientales, garantizando una explotación de los recursos sostenible con el medio ambiente y beneficiosa para las personas.

All in

Cómo los grandes líderes construyen equipos exitosos

Título original: *All In: How Great Leaders Build Unstoppable Teams*

Primera edición: abril, 2024

D. R. © 2024, Mike Michalowicz

Esta edición es publicada en acuerdo con Portfolio, un sello de Penguin Publishing Group, una división de Penguin Random House LLC

D. R. © 2024, derechos de edición mundiales en lengua castellana:
Penguin Random House Grupo Editorial, S. A. de C. V.
Blvd. Miguel de Cervantes Saavedra núm. 301, 1er piso,
colonia Granada, alcaldía Miguel Hidalgo, C. P. 11520,
Ciudad de México

penguinlibros.com

D. R. © 2024, Elena Preciado Gutiérrez, por la traducción

Penguin Random House Grupo Editorial apoya la protección del *copyright*.
El *copyright* estimula la creatividad, defiende la diversidad en el ámbito de las ideas y el conocimiento, promueve la libre expresión y favorece una cultura viva. Gracias por comprar una edición autorizada de este libro y por respetar las leyes del Derecho de Autor y *copyright*. Al hacerlo está respaldando a los autores y permitiendo que PRHGE continúe publicando libros para todos los lectores.

Queda prohibido bajo las sanciones establecidas por las leyes escanear, reproducir total o parcialmente esta obra por cualquier medio o procedimiento así como la distribución de ejemplares mediante alquiler o préstamo público sin previa autorización. Si necesita fotocopiar o escanear algún fragmento de esta obra diríjase a CemPro (Centro Mexicano de Protección y Fomento de los Derechos de Autor, https://cempro.com.mx).

ISBN: 978-607-384-377-5

Impreso en México – *Printed in Mexico*

Dedicado a Helen Fuller, porque papá así lo habría querido

Índice

INTRODUCCIÓN
Los miembros de tu equipo se preocuparán por tu negocio en la
medida en que tú te preocupes por ellos.   11

CAPÍTULO 1. ¿POR QUÉ EL DESINTERÉS IMPERA EN LOS EQUIPOS?
Descubre cómo apartarte de esas "soluciones" temporales
e inefectivas para el compromiso de tus empleados   17

CAPÍTULO 2. ELIMINA LA ENTROPÍA
Detalla las listas de "indispensables" para cada rol y empareja
talentos con tareas   37

CAPÍTULO 3. CONTRATA POTENCIAL
Encuentra candidatos que tengan las habilidades
y el deseo de asumir el rol   57

CAPÍTULO 4. ADOPTA EL ACOPLAMIENTO DE CINCO ESTRELLAS
Contrata los mejores empleados para cada rol   83

CAPÍTULO 5. MANTÉN UN ENTORNO SEGURO Y DE ACEPTACIÓN
Comprométete con la seguridad física, psicológica
y financiera de tus empleados 103

Capítulo 6. Fomenta la propiedad psicológica
Motiva a los empleados para que actúen como dueños e inviertan
en su trabajo y en la misión de la compañía 117

Capítulo 7. Establece un ritmo de retención
Sigue un plan simple para conservar a tus empleados
desde el primer día................................. 137

Capítulo 8. Domina la herramienta motivacional definitiva
Consigue apoyo total en la visión y los objetivos
del negocio a través de la alineación de intenciones 159

Capítulo 9. Primero construye comunidad
Cultiva la pertenencia y el compromiso hacia los valores
e ideales de la compañía.............................. 175

Capítulo 10. Eleva la experiencia y el rendimiento
de los empleados de alto nivel
Construye tus equipos e incrementa el nivel de tu liderazgo .. 189

Capítulo 11. Adáptate a los entornos laborales cambiantes
Navega entre los cambios de la fuerza de trabajo
sin importar la distancia.............................. 209

Capítulo 12. Deja ir a la gente
Maneja las salidas del equipo con confianza 223

Cierre: Tu liderazgo vive por generaciones
Da la bienvenida a nuevas posibilidades para ti, para tu equipo y
tu negocio 241

Agradecimientos 249
Notas 251

Introducción

Entre los primeros días de trabajo que podrían tenerse, seguro el de Alexander Vasiliev es uno de los peores. Al final de su turno como guardia de seguridad en el Centro Presidencial Boris Yeltsin en Ekaterimburgo, Rusia, enfrentó cargos penales, le costó más de 3 mil dólares a su empleador y fue noticia internacional... sólo se necesitó una pluma para causar tantos estragos. Resulta que Vasiliev, aburrido, dibujó dos pares de ojos en los rostros inexpresivos de *Three Figures*, la obra maestra de vanguardia de Anna Leporskaya. La pintura estaba valorada en casi un millón de dólares y había sido prestada por la Galería Estatal Tretyakov de Moscú. Vasiliev fue despedido junto con la empresa de seguridad y acabaron pagando la restauración del cuadro. Cuando se le preguntó sobre su pequeño garabato (alias acto de vandalismo), Vasiliev dijo que no sabía que las pinturas eran valiosas, que no le gustaban y, ¡ah sí!, que algunas estudiantes lo incitaron a dibujar en las caras. Claro que sí, amigo...

A más de ocho mil kilómetros de distancia, Ben York, guardia de seguridad del Museo de Arte de Baltimore, tuvo una experiencia laboral muy diferente. Durante años, había contemplado *50 Dozen* del artista Jeremy Alden, una silla hecha con seiscientos lápices número dos. York había fantaseado con sentarse en la silla, pero nunca lo hizo porque sabía que no podía. Tanto él como sus compañeros guardias tenían un profundo respeto por el arte.

Entonces, Amy Elias, miembro de la junta directiva del museo, tuvo la idea de invitar a los guardias a curar su exposición:

"Guarding the Art". Durante los años de preparación, los centinelas de seguridad tomaron todas las decisiones sobre la exposición, desde qué piezas se exhibirían hasta el color de la pintura de las paredes. A medida que fueron comprendiendo mejor el proceso, aprendieron sobre la necesidad de que el arte funcione de manera armoniosa y fluida; a la par, entendieron mejor su papel en el museo. Ahora tienen una visión diferente de su relación con el arte.

Traci Archable-Frederick, una guardia de seguridad que eligió la pieza de *collage* contemporáneo *Resist #2* de Mickalene Thomas, dijo: "Estoy muy orgullosa de esta pieza, es como si yo la hubiera hecho". En cuanto a York, escogió la silla en la que llevaba tanto tiempo pensando. Siempre había protegido la pieza y ahora quería celebrarla. En el texto de su etiqueta, afirmó: "Elegí *50 Dozen*, en parte, porque me resulta gracioso pensar en una silla que se rompería si de verdad te sentaras en ella, como si fuera una broma hacia los guardias cansados".

Como líderes empresariales, buscamos en todos lados empleados que den más, hagan más y quieran más, como los guardias de seguridad del Museo de Arte de Baltimore, pero lo más común, es terminar con personas que usan un marcador sobre nuestra obra maestra de valor incalculable, si es que encontramos algún candidato. Y como no tenemos un equipo sólido, gastamos demasiado tiempo y dinero tratando de encontrar mejores personas y reteniendo a los empleados que *tenemos*. Con suerte, contamos con un par de personas increíbles en nuestro personal, pero su trabajo se ve comprometido porque sus colegas no hacen su parte.

Si sumamos alguna variable o contingencia (una emergencia sanitaria global, una división generacional, cambios en los estándares y políticas laborales), conseguir personal para tu empresa (ni hablar de crear un equipo que funcione todos los días) es una lucha implacable. Parece que la mayoría de los días son como manejar adolescentes rebeldes y, tan pronto los dominas, alguien vuelve a arruinarlo todo para el equipo. Esta volatilidad ya es bastante dura para las corporaciones... para las pequeñas empresas, puede ser devastadora.

Desde que escribí mi primer libro en 2008, me he dedicado a ayudar a emprendedores como yo, a las personas que iniciaron sus negocios y los dirigieron. Entonces llegó la llamada de una de esas megacorporaciones: Guardian Insurance. A María Ferrante-Schepis se le encomendó la tarea de descubrir cómo formar un equipo de ventas que adorara a sus clientes, se preocupara por la empresa y estuviera por completo comprometido con su trabajo. Sí, Guardian había investigado durante años y había encontrado algunas cosas interesantes, pero se trataba de grandes asuntos corporativos. Esta líder de recursos humanos quería el secreto que habían descubierto las pequeñas empresas exitosas (como la mía y las de tantos emprendedores que he conocido). Mmm... ¿Conque una gran empresa quiere saber cómo lo hacemos? Al principio me sorprendió, pero luego me di cuenta de que su interés tenía sentido.

Las pequeñas empresas no ofrecen a sus empleados enormes escaleras para subir. El trabajo no es estable. Las microempresas rara vez pueden ganar una batalla de ofertas de remuneración. Y no podemos ocultar los errores de contratación con puestos de "relleno". No contamos con fondos ni recursos suficientes, pero muchos emprendedores lo logran. Algunas empresas pequeñas están repletas de "jugadores estrella", pero la razón no es tan obvia.

Pensé en mis colegas y otros dueños de pequeñas empresas que cuentan con equipos extraordinarios, leales y motivados. No tienen trabajadores que maten el tiempo hasta fichar su salida o que hagan lo mínimo hasta encontrar un trabajo "mejor". Tienen empleados estrella que hacen el trabajo para el que fueron contratados, que aman lo que hacen y que buscan maneras de contribuir y resolver problemas. Empleados comprometidos que se preocupan tanto por las empresas para las que trabajan como los mismos propietarios.

Detente por un momento y considera esa posibilidad. ¿Qué podrías hacer si tuvieras un equipo que se preocupara tanto por tu empresa como tú? Su misión, clientes, crecimiento, *futuro*... La verdad es que no es una quimera; es una necesidad. No puedes impulsar la rentabilidad, gestionar las disrupciones ni escalar tu empresa si a tu equipo no le importa tu negocio.

Cuando hice mi primer plan de negocios a la tierna y despistada edad de veintitrés años, no imaginé un equipo así. ¡Caray!, ni siquiera sabía que necesitaba uno. Pensé en contratar personas que estuvieran calificadas para hacer el trabajo y que todos haríamos lo posible para brindar un buen servicio a nuestros clientes. ¡Error! (suena la chicharra de un programa de concursos). Para encontrar y conservar excelentes empleados, probé todas las cosas (incorrectas), y luego más cosas (incorrectas), y luego inventé algunas cosas raras y las probé también. Pero seguí volviendo a los mismos desafíos. Sin importar mis esfuerzos, me sentía paralizado, descorazonado e impotente. Reclutar gente, retenerla, ni hablar de "elevar el nivel…", todo eso era una vida de constante frustración y de sentirme abrumado.

Tener un equipo que se preocupe tanto como nosotros por nuestra empresa parece inalcanzable, ¿no? Y suena a mito, tan difícil como encontrar el Santo Grial. La buena noticia: no lo es.

Solía creer que el 10% de la población (o algún otro pequeño número aleatorio) estaba conformado por grandes trabajadores y que todos los demás apestaban. Que toda la gente buena ya tenía trabajo y que cualquiera que buscaba empleo no lo encontraba porque no era empleable. Pensé que era un jugador estrella y que nadie más podía estar a la altura.

Después de años de luchar para formar un equipo que no sólo hiciera el trabajo, sino que también ayudara a crecer mi empresa, comencé a pensar de manera distinta sobre mi papel en esa lucha. Siempre me había considerado un emprendedor. Implementé estrategias comerciales para conseguir más clientes importantes, lograr y mantener la rentabilidad, perfeccionar el negocio para que funcionara sin mí y comercializarlo de una manera que llamara la atención de mis clientes potenciales ideales. Pero cuando intentaba aplicar "estrategia empresarial" a la formación de equipos, siempre fracasaba. Intenté conformar un mejor equipo construyendo un mejor negocio, cuando en realidad necesitaba convertirme en un mejor líder. No sólo un líder decente o un buen líder. Un *gran* líder.

Si quería que mis empleados lo dieran todo, tenía que darlo todo por mis empleados.

Permíteme repetirlo con una ligera reformulación, ya que la repetición es la madre de la maestría:

Si *tú* quieres que *tus* empleados den todo por tu negocio, *tú* tienes que darlo todo por *tus* empleados.

Y eso hice. Lo di todo. Para ser más específicos, aprendí cómo hacerlo y luego lo practiqué. Descubrí que todo el mundo se siente como un jugador estrella: tú, yo, nosotros. Y la verdad que descubrí es que *todos* lo somos. Sí, todo el mundo es un jugador estrella. Algunos sólo están en espera. Eso se llama potencial.

A través de prueba, error y mucho esfuerzo, identifiqué una fórmula que crearía las condiciones adecuadas para encontrar y nutrir ese potencial. Confié en el proceso, seguí adelante y ahora tengo un equipo repleto de personas con el mejor desempeño. Los líderes empresariales ahora vienen a hacer un recorrido por nuestra pequeña oficina de ocho personas, conocer al equipo y ver cómo lo hacemos. Y la cuestión es que sólo hacemos lo mejor que no se ve en la mayoría de las otras empresas. Tomamos ideas de equipos deportivos, universidades, prácticas religiosas y, lo más importante, de investigaciones psicológicas y conductuales. Y *voilà*, nuestro equipo está curando arte, no hay ni un solo rayón de marcador en el lugar.

Mi misión fue estudiar las empresas que habían descubierto cómo conformar equipos extraordinarios. Al investigar y entrevistar (bueno, tal vez fueron interrogatorios) a líderes empresariales que hicieron lo correcto, esperaba encontrar el eslabón perdido; la diferencia única, clave, que todos aplicaron a sus organizaciones. En cambio, encontré cuatro. Y esas cuatro estrategias se convirtieron en una fórmula de liderazgo que apliqué a mis empresas. Y funcionó.

He aprendido de grandes líderes y he implementado sus ideas, a veces con torpeza. Estoy lejos de ser perfecto, pero descubrí que incluso implementar pequeñas cosas tiene un impacto positivo significativo. Nuestro equipo continúa sorprendiéndome y deleitándome mientras trabajamos juntos para crecer la organización.

No es necesario que desarrolles tus capacidades de liderazgo al 100% mañana… ni nunca. No es necesario ser perfecto al intentar implementar nuevas ideas. Y no es necesario que hagas todo lo que aprendas aquí. Sólo importa empezar y comprometerse con la mejora continua.

Puedes liderar un equipo extraordinario que lo dé todo por tu empresa. De hecho, sucederá porque lo darás todo por ellos.

Capítulo 1
¿Por qué el desinterés impera en los equipos?

Una cosa es que te cachen. Y otra que te *cachen*.

En teoría, Elliott parecía el correcto. Necesitábamos un técnico informático sólido y parecía tener todas las credenciales adecuadas. Dominaba el *hardware* y el *software* adecuados. Tenía años de experiencia haciendo lo mismo que nosotros. No noté ni un solo error tipográfico en su currículum, una clara demostración de su atención al detalle. Y una ventaja adicional: ¡hablaba español con fluidez!

Su entrevista estuvo bien. Era elocuente y simpático. El traje le quedaba bien y la corbata combinaba con su camisa, lo cual es un pequeño milagro para un informático. Aunque en ese momento sólo me había reunido con tres candidatos, lo contraté en el acto. No es que hubiera ganado el premio gordo con Elliott. Elegí no entrevistar a nadie más porque él cumplía con todos nuestros requisitos y yo estaba abrumado. Perder el tiempo entrevistando a más personas sería costoso y agotador. Necesitaba a alguien pronto, como para ayer.

Mi socio comercial y yo ya no podíamos soportar la carga de trabajo. Habíamos fundado nuestra empresa, Olmec Systems, para brindar soporte técnico a compañías locales y, a medida que crecimos, ambos seguimos haciendo el trabajo para clientes con los que siempre habíamos colaborado. Cuando publicamos la vacante para un técnico, estábamos más que agotados. Nos sentíamos paralizados e impotentes. Incapaces de encontrar la ayuda que necesitábamos. ¿No es frustrante? Cuando más ayuda necesitas, tienes la menor cantidad de tiempo y energía para conseguirla.

En esos días, llegaba a casa arrastrándome desde el trabajo y mucho después de que mis hijos se fueran a dormir, y luego me levantaba temprano para hacerlo todo de nuevo. Todos los lunes me decía: "Si puedo pasar esta semana, tendré tiempo para encontrar y desarrollar a la persona adecuada". Pero nunca sucedió.

Necesitábamos clones nuestros o lo más parecido a ellos que pudiéramos conseguir. Alguien que tuviera pulso, escribiera en un teclado y conectara algunos cables. Los otros dos candidatos que entrevistamos tenían algunas dudas. Así que un tipo con la experiencia que buscábamos, vestido con un traje ajustado y con un currículum en papel grueso, era nada menos que una bendición del cielo.

En su primer día de trabajo, envié de inmediato a Elliott al campo para ayudar a nuestros clientes, sin ninguna capacitación sustancial. Aclaro: cuando digo que no recibió "ningún entrenamiento sustancial", en verdad quiero decir que no recibió ninguno. Nada. Sin ninguna reunión. No hubo una plática para "conocernos en persona". Ni un "ahí está el baño, ahí está tu escritorio, siéntete libre de explorar". Cuando Elliott apareció la mañana del primer día, le di las direcciones de los clientes que debía visitar, los problemas que debía solucionar y *lo* empujé hacia la puerta, de manera literal.

Teníamos clientes que necesitaban servicios con urgencia ese día y cuando Elliott regresó para preguntar: "¿Qué debo hacer si…?", puse mi mano en su hombro como diciendo: "Tú puedes con esto" y le di una palmadita (un "empujoncito", pues) hacia la puerta.

Mientras caminaba hacia su auto con el kit de herramientas tecnológicas que le di, le grité: "Llámame si me necesitas".

Sí, enviarlo directo al campo fue otro movimiento apresurado, pero no tuve tiempo para entrenarlo. Necesitábamos que se pagara por sí mismo desde el primer día. Además, así fue como comencé mi primer trabajo. ¡Prueba de fuego! ¡Aprendizaje en el trabajo! Si está en tu currículum, puedes hacerlo.

Al cabo de unas horas, Elliott empezó a llamar para hacer preguntas: "¿Cómo hago esto? ¿Cómo configuro eso? ¿Por qué esta cosa no funciona con esa cosa?". Y mi pregunta favorita (o sea, la que menos me gusta de todos los tiempos): "Oye, este cliente sólo habla español. ¿Cómo les pregunto dónde está el baño?". ¿No especificaba su currículum que hablaba español con fluidez...? Uf, olvídalo.

La persona que contratamos para ayudarnos a administrar nuestra carga de clientes no podía manejar nada por sí solo. En lugar de liberar nuestro tiempo, nos puso más carga a mi socio y a mí. Yo no podía hacer el trabajo técnico que necesitaba hacer cuando ayudaba a Elliott con el suyo. Pero el tiempo perdido era el menor de nuestros problemas. Pronto puso las infames "esposas de oro" al revés.

A medida que se familiarizó con nuestros clientes y sus sistemas, Elliott comenzó a aprender elementos de su tecnología que sólo él podía mantener. Configuró las computadoras a su manera, no a la nuestra. Yo no sabía cómo configuraba cierta tecnología y (por desgracia) no conocía algunas de las contraseñas que establecía. Al cabo de un mes, Elliott ya no sentía que debía quedarse en nuestra empresa, al contrario: sentí que *yo* necesitaba que *él* se quedara.

Elliott me había atado las manos a la espalda y las esposas estaban cerradas. Tenía la llave de oro. Estaba a *su* antojo. Si uno de nuestros clientes tenía un problema, se me pedía que Elliott hiciera el trabajo. Tenía la ventaja. No podía despedir a Elliott, él podía "despedirme" a mí, el líder, y dejarme tambaleando tratando de descubrir cómo apoyar a nuestros clientes.

Aunque parecía incapaz de hacer gran parte del trabajo y desinteresado en recibir instrucciones de mí, su jefe, se había vuelto indispensable. Él sabía cosas que yo ignoraba, por lo que despedirlo arruinaría las relaciones con los clientes y me agotaría aún más. Me quedé congelado por la frustración.

Entonces Elliott dijo: "Necesitamos hablar de mi remuneración. A la gente de mi nivel se le paga el doble de lo que yo gano. Siento que me están defraudando, Mike. No me siento bien con eso y sospecho que tú tampoco. Espero que me solucionen eso antes de que me necesiten para salvar a un cliente de un desastre en la red". DIOS MÍO. ¿En serio? ¿Mi empleado me estaba extorsionando?

Empecé a pensar: "Tal vez si le pago más, estará más motivado. Me escuchará. Lo hará mejor". Ese momento me llevó al vórtice laboral más extraño que jamás experimenté. El tipo al que tanto quería despedir era el mismo al que buscaba cómo pagarle más. Tal vez si tomara los pocos dólares que me había asignado como salario y se los diera, lo convencería de quedarse y seguir siendo feliz (gané 17 mil en mi tercer año como propietario de una empresa en 1998; en dólares de hoy, eso es como 500 dólares *negativos*).

No era tanto que Elliott me estuviera extorsionando. Yo me estaba estafando a mí. Con la esperanza de transformar a un mal empleado en uno bueno, quería pagarle *más dinero* a un tipo nefasto en su trabajo. Me aferré a un trabajador que no trabajaba porque estaba aterrorizado por el proceso de contratación que, claramente, no había funcionado. La idea del esfuerzo necesario para entrenar y retener lo empeoró. Y ahora planeaba renunciar a los pocos dólares que llevaba a casa para pagarle a un empleado que tenía todo el poder.

Quizá podría trabajar con él para mejorar su desempeño laboral.

Probablemente podría encontrar una manera de motivarlo a invertir más en el éxito de nuestra empresa.

Tal vez los unicornios volarían desde Marte y lo rociarían con diamantina mágica de "empatía", por lo que de repente comenzaría a adorar a nuestros clientes en lugar de a sí mismo.

A mediados de diciembre, más o menos tres meses después de haber comenzado a trabajar, todos mis "tal vez" fueron respondidos con un claro "no". Elliott me dejó un mensaje de voz con una triste noticia. "Mi abuela falleció ayer, de manera inesperada. Mi familia y yo estamos devastados. Tengo que ir a Georgia para su funeral este viernes. Estaré fuera por una semana".

Elliott parecía consternado por la pérdida de su abuela, pero algo parecía sospechoso. Primero, su voz sonaba rara, como si hubiera puesto su mano sobre el auricular para bloquear el ruido de la fiesta circundante. Y me dejó el mensaje amortiguado a la una de la mañana de un sábado. Pude escuchar el ritmo contagioso de "Jump" de Kris Kross sonando de fondo. No es la típica música lúgubre que se escucha cuando fallece un ser querido. Todos lloramos a nuestra manera, pero ¿con *Wiggida Wiggida Wack Hip-hop*?

A pesar de mi aprehensión, nunca le negaría a un empleado tiempo libre para ir a un funeral, así que le dejé un mensaje de respuesta ofreciéndole mis condolencias y le di una semana libre, pagada, por supuesto. Luego me puse de inmediato a trabajar cubriendo a nuestros clientes, con un tercio de nuestro personal fuera de servicio.

Fue entonces cuando la puerca torció el rabo.

Casi a mitad de semana, uno de nuestros clientes me dejó un mensaje de voz. "¡Oh, Dios mío! Eres el mejor jefe de todos los tiempos", dijo. "Me encontré con Elliott en las Bahamas. Es tan sorprendente que le hayas dado una semana libre para estar en la fiesta de The Buzz 99.3 FM".

¿¡Qué!?

Elliott estaba en una especie de fiesta de una semana en una isla caribeña mientras nosotros arreglábamos su trabajo... ¿y pagábamos sus vacaciones?

Y espera. Un momento... *Tal vez* no estaba de fiesta hasta el cansancio. *Taaaaaal veeeeez* la muerte de su abuela era una historia que había inventado.

Empecé mi negocio como empresario, pero después de contratar a mi primer empleado ahora era un detective profesional en formación. Como no estaba 100% seguro de que nuestro cliente hablara de la persona adecuada, envié un ramo de lirios a los padres de Elliott con una nota que decía: "Lamento mucho el fallecimiento de su madre. Elliott me dijo lo mucho que significaba para su familia".

Fue entonces cuando todo explotó. Confundidos por la nota, los padres de Elliott lo llamaron a él y a nosotros. Después de todo, la abuela estaba viva y bien (apuesto a que lo descubriste mucho antes que yo). Resulta que Elliott había ganado un concurso en la radio para una fiesta en las Bahamas el sábado anterior (supongo que alrededor de la una de la mañana, pero ¿qué sé yo?), y usó a su abuela como excusa para obtener tiempo libre remunerado.

Cachamos a Elliot. No lo cachamos de manera normal. Lo atrapamos del tipo *mataste-a-tu-abuela*.

Sus padres estaban furiosos (espero). Yo estaba furioso (seguro). ¿Y Elliott? Estaba sin trabajo (definitivamente).

Si me hubiera dicho que había ganado los boletos, lo habría aceptado. Habría dicho: "¿Una fiesta de una semana en una isla, gratis? ¡Diablos, sí! ¡Adelante! Recuerda hidratarte". En cambio, recurrió a la manipulación para salirse con la suya. Sólo después me di cuenta de que era su *modus operandi*.

Las consecuencias después de despedir a Elliott fueron duras. Tuve que explicarles a los clientes a su cargo por qué lo había despedido y luego solucionar todos los problemas e inconsistencias que había creado. Después de cuatro meses, estábamos donde habíamos empezado: exhaustos y haciendo todo el trabajo. En realidad, fue peor. Perdimos la confianza de algunos de nuestros clientes. Elliott había dejado sus sistemas abandonados y ni siquiera teníamos la mentada contraseña. Contratamos a un empleado que no se involucró por completo y ahora teníamos un puñado de clientes que se habían ido.

De acuerdo con Trakstar, las "malas contrataciones" cuestan miles de dólares a las empresas, pero seguro no es necesario que te lo diga. Quizá te sorprenda saber que, según una encuesta de Harris Interactive, 41% de propietarios de empresas dijeron que las malas contrataciones les costaron más de 25 mil dólares. Espero que eso sí *sea* una sorpresa para ti. Y seguro espero que no estés pensando: "Ojalá fueran *sólo* 25 mil dólares". Más allá de los gastos de reclutamiento y contratación, está el costo del tiempo improductivo, los clientes insatisfechos o perdidos y la interrupción de los demás. Cuando un empleado no encaja, puede socavar la moral y el desempeño de todo el equipo. Y el jefe mandón, tú, pierdes el sueño como beneficio adicional.

Mucho después de despedir a Elliott, seguí echando espuma por las cuentas bloqueadas, la supuesta abuela muerta, todo eso. Le grité a cualquiera que quisiera escucharme. Cuando me vi en el espejo después de una rabieta en particular animada, con la cara roja y saliva en las comisuras de la boca, hice una promesa solemne: *No más malas contrataciones.*

La ruleta de compromiso de los empleados

Con el tiempo, aprendí a contratar con más paciencia. Y encontré buenas personas a las que en verdad les importaba. Pero todavía batallé para mantener a todos mis empleados comprometidos. Aún me costó formar un equipo en el que todos se preocuparan tanto como yo.

Cinco años más tarde vendí mi participación en Olmec en un acuerdo de capital privado y cofundé una empresa de investigación forense informática. A medida que crecí como líder, supe que la esencia de una empresa exitosa era un equipo extraordinario. Estoy convencido de que sabes lo mismo. Pero saber y hacer son dos cosas diferentes. Y por mucho que quisiera un equipo imparable repleto de empleados estrella, tuve que batallar.

Ahora considero que mi segunda empresa es una caja de Petri para la formación de equipos. Era como si estuviera jugando en una ruleta de "estrategias para el compromiso de los empleados" y probando cualquiera donde cayera mi tiro. Y cuando no funcionaba tan bien como esperaba, o no funcionaba en absoluto, volvía a girar la ruleta y lo intentaba de nuevo. Intenté pagar más dinero y aumentar los beneficios. Probé con jornadas laborales más cortas y horarios flexibles. Jornadas laborales más largas con semanas laborales más cortas. Intenté crear una cultura empresarial y un conjunto de valores corporativos. Puse citas motivadoras en las paredes. Intenté ejercicios de formación de equipos y reconocimiento de los empleados. Intenté reunir a mis tropas en torno a un gran objetivo y derrotar a un enemigo común. Incluso intenté llevar un futbolito.

Algunas de las estrategias que probé "funcionaron", pero sólo de manera temporal. Incluso cuando tenía uno o dos empleados superestrellas, el resto del equipo parecía desconectado. Quería un equipo completo de artistas. Quería un equipo que se preocupara tanto como yo y comencé a creer que no era posible. Después de todo, soy un emprendedor. Yo construí el negocio. Yo soy el accionista. Cosecho las recompensas cuando ganamos: el dinero es para mí, los elogios son para mí, el ego es todo mío. ¿A quién le va a importar tanto el negocio como a mí?

No eres tú, soy yo

Estábamos en el lugar correcto en el momento correcto. Nuestra empresa forense se convirtió en una autoridad del sector, pero el motor que impulsaba esa empresa (mi equipo) era frágil. Teníamos tres empleados estrella y el resto parecía quedarse un poco corto aquí y allá. Justo cuando empezábamos a fracturarnos, vendimos la empresa a Robert Half International. A diferencia de mi última salida, esta vez permanecería en la empresa durante un año. No tenía idea de qué se esperaba de mí ni cuál era mi papel. Sólo que debía hacer… algo.

Ahora yo no era el jefe. Era empleado.

El primer día oficial de la adquisición me presenté en nuestro edificio existente según las instrucciones. No estaba nadie de Robert Half. Nadie se comunicó con nosotros. Nadie llamó. Nadie pasó por ahí. Nadie reconoció nuestra existencia. Me empujaron a salir de mi antiguo negocio y a trabajar en uno nuevo, con la expectativa de terminar las cosas. Pero no tenía idea de qué hacer. Lo único que recibí fue un correo electrónico del nuevo jefe que decía: "Llámame si necesitas algo". Sólo un correo electrónico críptico. Sin instrucciones. Sin entrenamiento. Nada.

Unas horas más tarde llamé a la oficina principal para tratar de decidir qué hacer (mi nuevo "jefe" se olvidó de incluir su número en su correo electrónico). No conseguí a nadie. Grillos. Todos recuerdan su primer día de trabajo y el mío fue el sonido ensordecedor del silencio.

Esa noche mi esposa, Krista, preguntó: "¿Cómo estuvo su primer día, señor corporativo?". Estaba emocionada de que por fin hubiera salido de la rueda del hámster empresarial y tuviera un trabajo "real" y "confiable".

"No lo sé", dije. "Me quedé sentado ahí. No sabía qué hacer y nadie me indicó nada. Nadie me habló siquiera. Si tuviera que expresar mi sentimiento actual, en una palabra, sería *abandonado*".

Abandonado. Era mi primer día y me sentía descartado por la empresa a la que pretendía dedicarme. Comencé ese primer día a las ocho de la mañana, listo para trabajar, y cuando estaba hablando con mi esposa a las ocho de la noche, estaba dispuesto a renunciar. Doce miserables horas.

Al cabo de unas pocas semanas, Robert Half empezó a trasladar a algunos miembros del antiguo equipo a diferentes roles, roles que no tenían sentido. Por ejemplo, trasladaron a Maryellen, que gestionaba las investigaciones forenses, a un puesto (mucho) menor: entrada de datos. Nunca la entrevistaron, nunca preguntaron por ella, sólo dijeron: "Ahora vas a hacer esto". Su trabajo consistía en llenar el vacío.

Maryellen empezó a llegar al trabajo con lágrimas corriendo por su rostro. "Odio estar aquí", decía. "Me están destruyendo. No sé qué hacer. Necesito un trabajo, pero no puedo hacer esto".

Quería ayudar a Maryellen y a los demás que de repente se encontraron atrapados en roles que no tenían sentido o seguían protocolos que no entendían. El jefe de Robert Half cambió a nuestra gente para ocupar el siguiente puesto vacante. ¿Y yo? No tenía autoridad. Sólo me dijeron que trabajara.

Mi nuevo jefe, John (¿o era Frank o Ken?), no me dio ninguna dirección, excepto una métrica de horas facturables que no pude cumplir porque no tenía indicaciones. Sin comunicación, orientación ni sensación de control, con rapidez me desconecté del negocio y de mi antiguo equipo. Nadie hablaba de "renuncia silenciosa" en ese momento, pero ese término se ajusta a cómo me sentía y a cómo me comportaba. Robert Half pasó doce meses de diligencia debida para adquirir nuestra empresa y en doce horas había perdido mi corazón.

Se cometieron errores. Los conflictos en los proyectos se convirtieron en la norma. Y mi antiguo negocio próspero comenzó a colapsar. Con una previsión de ganar 7 millones de dólares el año en que nos adquirieron, recaudamos unos lamentables 300 mil dólares. Fue entonces cuando el liderazgo de Robert Half empezó a enloquecer.

John me llamó a su oficina. "Mike, necesitamos que arregles esto. Ahora sabemos por tu equipo que tú supervisabas las operaciones. Estás en la posición equivocada. En realidad, deberías ser director".

Me burlé. No estoy orgulloso de ello, pero lo hice. Yo era propietario de una parte considerable de la empresa que acababan de adquirir, pero nunca me habían entrevistado sobre lo que hacía, por lo que no tenían idea de que yo manejaba las operaciones diarias. Ahora que todo estaba jodido, querían que yo interviniera y lo arreglara.

Rechacé la oferta y volví a mi "trabajo", que consideré que ahora debería incluir hablar con aspirantes a empresarios sobre la creación y venta de empresas, y los peligros que pueden surgir.

Meses después me despidieron.

Esta vez John me llamó a la sala de conferencias. La temible, justo al lado de la oficina de Recursos Humanos. Allí se sentó a la cabecera de la mesa, con la persona de Recursos Humanos a su derecha y alguien que supongo era otro de mis "jefes" a su izquierda. Regla corporativa número uno: cúbrete las espaldas. Un disparo = dos testigos.

John es una buena persona. Podrías sentir eso de él. Pero el estrés de la maquinaria corporativa también lo estaba aplastando. Entonces sus emociones se apoderaron de él y gritó. Su cara se puso roja como un betabel. Me gritó a mí y a mi incapacidad para cumplir con la empresa. Maldijo y me señaló. "¿Por qué no haces nada? ¿Cómo puedes tener tantas credenciales y ser tan inútil? ¿Cómo es que estás hablando con aspirantes a empresarios con el dinero de la empresa?".

Las venas de su sien latían con ira incontrolable. Era un hombre al límite de su sentido común. Pero lo único que podía pensar era: *este tipo es un idiota.*

Me quedé mirando la saliva que se acumulaba en la comisura de su boca y recordé mi propia cara roja y humeante en el espejo después de una de mis rabietas por culpa de Elliott en las Bahamas. En ese momento, la verdad me abofeteó:

John no es un idiota. Tampoco Elliott.

Yo lo soy.

Yo soy el idiota.

Y ahora *me* había cachado.

Todos estos años pensé que Elliott era el problema, cuando en realidad era mi falta de liderazgo. Apenas lo entrevisté. Nunca lo entrené. Lo arrojé al campo sin siquiera un almuerzo de bienvenida y mucho menos un descanso para ir al baño. Evité sus llamadas el día uno, el día dos y todos los días siguientes.

Nunca llegué a conocerlo, no tuve tiempo para escuchar sus ideas y no creé un ambiente de trabajo en el que se sintiera cómodo compartiendo noticias increíbles, como ganar un viaje increíble. Nunca consideré su potencial ni intenté desarrollarlo. Esperaba que él sirviera a mi empresa y no me importaba en lo más mínimo servirle a él. Lo traté como un recurso, como un maldito recurso humano, no como a un ser humano.

¿Habría funcionado Elliott si hubiera hecho todas esas cosas bien? Tal vez. Tal vez no. Pero ya no podía negar mi parte en el problema.

Cuando Elliott llegó a su casa, tras su primer día de trabajar conmigo, seguro un ser querido le preguntó: "¿Cómo estuvo tu primer día?". Y sólo puedo sospechar que respondió como lo hice yo en mi primer día. "Meh" en el mejor de los casos. "Abandonado" en el peor de los casos.

Ahora, más allá del liderazgo deficiente, me di cuenta de que, si quería un equipo de alto rendimiento, era yo quien necesitaba cambiar. Necesitaba aprender las herramientas de un gran liderazgo.

Mientras salía por la puerta giratoria a la acera de la Avenida de las Américas en la ciudad de Nueva York, sentí un alivio y una iluminación extraordinarios. En ese mismo momento supe que comenzaría una nueva empresa con un nuevo *yo* y me sentí muy bien. Y esta vez sería diferente. En ese momento, prometí convertirme en el mejor líder que pudiera ser. Liderar un equipo de empleados a quienes les encantara venir a trabajar, que se sintieran fortalecidos y llenos de energía por su trabajo y que se sintieran alentados a ser ellos mismos y contribuir a la empresa a su manera porque sabían que sus líderes se preocupaban profundamente por ellos. A partir de ese día, daría todo por mi equipo. Y esta vez, tendría un equipo completo que daría todo por la empresa.

En realidad, ¿qué significa darlo todo?

Quizá estés pensando: "Mike, *sí* me preocupo por mis empleados. *Lo doy todo* por ellos". Sé que te importa, de lo contrario no habrías tomado este libro. El desafío para nosotros como líderes es que tenemos una perspectiva diferente sobre el trabajo y la empresa que la de nuestros empleados. Y hasta que entendamos esta diferencia fundamental, ningún interés creará el equipo que queremos.

Según el Pew Research Center, más de la mitad de las personas que trabajan para una empresa privada dicen que su trabajo es sólo lo que hacen para ganarse la vida. Pero casi dos tercios de los propietarios y líderes de empresas dicen que su trabajo les da una identidad. Ésta es una brecha enorme.

Tengo una teoría sobre por qué la brecha es tan grande. Piénsalo: como líder empresarial, tienes potencial y posibilidades ilimitadas. Puedes seguir tus deseos. Puedes convertirte en la persona que quieras ser porque *tú* tienes el control. Sé que tal vez no te sientas así cuando estás trabajando duro un sábado, o cuando pareces estar a merced de tus fechas límites, de tus clientes o de la sociedad. A pesar de cómo te sientas, tienes más control sobre tu futuro en tu empresa que tu equipo sobre el de ellos. Tienes un potencial que puedes aprovechar. Tu trabajo te permite explorar y expresar tu verdadera identidad.

Identidad. Ésa es la brecha. El puente entre tú y tu equipo es la identidad. En específico, el puente permite a las personas explorar y expresar su verdadera identidad. Apoyarlos, guiarlos, ayudarlos a expresar su potencial y, como resultado, vivir en su verdadero yo: su identidad.

Estar por completo de acuerdo con tus empleados es reconocer y fomentar su potencial, preparar el escenario para que tu equipo aproveche sus mayores deseos y los alientes a expresar su verdadero yo. Creo que mi función es ayudar a todos los miembros de mi equipo a ser más quienes son, quienes se sienten llamados a ser.

Cuando adoptas esta creencia como propia, puedes crear con más facilidad las condiciones que necesitas para formar tu equipo. Si no realizas este cambio, la fórmula que estoy a punto de compartirte no funcionará tan bien como podría. Simplemente no lo hará.

Bronnie Ware, autora de *De qué te arrepentirás antes de morir*, quien experimentó años de trabajo insatisfactorio, inició un proceso mientras trabajaba en cuidados paliativos. Pidió a sus pacientes moribundos que compartieran sus mayores arrepentimientos. ¿Número uno? "Ojalá hubiera tenido el coraje de vivir una vida fiel a mí, no la vida que otros esperaban de mí". Leal a mí. Ésa es la maldita definición de identidad. La gente quiere vivir su identidad. Quieren explorar y desarrollar su potencial. Las personas quieren ser lo mejor que pueden ser.

Y ahí lo tienes. Un gran líder capacita a las personas para que sean ellas mismas de manera plena. Cuando lo hagas con seriedad y constancia, tu equipo florecerá. Tu gente florecerá. Y tú también florecerás.

La fórmula All in

No hay una varita mágica para el proceso de contratación.

Una pregunta elegante de entrevista como "¿cuándo debes acelerar para pasar un semáforo en amarillo o cuándo detenerte ante uno?" no te dice nada sobre un candidato. Pedir a los jugadores estrella que te presenten a sus amigos jugadores rara vez da mucho resultado. Y si bien un currículum repleto de mucha experiencia aplicable puede brindarte un poco más de ayuda, la verdad puede ser el engaño más peligroso en el mundo del reclutamiento y la retención.

A veces intentamos solucionar nuestros problemas de personal haciendo "un cambio clave", pero los humanos no funcionan así. Ninguna pregunta recoge lo mejor y filtra el resto. Tu equipo actual no se encenderá como un foco, no se convertirán de repente en los empleados con los que sueñas sólo por introducirles valores motivadores.

Para prosperar, necesitamos el conjunto adecuado de condiciones, creadas por grandes líderes. Con el tiempo, formé un equipo extraordinario. De hecho, mi equipo está *más allá* de todo lo que soñé. Lo que funcionó para mí y para los líderes que entrevisté y aconsejé después no fue una estrategia que produjo mejores resultados que otra, ni una idea que importara más que el resto. Fue una fórmula que aseguró que mi equipo se preocupara por mi empresa tanto como yo. Y no fue mediante coerción y corrección, ni recompensas y reconocimiento. Fue a través de algo más fundamental. Algo más esencial para la forma en que operamos los humanos. La fórmula funciona para la empresa que dirijo. Funciona para los líderes que he consultado. Y funcionará para ti si la aceptas. Estoy seguro, porque es la forma más empoderadora de ayudar a las personas a ser ellas mismas. Su verdadero yo.

La Fórmula All In tiene cuatro partes y se desglosa así:

Acoplamiento + Capacidad + Seguridad + Propiedad = Equipo All In.

Así surge el Modelo ACSP. Revisemos juntos qué significa cada elemento de la fórmula para conformar un equipo que dé todo por tu negocio.

Acoplamiento. Una empresa es una congregación de personas y herramientas que trabajan en conjunto para lograr resultados específicos. La gente vendrá, crecerá y se irá. Las personas no son la constante en una empresa, ni deberían serlo; los roles sí. Para asegurarte de que tus empleados se acoplen bien, primero comprende todas las funciones de un puesto, así como las cualidades y cualificaciones necesarias para éste. Luego, recluta personas que combinen su potencial, talentos e identidad con las tareas de la posición. No busques una persona que pueda hacerlo todo, ésa es una situación rara. Busca a la persona que sea mejor en lo que más necesitas, están disponibles en abundancia.

Capacidad. Los grandes líderes saben que las personas son mucho más que su currículum. Contratar basándote en la experiencia y la educación es limitante, tanto para tu equipo como para el crecimiento de tu empresa. En lugar de relacionar las cualificaciones de alguien con un rol, considera las habilidades innatas, experienciales y potenciales de un individuo. Las personas que *quieren* hacer un trabajo siempre superan a las que *necesitan* hacerlo. Busca el querer. El deseo. La ambición.

Seguridad. La gente hace lo mejor que puede cuando no le preocupa lo demás. Protege a tu equipo y establece condiciones en las que se sienta seguro, permitiéndole contribuir. Hay tres tipos de seguridad a considerar: seguridad física, donde tienen protección contra daños a su ser físico. Seguridad financiera, donde puedan mantener su nivel de vida sin preocuparse de cómo se sustentarán cada día. Y seguridad psicológica, donde tienen la confianza de que no serán castigados, ridiculizados o humillados por expresar sus verdaderas opiniones, creencias, antecedentes o experiencia.

Propiedad. Si deseas que los miembros de tu equipo actúen como propietarios, asegúrate de que se sientan como tales. Esta idea por sí sola, puesta en práctica, transforma el desempeño superficial en un esfuerzo total. Una vez que tenemos un empleado que hace el trabajo adecuado a sus capacidades, que se siente seguro siendo él en su trabajo, el siguiente paso crítico es fomentar la propiedad psicológica (una sensación de control, comprensión y personalización) sobre una tarea, proyecto o idea.

La propiedad psicológica es la influencia más fuerte sobre la identidad propia: lo que es mío soy yo y lo que soy yo es mío. Mis ideas soy yo. Mis posesiones son una extensión de mí. Cuando a los miembros del equipo se les asigna la propiedad de aspectos de su trabajo, la tendencia natural es que pongan todo lo que tienen en ello.

Ahí tienes. La Fórmula All In:

A+ C+ S+ P. Puede resultar útil pensar en la fórmula de esta manera:

Acoplamiento y Capacidad (donde el potencial se encuentra con la oportunidad, se desarrolla la identidad).

Seguridad y Propiedad (donde el desarrollo se encuentra con el ambiente, se expresa la identidad).

Cada parte es eficaz por sí sola, pero juntas, estas estrategias tienen un efecto multiplicador. Implementa la fórmula de manera correcta y te prometo que construirás el equipo de tus sueños.

El Modelo ACSP se preocupará por ti tan bien que te invito a convertirlo en la herramienta principal de tu kit de herramientas de liderazgo. Como una navaja suiza de calidad o una multiherramienta similar, ACSP te servirá en circunstancias previstas y no previstas. Así que memorízala.

Me encantan los buenos acrónimos, pero tiendo a confundir las cosas. Cuando era niño, me costaba memorizar datos, cadenas de números o, bueno, cualquier cosa. Hasta que alguien me susurraba al oído una mnemotecnia.

Mi clase de música de séptimo grado me aterraba muchísimo. En el coro, el profesor recorría la fila y hacía que cada alumno cantara algunas palabras a capella. Sara McMickle, que estaba a mi lado, siempre sobresalía cuando le tocaba, como si fuera Celine Dion. Entonces yo, ya sabes, no lo lograba. "Otra vez, Michael", decía la maestra. Sentía el calor en la cara y cantaba peor. La maestra repetía su pedido, esta vez cantadito melodiosamente. ¡Ahhhh!

Lo único que me provocaba más terror que cantar era memorizar las notas musicales en una partitura. Puntos al parecer aleatorios, identificados por letras aleatorias, se encontraban a lo largo de líneas aleatorias que comenzaban con una clave de sal, o de sol, o una sal de sol. Puf. Pero entonces Sara me susurró algo: "El gran bebé de Francia". Señaló cada línea de la clave de la partitura. E de "el", G de "gran", B de "bebé", D de "de" y F de "Francia". A partir de ese momento nunca lo olvidé. Todavía no podía cantar, pero no se puede tener todo.

FACE, como cara en inglés, es una forma sencilla de recordar las notas en los espacios vacíos del pentagrama. HOMES, como casas en inglés, es una mnemotecnia simple para recordar los Grandes Lagos: Huron, Ontario, Michigan, Erie y Superior. Y si quieres ser un líder extraordinario de empleados extraordinarios, te beneficiarás muchísimo con una simple mnemotecnia. Prueba ésta: ACSP, una Asociación Completamente Soberana y Poderosa. ¡Eso es lo que quieres! Y ACSP te llevará allí. Si lo recuerdas y lo implementas, te convertirás en el mejor líder del mejor equipo. ¡Seguro lo harás!

Mi equipo imparable

Ya no tengo que trabajar los fines de semana. Mi horario de castigo ya no existe. Pero de vez en cuando sigo yendo los sábados, temprano por la mañana, para escribir o intercambiar ideas. Me gusta el silencio especial de una oficina vacía antes de que el mundo despierte.

Un sábado, levanté la vista de mi cuaderno y vi a Amy Cartelli entrando y tomando una taza de café. De inmediato la siguieron su marido y sus dos hijos, todos caminando con calma. Parecía un simulacro militar de fin de semana a las siete de la mañana. Tres hombres corpulentos marchaban en fila, cargando pesadas cajas.

"Oh, hola, Mike", dijo la sargento Amy. "Sólo estamos dejando libros".

"¿Qué libros? ¿De dónde vienen?", pregunté.

"Son los ejemplares de *Sé diferente*. Hemos tenido problemas para recibir entregas aquí en la oficina, así que redirigí los libros a mi casa".

Ayudé a guardar las cajas. Mientras veía partir a Amy y su familia, me quedé atónito. Amy no sólo resolvió un problema logístico para nuestra empresa por su cuenta, sino que también abordó un problema que yo ni siquiera conocía en primer lugar. Se encargó de redirigir los libros y garantizar su entrega segura, reclutó a su familia para trasladar los libros y vino en su día libre para entregarlos. Nadie le pidió que hiciera esto. Nadie esperaba que lo hiciera. Pero ahí estaba ella, preocupándose por mi empresa tanto como yo.

A lo largo de los años, he experimentado muchos momentos como éste con mi equipo actual (incontables ejemplos de cómo ACSP impacta el desempeño) y Amy entregando los libros es una de mis favoritos. Verás: ella es una empleada de medio tiempo que siempre quiso trabajar así. Y aunque no trabaja con un horario completo, no necesita el trabajo, no está atada a una compensación increíble o alguna otra ventaja, todavía *se preocupa por mi empresa tanto como yo*.

¿Qué pasaría si tuvieras un equipo lleno de Amys? ¿Qué podrías hacer? ¿Qué objetivos podrías lograr, para ti y para tu empresa? ¿Qué problemas podrías resolver? ¿Qué puertas se te abrirían? ¿Qué proyectos podrías sacar del cajón y volver a intentarlos? ¿Qué sueños podrías realizar?

Descubrámoslo.

El primer paso

Espero que veas el potencial de ser un mejor líder al abordar la formación de equipos de una manera completamente nueva. Por supuesto, no es razonable esperar una transformación de la noche a la mañana. No espero que implementes las estrategias de este libro a la perfección, ni espero que las profundices mañana. Pero espero que des el primer paso hoy. Luego, otro mañana. Y luego, con el tiempo, darás el salto.

El primer paso es fácil: comprométete a apoyar a tu equipo.

He descubierto que la mejor forma de mantener una versión mejorada de ti es comprometiéndote. Envíame un correo electrónico a Mike@MikeMichalowicz.com con el asunto "Soy un líder All In" y comparte conmigo algunas ideas sobre cómo pretendes construir tu equipo imparable. Ésta es mi dirección real y recibiré tu correo electrónico. Tengo un equipo increíble que me ayuda a administrar mi correo, ya que tengo la suerte de tener cientos de correos electrónicos de lectores en mi bandeja de entrada en cualquier momento. Mis compañeros de equipo revisan y resumen los correos, y reciben mis instrucciones sobre la respuesta. Así que sí: me pondré en contacto contigo. Lo más seguro es que algún colega presionará el botón de enviar o escribirá lo que le dicto, pero puedes estar seguro de que la respuesta son mis palabras para ti.

Capítulo 2
Elimina la entropía

Los equipos son temporales, los puestos son permanentes. Nadie permanece en un trabajo para siempre, ni siquiera tú. Sí, a veces una persona permanecerá en una empresa durante toda su vida adulta (un saludo a mi viejo, que hizo eso), ¿pero esa persona permanece en el mismo trabajo todo el tiempo? ¿Podría trabajar con diferentes personas y hacer cosas diferentes durante sus años o décadas de trabajo? ¿Podría jubilarse algún día? Es inevitable, la gente va y viene. Por lo tanto, primero es necesario comprender los puestos que la empresa necesita para crecer de manera saludable y luego cubrir esos puestos permanentes con el mejor talento no permanente. No al revés.

La magia del reclutamiento ocurre cuando primero entendemos todas las partes que necesita un puesto y luego buscamos a las personas (énfasis en plural) que puedan satisfacer esas necesidades. Pero tendemos a centrarnos en encontrar a la persona adecuada para un *puesto* de trabajo antes de tener claridad sobre qué tareas son las más importantes dentro de ese puesto. Pensamos: "Necesito un recepcionista", y es posible que tengamos una lista de quince tareas que queremos que esa persona realice, pero ¿todas son necesarias para *esta* persona, incluso para esta función? ¿Y qué tareas son las más importantes? ¿Qué pasaría si el título se dividiera en sus tareas y las mejores habilidades de un individuo coincidieran con esos elementos? ¿Qué pasaría si sólo cumplieran con tres tareas críticas y las otras cosas pudieran asignarse a otros?

En mi escritorio hay un montón de fotografías familiares, libros que he leído, notas de papel apiladas, dos plantas "secas" (que nunca regué) y otras cosas para las que todavía no he encontrado un hogar. Cuando instalé mi escritorio por primera vez, todo tenía su espacio adecuado. Estaba organizado y presentable. Pero luego las cosas comenzaron a acumularse. Ahora ni siquiera estoy seguro de qué color es mi escritorio. Dios sabe lo que se esconde bajo los montones. Este declive gradual hacia el desorden, conocido como entropía, es una constante en la vida.

Tu entropía organizacional también es una constante. Échales la culpa a las variables. Tomemos una moneda, por ejemplo. Tiene dos lados. Lánzala al aire y, como era de esperar, obtendrás cara o cruz. Por supuesto, existe una tercera opción: podría caer sobre su borde. Experimentos y simulaciones confirman que esto sucede una vez cada seis mil intentos. Ahora toma cien monedas y lánzalas todas al aire al mismo tiempo. ¿Cuáles son las posibilidades de que todas las monedas caigan en su borde? Cero, o al menos las posibilidades son tan cercanas a cero que nunca verás que esto suceda. Claro, existe alguna remota posibilidad matemática, del mismo modo que existe una remota posibilidad de que tu casa haya sido construida sobre un antiguo cementerio y los poltergeists estén jugando contigo antes de tomar posesión de tu alma, pero seamos realistas: nunca sucederá de esa manera. Algunas monedas estarán cara arriba, otras cruz arriba, otras rodarán bajo tu sofá para ser tragadas por los demonios que se esconden allí. Las cien monedas no se alinearán, se dispersarán. El desorden es natural. Se espera entropía.

La entropía también es una constante en los equipos. A medida que una empresa evoluciona, es necesario completar más tareas, es necesario supervisar más proyectos; las cosas cambian y pronto tendrás un lío de "cosas", deberes y responsabilidades que es necesario desempolvar y reorganizar. En los primeros días del crecimiento de una empresa, la mayoría de los empleados realiza todo tipo de trabajos que de manera normal no haría. Y a medida que crecemos, promovemos personas, contratamos gente nueva, trasladamos personas a roles diferentes, podemos perder de vista el objetivo principal de su trabajo.

Un puesto puede tener una lista de responsabilidades con un montón de tareas heredadas de la persona que tuvo el trabajo antes y nadie recuerda por qué asumió esa tarea en primer lugar, incluso si la tarea es necesaria. A veces la lista incluye cosas que se suponía que eran temporales y se volvieron permanentes sin una buena razón. Y luego tenemos las cosas que asume un empleado porque alguien dejó la empresa o asumió un rol diferente, y "alguien" tuvo que hacerse cargo de aspectos del trabajo de esa persona. Bienvenidos a la entropía organizacional.

Una vez que comprendas que el desorden es la tendencia normal y natural de todos los equipos, podrás aplicar estrategias para prevenirlo. Así como puedes limpiar un escritorio desordenado o colocar monedas sobre su borde, puedes alinear a tu equipo. Y para hacerlo de la forma más eficaz, es necesario reducir la variabilidad. Esto lo lograremos estableciendo menos reglas con mayor importancia y menos objetivos con mayor impacto.

La organización requiere esfuerzo, es un hecho. Sin ella, la entropía ganará. Pero puedes esforzarte de forma inteligente. Cuando tienes claro el resultado, despejas el camino más directo hacia él y derribas tantas barreras como sea posible. *Tu* trabajo es eliminar la confusión, las cosas innecesarias. Tu labor es brindar prioridad y organización para tu equipo. Debes luchar contra la entropía organizacional y empoderarlo para que haga lo mismo.

Fundada en 1894, Gibson es un ícono de la industria de la guitarra. Pero los íconos también son susceptibles a los efectos degradantes de la entropía. En la década de los sesenta, la marca había sido fusionada por un conglomerado empresarial y una década después estaba a punto de cerrar. Luego, el CEO Henry E. Juszkiewicz se inclinó hacia la entropía natural ampliando las licencias, creando nuevos instrumentos y reviviendo líneas de productos antiguas. Esta estrategia fracasó porque los consumidores estaban confundidos por la gran cantidad de productos y configuraciones. En 2018, Gibson se acogió al Capítulo 11 de la Ley de Quiebras en Estados Unidos.

Cuando James "JC" Curleigh asumió el cargo de CEO, su objetivo número uno era detener la entropía. Se propuso fabricar menos guitarras, pero de mayor calidad. Estableció menos reglas, pero más importantes. Una de ellas era "no más polvo". Literal polvo, porque cuando una guitarra se mete en el laminado final de la producción, su aspecto puede ser destruido por el polvo. Otra regla sencilla: disminuir el contacto con las guitarras, ya que cada vez que se manipulan, aumentan las posibilidades de que se dañen. Primero descubrió qué se necesitaba y luego preguntó quién podía satisfacer esa necesidad.

Los grandes líderes no comienzan por reclutar a las mejores personas para el puesto. Por el contrario, determinan qué funciones son las más importantes y luego encuentran (y retienen) a las mejores personas para realizar esas funciones. La claridad organizacional se logra estableciendo primero los objetivos y expectativas, y luego acoplando a los miembros nuevos o existentes del equipo a ellos.

Las listas de imprescindibles

El riesgo que corren los líderes, propio de la naturaleza humana, es priorizar todo por igual. Todo es importante. Todos los clientes siempre tienen razón. Todas las tareas deben realizarse. Hazlo todo, todo y de manera perfecta. Pero la realidad es que sólo unas pocas cosas tienen un gran impacto y la gran mayoría son de poco valor.

Parte de darlo todo por nuestros empleados es tomarse el tiempo para tener clara la función principal de su posición y luego marcar el camino para que realicen su trabajo. Dentro de su lista de responsabilidades, se encuentra la actividad más crucial para su rol, en términos de su actividad regular. Se llama Trabajo Primario y lo explico a detalle en mi libro *El sistema Clockwork*. Éste es el trabajo principal dentro del campo de responsabilidad de un empleado, el cual debe completar para servir a la empresa; todo lo demás en la lista es secundario al Trabajo Primario.

Puedes realizar un ejercicio sencillo para encontrar el Trabajo Primario de cualquier persona. Como acabo de compartir una historia sobre Gibson, verifiqué sus oportunidades laborales actuales al momento de escribir este artículo. Uno es un puesto de tiempo completo en su fábrica de Bozeman, Montana, para el turno de la tarde. El trabajo enumera múltiples "funciones esenciales", tales como: ejecutar procedimientos operativos estándar, mantener una tasa de flujo adecuada y usar hojas de acero para resortes. Al parecer, las hojas se utilizan para raspar los detalles de las guitarras que no son de madera, resaltando la estética característica de una guitarra Gibson. Y ahí lo tienes. Sí, es necesario producir con suficiente rapidez, pero sin desviarse de los SOP (procedimientos operativos estándar, por sus siglas en inglés) ni "improvisar". Así que nada es más importante que el raspado. Ése es el Trabajo Primario y todo lo demás es secundario. Puedes hacer esto para cualquier oferta de trabajo, especialmente para *tu* oferta de trabajo. Prioriza lo más importante.

Antes de contratar o cambiar empleados a otras posiciones, desglosa lo que necesitas para cada puesto: tu Lista de Imprescindibles. El proceso es sencillo y puedes hacerlo en menos de treinta minutos.

Éstos son los pasos:

1. Para un puesto en tu empresa, anota todas las tareas y responsabilidades. Incluye las cosas pequeñas, las de temporada y las que tiendes a agregar cuando "no tienes a nadie más que lo haga".
2. A continuación, identifica el Trabajo Primario. De todas las cosas de la lista, ¿cuál (y sólo puede ser una) es la más importante para hacer avanzar a la empresa? Escribe "TP" en la columna de Rango al lado del Trabajo Primario.
3. Ahora ordena el resto de la lista en orden de importancia.

4. Mirando tu lista ordenada, resalta los "imprescindibles", las tareas que son absolutamente necesarias en ese puesto.

5. Todo lo resaltado es algo que tu empleado necesita realizar o es la habilidad que debe adquirir con rapidez. Cualquier cosa que no esté resaltada es algo que "sería bueno" que pudieran hacer, pero que puede esperar, puede ser imperfecto o puede asignarse a otros.

6. Ahora que lo hiciste por uno, hazlo por las demás posiciones. O ten a alguien más que realice esta tarea.

ROL: COPYWRITER INTERNO	
Responsabilidad	Rango
Edición de artículos	
Copy para redes sociales	
Revisión y corrección gramatical	
Monitoreo de redes sociales	
Redacción de artículos	
Investigación	

FIGURA 1.0
REGISTRA CADA RESPONSABILIDAD DESEMPEÑADA EN LA ACTUALIDAD
POR EL EMPLEADO(S) EN EL PUESTO DEFINIDO.

ROL: COPYWRITER INTERNO	
Responsabilidad	Rango
Edición de artículos	4
Copy para redes sociales	2
Revisión y corrección gramatical	5
Monitoreo de redes sociales	6
Redacción de artículos	TP
Investigación	3

FIGURA 1.1
CLASIFICA LA IMPORTANCIA DE CADA RESPONSABILIDAD EN RELACIÓN
CON TODAS LAS DEMÁS ENUMERADAS.

ROL: COPYWRITER INTERNO	
Responsabilidad	**Rango**
Edición de artículos	4
Copy para redes sociales	2
Revisión y corrección gramatical	5
Monitoreo de redes sociales	6
Redacción de artículos	TP
Investigación	3

FIGURA 1.2
RESALTA LAS RESPONSABILIDADES MÍNIMAS "IMPRESCINDIBLES" PARA EL PUESTO
PARA CUALQUIER CANDIDATO FUTURO (O EXISTENTE).

Cuando contratas a un nuevo empleado o lo trasladas a un puesto diferente, considera si sería una buena opción para las tareas destacadas, es decir, las imprescindibles. No le prestes tanta atención al resto, esas cosas no ayudan mucho a la empresa.

Ahora que definiste con cuidado las funciones de cada puesto, considera el tipo de persona que sería más adecuada para ello. Piensa en términos de cualidades y cualificaciones: las 2C. Por ejemplo, supongamos que el Trabajo Primario de tu recepcionista es dirigir las llamadas telefónicas entrantes de soporte. Las cualidades que necesitas para ese puesto son una actitud alegre, energía positiva, una naturaleza solidaria y la capacidad de ser paciente bajo presión. Las cualificaciones pueden incluir experiencia previa como recepcionista o anfitrión. Es posible que también desees a alguien que haya recibido capacitación en servicio al cliente, en un sistema telefónico o de algún *software* en particular.

Luego, realiza el proceso de clasificación imprescindible. ¿Qué cualidades son las más críticas? Pregúntate: *¿de verdad* necesitan ser meticulosos y encantadores? ¿O es más meticuloso que encantador? O viceversa. Y, ya sabes lo que tienes que hacer: resalta los "imprescindibles" absolutos. Haz el mismo sistema de clasificación para las cualificaciones, de mayor a menor y resalta las imprescindibles. ¿De *verdad* importa el título universitario de cuatro años? ¿Importa siquiera la experiencia previa si tiene las cualidades destacadas?

Cuantos más elementos imprescindibles tengas, más excluirás a candidatos potenciales. Y cuanto menos tengas, mayor será el riesgo de considerar candidatos que no se acoplen bien. Así que utiliza la vieja y práctica regla 80/20. Aquí es donde se obtiene 80% del beneficio del 20% de las cualidades.

Tal vez estés pensando: "Mike, ya *tengo* una lista de cualidades y cualificaciones para cada puesto". Lo entiendo. Tal vez parezca que éste es un paso a omitir porque sientes que es redundante. Primero, un recordatorio: ésta es una lista que creas *después* de reducir las variables y aclarar la estructura de cada rol. En segundo lugar, las cualidades son las más importantes.

Lo único que puedes hacer por los nuevos empleados es brindarles habilidades y experiencia. No puedes darles los intangibles, como su actitud, energía, impulso, inteligencia o, en todo caso, su corazón. No contrates empleados basándote en las pocas cosas que puede ofrecerles. Contrátalos en función de las muchas cosas que de manera natural tienen o no tienen. Intenté darme inteligencia (a mí) y no, no me volví más inteligente. Si no puedes hacerlo por ti, no puedes hacerlo por otros.

Deconstruyendo a los de alto rendimiento

He tenido la suerte de encontrar a más de un empleado de alto rendimiento. Cuando descubro una verdadera superestrella, siento la necesidad de encerrarla en su posición, porque ni siquiera puedo imaginarme reemplazándola. Por supuesto, esto es limitante y poco realista. Los empleados ascienden y siguen adelante, lo que significa que, con el tiempo, tendrás que encontrar a alguien que asuma el rol de ese empleado superestrella. Un impulso común siempre será buscar a su clon. La cuestión es que lo que hace que estos empleados de alto rendimiento sean tan especiales es exclusivo de ellos. Las posibilidades de que encuentres a otra persona "igual a ellos" están entre cero y ninguna.

Con frecuencia, los líderes tienen la idea de "concentrar en una persona" múltiples roles en su negocio porque, a medida que éste crece y cambia, tendemos a construir una posición en torno a un individuo. Por ello, cuando se van, entramos en pánico para cubrir con varios perfiles el talento perdido. Encontrar a alguien que pueda replicar al rockstar multifunciones tiene probabilidades similares: cero a ninguna, incluso menos uno.

Al revisar los elementos imprescindibles para cada rol en tu organización, considera si tienes un puesto que requiere un conjunto de cualidades y cualificaciones que sólo las puede realizar la persona que desempeña ese rol en la actualidad. Si es así, tómate un tiempo para deconstruir qué es lo que la hace increíble. Luego, si esa persona deja tu empresa o asciende, puedes encontrar personas que asuman *partes* de su trabajo, no todo el trabajo.

Kelsey Ayres es la mejor compañera de trabajo con la que he tenido la oportunidad de colaborar, la rockstar definitiva. Comenzó trabajando medio tiempo como mi asistente personal. Con el tiempo, sus deberes y responsabilidades se ampliaron. Ahora es la presidenta de nuestra empresa. Su función ha evolucionado a lo largo de los años y ha tenido que renunciar a todas las tareas que desempeñaba como mi asistente personal, como manejar mi agenda de viajes para conferencias, administrar mi correo electrónico y crear nuestras campañas de marketing.

Si bien *quería* encontrar a otra persona como Kelsey para cumplir con todos esos deberes, sabía que eso sería más difícil que encontrar una aguja en un pajar (más bien sería como buscar un pedacito de diamantina, pintada de color heno, en un pajar). También sabía que su puesto había evolucionado con el tiempo y que sus responsabilidades laborales tenían la entropía máxima. Entonces, nosotros, Kelsey y yo, deconstruimos los roles que ella desempeñaba.

Primero, analizamos sus responsabilidades, la larga lista de deberes que realizaba no sólo de manera diaria, también semanal, mensual, trimestral y anual. Luego determinamos su Trabajo Primario y programamos mis eventos de conferencias. Discutimos cuál sería el puesto principal del presidente. Yo había cumplido ese rol y dirigía el resto del equipo.

Ahora, para ser claros, yo estaba cumpliendo el rol de presidente, pero estaba haciendo un mal trabajo en ello. Rara vez me reunía con gente de forma organizada. Las revisiones surgieron cuando me recordaron que había pasado otro año. El hecho de que fuera malo en eso no significa que no fuera el Trabajo Primario. O teníamos que transferir el Trabajo Primario anterior de Kelsey a otra persona o tomar una nueva decisión sobre prioridades. Si Kelsey iba a administrar a la gente y continuar con mi programación, teníamos que elegir cuál se llevaría la facturación principal. El objetivo de esta transición era transferir la función administrativa a Kelsey y luego pasar la programación de eventos de conferencias a otra persona.

Después analizamos las otras tareas que necesitaba transferir e identificamos las cualidades y cualificaciones de Kelsey. Las cualidades son innatas. Pero las cualificaciones se acumulan. Así que anotamos dónde las obtuvo (en el trabajo, aquí o antes de unirse a nosotros), ya que podría ayudar a indicar de dónde podrían provenir las cualificaciones para la siguiente persona.

TAREAS REALIZADAS POR KELSEY

	CUALIDADES		CUALIFICACIONES	DE	TAREA	DEBE
1	Inclusividad	A	Habilidades de mecanografía	Ya las tenía	Uno a uno	1, 2, 5, 7, B
2	Amabilidad	B	Inglés fluido	Ya lo tenía	Agenda de Mike	2, 3, 6, A, B
3	Investigación precisa	C	Título universitario	Ya lo tenía	Redacción de artículos	3, 8, A, B
4	Rápida	D	Trabajo anterior: trabajo social	Ya lo tenía	Investigación	3, A, B
5	Inteligencia emocional	E	Habilidades en redes sociales	Obtenida	Redacción de artículos	3, 4, A, B
6	Programación dinámica	F	Ciudadanía estadounidense	Ya la tenía	Contabilidad	8, A
7	Buena oyente	G			Excelente redacción	7, 8, A, B
8	Meticulosa	H			Conocimientos en redes sociales	A, E
9	Austera	I				
10	Lealtad extraordinaria	J				

FIGURA 2.0
DECONSTRUCCIÓN DE UN MIEMBRO EXISTENTE DEL EQUIPO.

PASO 1. ◆ Escribe el nombre de la persona que estás deconstruyendo.

PASO 2. ◆ En la columna CUALIDADES, enumera todas las cualidades positivas que tiene esa persona y que la apoyan en su rol.

PASO 3. ◆ En la columna CUALIFICACIONES, enlista con letras todas las cualificaciones que tiene esta persona que la respaldan en su función o en cualquier tarea individual.

PASO 4. ◆ En la columna DE, al lado de cada cualificación, escribe si la persona llegó a su empleo con ellas (ya las tenía) o adquirió las habilidades mientras trabajaba contigo (obtenida).

PASO 5. ◆ En la columna TAREAS, escribe cada tarea que realiza esta persona.

PASO 6. ◆ En la columna DEBE, inserta el número de cada cualidad y la letra de cada cualificación que sea necesaria para tener éxito en la tarea.

PASO 7. ◆ A medida que evalúas a las personas para realizar diferentes tareas, utiliza las columnas TAREAS y DEBE para encontrar a la persona más adecuada para cada tarea.

Luego, Kelsey y yo hicimos un emparejamiento rápido. De las tareas que le pasábamos a la siguiente persona, identificamos las cualidades y cualificaciones necesarias para *cada tarea*. Por ejemplo, Kelsey es muy leal. Ella también es austera. Esto la convirtió en la opción perfecta para mí debido a una de las Leyes Inmutables de mi negocio a la que me refiero como "Dinero Vital". Tratamos el dinero como sangre, con el máximo cuidado y respeto, porque sin él nuestro negocio moriría. La lealtad de Kelsey a la Ley Inmutable del "Dinero Vital", combinada con su austeridad, significaba que

siempre podía contar con ella para encontrar los vuelos y el aloja-
miento más asequibles para mis viajes de negocios.

Cuando llegó el momento de transferir las tareas del asistente personal, sabíamos que necesitábamos contratar a alguien que
fuera de forma inherente "amable" y "preciso". Pasamos a definir
esas palabras. Por ejemplo, "amable" para nosotros significa que
respetamos y nos preocupamos por los intereses de las personas,
pero no significa que seamos fáciles de convencer. Somos firmes en
lo que podemos y no podemos hacer, pero no somos ingenuos. Esto
nos ayudó a encontrar a la persona adecuada para el papel, Erin
Chazotte, que es amable y precisa. Además, aportaba una austeridad parecida a la de Kelsey. Y ella trajo un "rigor" que no teníamos
antes. Ella amplió cualidades con sus talentos únicos que hicieron
que su trabajo dentro del rol fuera aún más efectivo.

La programación no es la única responsabilidad y, por supuesto, se requieren algunas otras cualidades para otras tareas, pero al
comprender qué hizo que Kelsey fuera excelente en su trabajo, fue
más fácil encontrar a alguien que hiciera *partes* de su trabajo anterior, en lugar de tratar de encontrar un clon de Kelsey. ¿Y sabes
qué pasó? Encontramos otra superestrella en Erin, que es mejor
programando que cualquier otra persona con la que haya trabajado
antes. Creo que esto se debe en parte al trabajo que hicimos para
"deconstruir" a Kelsey. También se debe a la forma en que Kelsey
ahora dirige nuestra empresa y apoya a nuestros empleados, algo
que tú estás a punto de aprender.

De hecho, Erin es tan superestrella que ahora estamos deconstruyendo su papel para encontrar a una persona que se convierta
en la asistente personal de Kelsey. ¿Encontraremos otro empleado
superestrella? Tal vez sí, tal vez no. Pero con este proceso, las probabilidades están a nuestro favor.

Empareja el talento con las tareas

Clint Pulver no podía quedarse quieto. Se movía de manera constante y sus profesores lo consideraban un niño "fuera de control". Jugaba con los dedos sobre su escritorio, sobre su silla, sobre cualquier superficie que pudiera encontrar. Sus profesores intentaron disciplinarlo y mejorar su concentración. Nada funcionó durante mucho tiempo, por lo que al director de la escuela se le ocurrió una idea genial. Le dijo a Clint que se sentara sobre sus manos. ¡Claro! ¡un genio!

Puedes intentar cambiar a las personas para que sean alguien que no son, o puedes elegir canalizar lo que ya son hacia los resultados que tú (y ellos) desean. Cambiarme a mí es casi imposible, entonces, ¿por qué pensaría que podría cambiar a otra persona? Deja de intentar bloquear o corregir esa cualidad que tienen e intenta dirigirla en favor de tu negocio.

Por pura frustración, la escuela puso a Clint, que se retorcía y se golpeaba con los dedos, en una clase de educación especial. Pero el maestro en esa sala conocía el secreto del éxito: canalizar comportamientos. No los cambies. Ese maestro, el señor Jensen, notó los dedos voladores de Clint y dijo: "¡Oh! Eres baterista". Le dio a Clint un par de baquetas y eso fue todo.

Clint ha estado tocando la batería desde entonces y es *épico*. Tocó para músicos profesionales en lugares importantes como el Kodak Theatre de Hollywood, para *America's Got Talent*, y luego fundó Utah Valley University Drumline y Green Man Group, que es como Blue Man Group, pero más grande y mejor en la batería, en mi humilde opinión.

Cuando un empleado no desempeña un rol como esperamos, tendemos a pensar que no es la persona adecuada para nuestra empresa. Pero puede que *sea* la persona adecuada, sólo que está en el rol equivocado.

Si te has preguntado si un empleado alguna vez estará a la altura, pregúntate: ¿lo emparejé con el puesto que mejor se adapta a él? Tal vez tengas un empleado a punto de darlo todo, siempre y cuando reconozcas su potencial y lo canalices de manera natural. Tal vez tengas un baterista increíble en tus manos y tu trabajo es dejar de intentar que toque mejor la guitarra.

· Todo el mundo tiene una fortaleza. No pienso en nuestros empleados como empleados. Pienso en ellos de la misma manera que pienso en mi familia. En mi papel de padre, trato de apreciar a mis hijos por lo que son. Es cierto que esto es una disciplina. Hay momentos en los que me cuesta "amar" a mis hijos por sus decisiones. Pero la esencia es que son seres humanos con quienes tengo el honor de compartir un viaje de vida. Ellos, como tú y yo, deben ser amados por quienes son de manera inherente. Conozco sus fortalezas y debilidades. Intento nunca sobre protegerlos, aunque a veces mi corazón grita que intervenga y "los proteja". Les dejo crecer, experimentar las alegrías y las dificultades que son parte natural de la vida y en todo espero que alcancen plena independencia, confianza y amor por sí mismos.

¡Pero ojo! Sólo es una analogía. Por favor, no la utilices para sugerir que tú eres el padre y tus colegas son los hijos. Esa interpretación puede resultar en tratar a los adultos como a niños. Ésa no es la intención y es lo contrario de lo que hace un gran líder. Lo que quiero que veas es que, como buen padre, tu trabajo es darles libertad y apoyarlos para que se conviertan en quienes son de manera natural. Son parte de tu familia, pero no son tus *minions*.

Cuando entiendo que mi trabajo con mis colegas es apoyarlos para que se desarrollen en plenitud, me centro mucho menos en controlar y más en guiar. Me vuelvo más fluido al alinear su experiencia laboral para ampliar su experiencia de vida, lo que a su vez nutre la misma. La espiral ascendente hace que todos ganen: mis compañeros, yo, nuestro equipo, nuestros clientes.

A medida que implementes la Fórmula All In, es posible que descubras que algunos de tus empleados no desempeñan los roles correctos. Y a medida que tu empresa crezca y el mundo evolucione, es probable que tengas que crear nuevos puestos. Siento que lo predeterminado es que cuando la empresa tiene la necesidad, buscamos a alguien nuevo, pero en realidad, la primera pregunta debería ser: "¿Qué hacemos que la empresa no necesita?" y luego deshacerse de eso. La siguiente pregunta sería: "¿Quién aquí puede satisfacer de manera natural la necesidad que tenemos y, como resultado, realizar las tareas que aporten más a su desarrollo?".

En este planeta hay muchas más personas que pueden ocupar con rapidez puestos de "nivel básico" que los de "alto nivel" o "complejos". Pero tus empleados actuales tienen una ventaja. Ellos conocen la empresa y tú los conoces. Es posible que tengan las habilidades que necesitas, así que primero trata de reposicionar a las personas dentro de tu empresa. Empareja tareas con talentos. Luego busca gente desconocida para ocupar las tareas "más simples" o "de nivel básico" y haz que se desarrollen dentro de tu empresa.

Un pequeño asterisco aquí: es posible que también conozcas a personas que no forman parte de tu personal, pero que están asociadas con tu empresa de alguna manera. Tu familiaridad con sus cualidades y cualificaciones, y su familiaridad con tu empresa, pueden permitirles ponerse al día más rápido en temas "senior". Hemos contratado clientes, competidores, subcontratistas y antiguos pasantes de esta manera, con gran éxito.

El todo es más grande que la suma de sus partes

¿Alguna vez has visto un granero moverse a través del campo, al parecer por sí solo? Si te encontrabas en la carretera adyacente a la granja de Joseph Hochstetler en el condado de Knox, Ohio, el 9 de marzo de 2019, tal vez pensaste que tus ojos te estaban jugando una mala pasada. Mirando más de cerca, habrías visto pies debajo del granero de postes rojos: trescientos pares, para ser exactos.

Mover una estructura de varias toneladas de quince por treinta metros es un trabajo difícil. Tienes dos opciones: puedes desmontarlo y volver a armarlo en la nueva ubicación, o puedes levantarlo con un gato, usar varias grúas sincronizadas para colocarlo en plataformas planas sincronizadas y diseñadas a medida con varias cabinas de semirremolques tirando de él, conducirlo hasta la nueva ubicación y utilizar otro grupo de grúas, en un movimiento coreografiado con cuidado, para bajarlo al nuevo lugar. Todo eso es factible, pero precario y difícil, a menos que seas *amish*.

Al tener prohibido utilizar herramientas y maquinaria eléctricas, Hochstetler contó con la ayuda de sus trescientos amigos más cercanos. Desde el interior del granero, lo recogieron al unísono y lo movieron 45 metros a través de un campo, luego se trasladaron al exterior del granero y lo giraron 90 grados. E hicieron el trabajo en menos de cinco minutos.

Para los *amish*, ayudar a la comunidad es parte de su fe. Como todo el mundo se moviliza cuando alguien lo necesita, con frecuencia pueden hacer lo que parece imposible: construir un granero en un día o trasladar uno en cinco minutos. Nadie dice: "Ése no es mi problema". Dicen: "Es nuestro problema y yo soy parte de la solución". Dejan de lado su propio trabajo (su Trabajo Primario) y se unen para resolver problemas y enfrentar desafíos. Y como todos están comprometidos con el éxito de la comunidad, lo hacen con rapidez y luego regresan a su Trabajo Primario.

La tecnología cambia nuestro mundo con tanta rapidez que nos enfrentamos de manera regular a nuestros desafíos de "mover un granero sin maquinaria eléctrica". Para afrontar con éxito estos desafíos, necesitamos un equipo ágil que desee intervenir y ayudar cuando sea necesario. En lugar de decir: "Ése no es mi trabajo", necesitamos empleados como los amigos de Hochstetler, personas que valoren la comunidad (el bien común) por encima de todo. Los Trabajos Primarios son sólo eso: Primarios. No están todo el tiempo, ocho horas al día. Y cuando necesitamos ayuda colectiva y coordinada, necesitamos un equipo que con gusto ponga todo su esfuerzo en ello. O en el caso de Hochstetler, todas sus manos y pies (quien, por cierto, no respondió a mis cartas pidiéndole que me llamara para una entrevista. Al parecer sigue las reglas *amish* y no tiene teléfono).

Al eliminar el desorden en tu equipo, facilitas que las personas intervengan cuando sea necesario y luego regresen a su Trabajo Primario.

Buen y gran liderazgo

El cambio ocurre con el tiempo. Es raro que alguien pueda reemplazar de manera inmediata un comportamiento por otro. Para la mayoría de nosotros, los humanos, el cambio es un proceso de experimentación, probándonos qué funciona y qué no. Me doy cuenta de que si bien puedes pensar que algunas de las ideas de este libro podrían cambiar las reglas del juego o al menos vale la pena intentarlas, también puedes considerar que algunas son demasiado radicales. O puedes pensar: "Eso puede funcionar para otra empresa, pero no para la mía".

Creo que el escepticismo es saludable. También lo es desafiar nuestras creencias establecidas. Pero debemos hacerlo poco a poco. Si intentas algo grande una vez y falla, eso no significa que no funcionará para tu negocio. Tal vez sólo significa que necesitas adaptarlo a tu empresa o practicarlo más.

Los grandes líderes están dispuestos a desafiar sus propias creencias. Están dispuestos a demostrarse, mediante una experimentación seria y una repetición adecuada, si algo funciona o no. Con ese espíritu, he preparado una lista de nuevos enfoques que incluyo en *All In* y la idea tradicional correlativa (quizá de la vieja escuela) que existe.

Te sugiero que pruebes las cosas nuevas poco a poco y reduzcas las cosas viejas en partes. No espero que todo funcione para tu estilo de liderazgo o tu comunidad corporativa. Pero sí espero que hagas el esfuerzo de descubrir un mejor enfoque y, en el proceso, una mejor persona.

BUENOS LÍDERES	GRANDES LÍDERES
Cambian roles en torno a las habilidades de los empleados Los empleados deben estar comprometidos con algo toda la vida y debemos hacer todo lo posible para conservarlos, siempre y cuando entreguen valor, incluso cambiar de roles para adaptarse a ellos. Los buenos líderes utilizan este enfoque porque genera retención. También restringe el crecimiento individual.	**Mantienen los roles consistentes** Las asignaciones de tareas cambian con el tiempo. Para ofrecer una oferta consistente, tu empresa debe tener roles consistentes (conjuntos de tareas). La gente crecerá y es posible que se vayan, pero los roles permanecerán. Los grandes líderes definen primero las tareas para cada rol y luego encuentran a la mejor persona para desempeñar ese rol.
Dan la misma importancia a cada cualidad y cualificación Ningún ser humano tendrá todos los atributos que necesitas. Los buenos líderes quieren a la persona que tenga más cualidades y cualificaciones para un puesto.	**Priorizan cualidades y cualificaciones específicas** El potencial de una persona se maximiza cuando se apoya en algunos talentos. No se trata de ser completo. Los grandes líderes identifican las pocas cualidades y cualificaciones que tendrán el mayor impacto en un puesto y encuentran a alguien con esos atributos.
Priorizan la experiencia La experiencia es relevante. Puede ser un indicador de habilidad y destreza. Los buenos líderes contratan personas que tienen suficiente experiencia para "comenzar a trabajar" desde el primer día.	**Priorizan los intangibles** Puedes darle experiencia a alguien, pero nunca podrás cambiar los intangibles. Los grandes líderes priorizan la contratación de intangibles sobre la experiencia.
Reemplazan a los de alto desempeño con otros de alto desempeño Cuando una persona de alto desempeño deja la empresa, los buenos líderes buscan su reemplazo.	**Deconstruyen a los empleados de alto rendimiento en tareas distintas** La mayoría de los empleados realizan múltiples tareas. Las personas de alto rendimiento tienden a realizar más tareas que otros. Cuando esa persona se marcha, los grandes líderes miran las tareas que estaba realizando y las separan en categorías. Éste es el proceso de "fraccionar" el trabajo de una persona. Luego transfieren los elementos individuales del trabajo a otros roles de equipo y a múltiples individuos.

Capítulo 3
Contrata potencial

No soy del tipo que suele relacionarse con las personas. En las conferencias me gusta aprender e irme. Escucho las presentaciones, tomo muchas notas y luego encuentro una mesa vacía en un rincón para devorar el almuerzo antes de que llegue alguien más. Luego voy directo a mi habitación para digerir lo que comí y aprendí.

Por suerte, aquella vez mi técnica de comer y salir no salió según lo planeado. Estuve en una conferencia y el orador principal antes del almuerzo fue Kip Tindell. Cofundó The Container Store en 1978 y fue su líder durante décadas, incluso cuando lo conocí. En 2004, cuando lo vi hablar, tenían 33 tiendas. Quince años después, contaba con unas cien sucursales y más de cinco mil empleados. La empresa fue elogiada por su éxito con una oferta superficial. Quiero decir, vendían cajas de almacenaje, un producto bastante corriente. Estas cajas están en todas partes y se pueden comprar con facilidad en cualquier gran tienda.

Kip habló ese día porque había encontrado una manera de ayudar a los líderes empresariales a manejar un problema con el que todos luchamos. Los empleados de Container Store eran excepcionales, cada uno. Eran jugadores de primer nivel, rockstars, como quieras llamarlos. Les importaba. Trabajaban más duro. Actuaban como dueños.

En su discurso, Kip nos brindó estrategias sobre cómo su empresa reclutó a su increíble equipo y los convirtió en empleados aún mejores. Todo lo que dijo tenía sentido, pero había una cosa que no cuadraba. The Container Store pagaba salarios más altos que otros minoristas con los que competían, como Walmart y Kmart. ¿Cómo podría hacerlo si la empresa era relativamente pequeña?

Después de la conferencia magistral, hice lo habitual y corrí al bufet. Encontré una mesa vacía cerca de la puerta para poder comer e irme. Entonces alguien se sentó a mi lado. Era Kip. Al parecer, a él también le gustaba retirarse de manera rápida a su habitación de hotel después de comer algo. Le dije cuánto había valorado su presentación y me preguntó qué fue lo que más me había gustado.

—Me encanta cómo tienes gente tan talentosa y puedes darle la vuelta a los Walmart del mundo porque tu gente se involucra mucho. Pero estoy confundido. ¿Cómo puedes permitirte pagarles más? ¿No estás abrumado por los costos de nómina?

—Les pago más como individuos —dijo riendo entre dientes—. Pero nuestra nómina es menor.

—¿Que qué? —Dejé mi tenedor—. No lo entiendo. ¿Cómo puede ser?

Fue entonces cuando Kip sacó un bolígrafo, agarró la obligatoria servilleta de papel y dibujó esta fórmula:

$$1A=3B$$

$$1B=3C$$

—Hay empleados estrella —explicó—. Los llamaremos A. Priorizan a la empresa. Ven su trabajo como un reflejo de su carácter. Para estas personas, su trabajo es su identidad. Se preocupan por la empresa como si fuera parte de ellos. Aportan cada gramo de sí a la mesa. Para ellos, su trabajo es una oportunidad de ser lo mejor de sí.

—Entiendo.

—Luego están los jugadores B. Priorizan sus ingresos. El trabajo es una fuente de dinero que les da la libertad de hacer lo que en realidad quieren. Los B hacen lo necesario para ganarse la vida y hacen lo necesario para el trabajo. Pero no tienen afinidad con la empresa. Pueden sentirse parte de la empresa, pero no que la empresa sea parte de ellos. Comienzan de manera puntual y se van al final de su turno, de manera tanto física como emocional.

—Ok.

—Y por último están los jugadores C. Priorizan todo sobre su trabajo. Para ellos el trabajo es una obligación y nada más. En el mejor de los casos, estas personas hacen lo mínimo para permanecer empleadas y, en el peor, son cancerosas para una organización. No les podría importar menos la empresa. Son ineficaces en su trabajo y causan interrupciones y distracciones a sus compañeros de trabajo, proveedores y clientes. Ésta es la persona que desearías no haber contratado nunca. Para ellos su trabajo es un mal necesario. Y, por defecto, tu empresa también es un mal necesario.

Todo propietario de una empresa conoce bien este desglose, incluso si no clasificamos a los empleados como A, B o C. Pero, ¿cuál fue el secreto de Kip para mantener baja la nómina? ¿Un truco en el tabulador salarial? ¿Un periodo de prueba extralargo? ¿Eludir la ley?

Kip continuó señalando la fórmula de la servilleta.

—Como regla general, he descubierto que un empleado A puede realizar tanto trabajo como tres empleados B. Y un empleado B puede hacer tres veces el trabajo de un empleado C. Las matemáticas funcionan: un empleado A vale tanto como tres B o nueve C.

—De acuerdo.

—Ahora, aquí está mi "secreto". Les pago a mis empleados A 50% más que el promedio de la industria junto a excelentes beneficios y ambiente de trabajo. Así es como atraigo a las mejores personas para que vengan y se queden en The Container Store.

Me fascinó lo que decía Kip, pero todavía me parecía abrumador. Le pagaba a su equipo incluso *más* de lo que esperaba *y* daba toneladas de beneficios.

—Esto suena increíble —dije—, pero todavía no veo que sea viable de manera económica.

—No es viable... para mis competidores. Verás, en conjunto pago menos. Así es como funciona. Walmart, por ejemplo, contrata de manera principal a trabajadores B y C. A esa gente se le paga, digamos, 20 dólares la hora por su trabajo. Yo contrato a trabajadores A y les pago 35 dólares la hora. Pero los Walmart del mundo necesitan un mínimo de tres personas para ofrecer el mismo rendimiento que mi empleado con calificación A. Pagan a tres personas 20 dólares la hora para que hagan el mismo trabajo que hace uno de mis compañeros. A Walmart le cuesta al menos 60 dólares la hora, en comparación con mis 35 dólares la hora. Tengo mejores trabajadores que aman a mis clientes y a mi empresa, y mis costos de nómina son la mitad de los de las grandes tiendas.

Aquí está de nuevo la fórmula de Kip:

1 jugador A: $35/hora.

3 jugadores B: $60/hora ($20/hora x 3 empleados= $60/hora)

9 jugadores C: $180/hora ($20/hora x 9 empleados= $180/hora)

Y allí está. La estrategia de Kip por fin tuvo sentido para mí. El costo de la nómina no depende del volumen de personas, sino del volumen de *producción*. Lo que importa es lo que la empresa puede producir. Es como elegir entre tener una impresora con capacidad de una página por minuto o una de 75 páginas por minuto. La segunda impresora tiene un rendimiento muy superior, por lo que es claro que es más valiosa para las personas que necesitan velocidad y es por eso que esas personas están dispuestas a pagar más por ella.

Pero los jefes comunes y corrientes no ven cómo este principio se relaciona con la contratación de personal. Muchos comprarán 75 impresoras, imprimiendo a una página por minuto, para obtener un resultado de 75 páginas por minuto. Suena absurdo. Todas estas impresoras ocupan toneladas de espacio y energía. Todas requieren mantenimiento y reparación. Entonces, ¿por qué alguien haría eso?

Porque las impresoras baratas son baratas y están en todas partes, y seamos realistas, también se debe a que son "desechables". Esta última razón puede parecer dura, pero sospecho con firmeza que conoces a líderes que ven a su equipo de esa manera.

Puedes encontrar una impresora barata en cualquier lugar y en cualquier momento. Cuando surge la necesidad, ahí está. De manera irónica, las impresoras de 75 páginas por minuto también están disponibles, sólo que no están en todas partes. Las encontrarás en un establecimiento especializado. Necesitarás investigar un poco. Es posible que debas asegurarte de tener la fuente de energía y el espacio adecuados. Tal vez necesites trabajar un poco más para configurarlos para tu red. Pero una vez instaladas, las impresoras de mayor rendimiento utilizan menos espacio, menos recursos y menos esfuerzo. Mantienes una impresora, no 75, y el resultado es el mismo.

Recluta y desarrolla a las personas de mayor rendimiento y potencial, y necesitarás menos. Además, son los empleados que ven tu empresa como una oportunidad para dar lo mejor de sí. Son las personas que cuidarán de tus clientes, de sus compañeros de trabajo y de tu empresa al más alto nivel, porque están programados de forma innata para desempeñarse al más alto nivel.

Resulta que, en conjunto, los de mejor desempeño son también los menos costosos. Eso es música para mis oídos tacaños. Un Equipo All In también debe ser un equipo *rentable*.

Contratar a los mejores empleados para que se ajusten a los roles que aclaraste en el capítulo 2 es otra cuestión. ¿Cómo encuentras a estos individuos raros, estos unicornios?

Empiezas dándote cuenta de que, después de todo, no son unicornios.

¿Todos pueden ser un jugador A?

"A, B o C: dame un A o no son para mí". Así va la pequeña rima de reclutamiento. Los enfoques históricos de reclutamiento clasifican a los candidatos y empleados como jugadores A, B o C. Un jugador A se define como alguien que se encuentra dentro del 10% superior de talentos disponibles, con un rango salarial determinado. Desde entonces, la estrategia se ha vuelto omnipresente y pocos líderes utilizan la categorización como se pretendía de manera original. La mayoría lo ha reducido a la conclusión ineficaz y, en mi opinión, dañina, de que la gente los tiene o no los tiene, y que casi nadie los tiene. Lo cual es por completo contrario a lo que Kip me estaba diciendo, a pesar de que usó esas mismas etiquetas populares.

Ambos habíamos devorado nuestro almuerzo y antes de que una persona más se sentara a nuestra mesa, Kip me dio un último secreto.

—¿Sabes qué tienen de curioso los jugadores A? —Hizo una pausa sin esperar que yo respondiera y luego dijo—: Todos lo son.

—¿De verdad?

—Sí. Nuestra competencia cree que los jugadores A son los individuos que llegan con la experiencia y la habilidad predeterminadas. Creen que los jugadores A son "de instalación automática". Pero ése no es el caso. Se desarrollan. Sí, tienen potencial en bruto, pero lo que más importa es el líder. Nuestros gerentes de tienda detectan el potencial de los candidatos y luego les brindan la oportunidad de expresarlo en su puesto en The Container Store. Nuestro equipo está formado por aspirantes a actores, profesionales de la hostelería y jubilados. Les pavimentamos el camino para que practiquen sus habilidades de actuación en el trabajo, interpretando personajes amables. Capacitamos al personal de hostelería para que experimente una variedad de tareas atípicas, como gestionar nuevos equipos, mientras ellos mismos son nuevos en el trabajo. Damos a los jubilados la oportunidad de socializar más. Todo para el beneficio de expresarse de manera plena y al mismo tiempo brindar la experiencia de la más alta calidad a nuestros clientes.

Pensé: "Dios mío, tiene razón". La mentalidad de la vieja escuela es que los jugadores A son la minoría, porque la expectativa es que deben presentarse 100% listos para jugar. Pero la realidad es que la mayor parte del mundo son jugadores A en espera, y el trabajo de un gran líder es desarrollarlos.

Kip amplió mi visión ese día. El mundo está repleto de jugadores A en potencia. Pero la mayoría de los líderes tratan a los individuos como binarios. Eres uno del 10% de los solicitantes que tienen lo necesario o, lo más probable, uno del 90% que no lo tiene. El candidato es un jugador A o no lo es.

Probé esta noción con una comunidad de cuarenta líderes empresariales durante una capacitación que impartí sobre All In. Los resultados fueron incluso peores que el estándar aceptado de manera pública. Primero, pregunté al grupo si se consideraban jugadores A. El 95% respondió "Sí" o "Por supuesto", y algunos se calificaron a sí mismos como "A+++". Luego les pedí que estimaran qué porcentaje de la población son jugadores A, y ese mismo grupo respondió con "5%". Fue una segunda pregunta astuta que reveló una enorme discrepancia y un error común. ¿Cómo pueden todos verse a sí mismos como jugadores A y al mismo tiempo decir que casi nadie más es un jugador A?

La realidad es que todos son jugadores A. Tú también. De igual manera, las personas que trabajan para ti. Todo el mundo es un jugador A cuando desempeña funciones en las que puede demostrar todo su potencial y cuando tiene las condiciones adecuadas para desarrollarse y alcanzarlo.

Todas las personas que encuesté son jugadores A, y es porque todos estaban haciendo un trabajo que seleccionaron y optimizaron por sí mismos. Un trabajo que se ajustaba a sus capacidades. Y tenían seguridad y propiedad del trabajo que hacían. Encajan a la perfección en el modelo ACSP. Y cuando eso sucede, se revela un jugador A.

Cuando crees que una persona es un jugador A o no, y que los jugadores A son tan raros como la realeza en un reino místico, tu enfoque de contratación equivale a besar innumerables ranas hasta que encuentres al príncipe. Contratas despacio, despides rápido. Sigues buscando y buscando al príncipe, y sólo al hallarlo, lo contratas. Si luego ves verrugas, concluyes que tu príncipe en realidad es una rana y lo despides lo más rápido que puedes.

En mi opinión, no tan humilde y algo directa, esta forma de pensar es grosera, burda y anticuada. En la época medieval, se veneraba la sangría con sanguijuelas para combatir enfermedades. No era efectiva, pero sí apreciada. La medicina moderna tiene un historial mucho mayor, aunque imperfecto. Pero durante más de tres mil años, las sanguijuelas fueron el procedimiento operativo estándar para tratar muchas dolencias. Sí, las sanguijuelas tienen su lugar en el ecosistema y en algunas aplicaciones médicas muy específicas, pero no son ni deberían ser el estándar. Así que aquí está mi atrevida afirmación: las clasificaciones A, B o C de personas pueden seguir siendo una lengua vernácula conveniente, pero es un maldito estándar medieval para la formación de equipos.

El enfoque binario "jugador A/jugador B" limita las oportunidades para formar equipos con nuevos talentos y fortalecerlos con el talento existente. Esto se debe a que depende en gran medida de la evaluación de los activos intangibles de una persona (por ejemplo, su adaptación cultural) y sus habilidades experienciales (por ejemplo, su currículum), lo que ya tiene o ha demostrado que puede hacer. Mira las galletas Oreo por fuera, pero ignora la crema de enmedio, lo bueno. No considera las habilidades potenciales, ni cómo se puede desarrollar un ser humano para que sea la mejor versión de su verdadero yo. Y de seguro no considera el componente más crítico de un gran liderazgo que inspira un desempeño extraordinario.

Una vez compartí un taxi con Jack Daly, una autoridad líder en organizaciones y estrategias de ventas. Mientras cruzábamos la ciudad de Quebec camino al aeropuerto, expresé mis pensamientos sobre las clasificaciones A-B-C.

Jack se burló. "Los vendedores B le quitarán los pantalones a los vendedores A si sólo se les dan los procesos adecuados en el entorno adecuado". Afirmó que lo de jugadores A, jugadores B, etcétera, es anticuado, y que el liderazgo (establecer las condiciones adecuadas para ayudar a los empleados a desarrollar su potencial) es clave para desarrollar un equipo de alto rendimiento.

Jack añadió: "Las únicas clasificaciones A-B-C deberían ser para líderes. Un líder A podría transformar un equipo de bajo rendimiento, sin importar su clasificación, en un equipo de estrellas. De manera similar, un líder C destruirá un equipo repleto de personas de alto desempeño".

¿Alguna vez has leído el libro *¡Cambia el barco de rumbo!*? En él, el autor L. David Marquet cuenta la historia de cómo el barco de peor desempeño de la Armada, lleno de jugadores C, se convirtió en el mejor. Ninguna persona fue reemplazada. Bueno, eso no es 100% cierto. El capitán fue cambiado por un líder A. Poco después, las "C" se convirtieron en "A".

Un enfoque moderno para encontrar a los mejores empleados es poner la capacidad potencial al parejo de las evaluaciones de talento. Cada ser humano tiene un potencial inexplorado. Cada uno de nosotros. La pregunta es: ¿tiene una persona una alineación de capacidades potenciales, fortalezas existentes y habilidades necesarias en el momento que coincidan con las necesidades y expectativas que tienes para el trabajo? ¿Puede tu empresa ampliar aún más esas fortalezas y brindar a sus empleados nuevas habilidades para que se desempeñen al más alto nivel? ¿Estás dispuesto y eres capaz de dedicar tiempo a desarrollar el potencial de esa persona? *¿Eres el líder que se compromete a ayudar a cada empleado a convertirse en su mejor yo?*

Habilidad experiencial, innata y potencial

Evaluar si una persona tiene lo necesario para trabajar en tu empresa es mucho más que su currículum y referencias. Los currículums y las referencias apuntan a la experiencia de un candidato, pero dan poca información sobre el potencial, el carácter, los valores y una lista de cualidades intangibles. Quieres contratar a alguien por su "configuración de fábrica", las cosas que no se pueden capacitar. Como empleador, lo único que puedes darles a los empleados son los puntos de su currículum: su experiencia. En lugar de ello, busca los mejores talentos basándote en los intangibles y los "no entregables": habilidades innatas y potenciales.

Las habilidades experienciales son las competencias y experiencias que han desarrollado; las encuentras enumeradas en su currículum. Por otra parte, las habilidades innatas no se pueden enseñar ni "entrenar"; es lo que les resulta natural y la forma en que están conectados en términos de energía y actitud. Las habilidades experienciales pueden crecer. Las habilidades innatas son fijas.

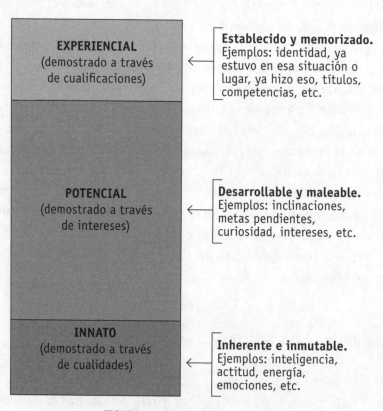

EXPERIENCIAL
(demostrado a través
de cualificaciones)

← **Establecido y memorizado.**
Ejemplos: identidad, ya
estuvo en esa situación o
lugar, ya hizo eso, títulos,
competencias, etc.

POTENCIAL
(demostrado a través
de intereses)

← **Desarrollable y maleable.**
Ejemplos: inclinaciones,
metas pendientes,
curiosidad, intereses, etc.

INNATO
(demostrado a través
de cualidades)

← **Inherente e inmutable.**
Ejemplos: inteligencia,
actitud, energía,
emociones, etc.

FIGURA 3.0 EL PILAR DEL TALENTO

Cuando contratamos nuevos empleados, nos centramos de manera principal en sus habilidades experienciales: el conocimiento, las habilidades y la experiencia que han adquirido. También nos centramos en sus habilidades innatas: las cualidades con las que nacen y que han sido fomentadas por su entorno. Pero formar un equipo completo requiere que te fijes en una tercera habilidad que, con frecuencia, pasamos por alto: el potencial de una persona, las fortalezas que podría adquirir en el entorno adecuado (eso depende de ti), con las condiciones adecuadas (también de ti) y bajo las condiciones adecuadas de liderazgo (igual de ti). Las habilidades potenciales son cosas que todos deben descubrir, incluso el propio candidato.

Las habilidades experienciales pueden acumularse cuando exploramos habilidades potenciales. El potencial es maleable y puede desarrollarse y ampliarse. Puedes tomar el potencial de una persona y alimentarlo con práctica, capacitación y otras experiencias que desarrollen las habilidades experienciales necesarias para un rol específico. Por otro lado, tal vez resulte muy difícil "desentrenar" habilidades experienciales que no están al servicio de tu empresa o que están en conflicto de otra manera. Por lo tanto, alguien con menos experiencia y más potencial puede ser más valioso para tu empresa, ya que puede aprender con rapidez las habilidades que necesita de la manera que tú las necesitas.

Eddie Van Halen es uno de los mejores guitarristas de rock de todos los tiempos. Tenía un talento innato, seguro. Su padre era músico, tocaba el clarinete y el piano. Eddie aprendió a tocar instrumentos sin siquiera leer música, e incluso engañó los oídos de su profesor de piano. Eso es innato.

Eddie, como todas las personas, también tenía potencial. Nació en Ámsterdam y su familia emigró a Estados Unidos cuando él tenía siete años. No conocía el idioma, por lo que él y su hermano Alex pasaban mucho tiempo solos aprendiendo instrumentos. La música se convirtió en su *lingua franca*, la forma en que se comunicaban y conectaban con el mundo. El potencial se mide por la disponibilidad, el deseo y el compromiso con algo. En una palabra, el potencial maximizado es "hambre". Cuanta más hambre tiene alguien de hacer algo, más talento puede desarrollar. Las condiciones que experimentaron Eddie y Alex, aunque desafiantes, aumentaron el potencial musical de los hermanos.

El hambre de Eddie por la música le ayudó a adquirir con rapidez mucha experiencia. Pasó del piano a la batería y cuando se dio cuenta de que Alex era mejor percusionista, cambió su enfoque a la guitarra. Fue entonces cuando sus habilidades innatas y potenciales se pusieron a toda marcha experiencial. Eddie empezó a tocar la guitarra hasta quince horas al día. En comparación, yo practico mi guitarra una hora al mes, ni siquiera quince horas al año. ¿Hay alguna duda de quién será mejor guitarrista?

Nadie nace experto. Y la idea de tener un don está mal interpretada. La experiencia surge de la repetición y el dominio del deseo. Entonces, si tocara la guitarra quince horas al día, durante tantos años como Eddie Van Halen, ¿sería tan bueno como él? ¡No! Porque no tengo ganas... también conocido como el *hambre*.

Las diferencias son los componentes innatos. Las personas que tienen el potencial y las habilidades innatas tienen un "deseo" natural en ellos, pero no de manera necesaria las habilidades desarrolladas... todavía. El deseo hace que el proceso de aprendizaje sea más divertido. Alguien que quiera practicar quince horas al día tendrá mejores resultados que alguien a quien se le exija u obligue a hacerlo. Tener un don natural para algo sólo se traduce en maestría cuando hay un deseo insaciable.

Eddie y Alex formaron la banda Van Halen. Se les atribuye el mérito de devolver el rock al primer plano después de la era disco, vendiendo 75 millones de álbumes en todo el mundo, teniendo trece éxitos número uno en la lista Billboard Mainstream Rock y recaudando más de 324 millones de dólares en ventas de conciertos. Eddie se convirtió en una leyenda. Conocido por su forma de tocar increíblemente rápida, dominó una técnica de *tapping* a dos manos que nos brindó algunos de los solos de guitarra más impresionantes de todos los tiempos. Cuando limitamos nuestra evaluación de los empleados actuales y potenciales a sus habilidades experienciales e innatas, es fácil creer en ranas y príncipes. De manera natural, aceptamos la creencia de que hay un número limitado de personas en el planeta que tienen la combinación adecuada para servir a nuestro negocio al más alto nivel. Si bien es cierto que las personas no son iguales en capacidad, destreza, energía, actitud, inteligencia y otros intangibles, debemos considerar algo más que sólo ellos. Debes considerar tu participación en el desarrollo de su potencial, porque eso es con exactitud lo que hacen los grandes líderes.

Cuando encuentres a una persona con la combinación adecuada de capacidad experiencial, innata y potencial, ¿la ayudarás a convertirse en el mejor artista de tu equipo? ¿Le brindarás el entorno, las condiciones y el apoyo que necesitan para alcanzar su potencial dentro de tu organización?

Un candidato exitoso es un empleado que tiene o puede desarrollar los talentos que la empresa necesita, que cuenta con el apoyo y el estímulo del jefe y que la empresa lo acepta.

Organiza talleres

¿Cómo encontrar un candidato de servicio al cliente con potencial para ser tu próxima mejor contratación? Muéstrales cómo construir una casita para pájaros.

A primera vista, los talleres de manualidades gratuitos de Home Depot son una forma divertida de pasar una tarde y una excelente manera de atraer clientes. Aprendes a construir una casita para pájaros, cambiar el cableado de una lámpara y colocar azulejos en tu baño. Estos talleres acercan a la comunidad a su tienda local. Pero hay una brillante agenda secreta: es una herramienta de reclutamiento.

Durante la demostración, un miembro del equipo de Home Depot observa a las personas trabajando la madera y el pegamento para ver si serían una buena opción para un asociado de ventas u otro puesto de piso. ¿Son pacientes consigo mismos y con los demás? ¿Hacen todo lo posible para ayudar a otros invitados? ¿Son buenos para hacer y responder preguntas? ¿De verdad les gusta mucho la carpintería?

En cada taller encontrarás personas que quieren aprender algo nuevo, tal vez hacer un regalo para el Día de las Madres (¡me atrapaste!). Esta gente tiene curiosidad. Y entre ellos encontrarás a ciertas personas que tienen más que una curiosidad pasajera. Más allá del nivel de habilidades básicas (experiencial) y una conducta agradable y servicial (innata), los talleres ayudan a Home Depot a encontrar personas que tengan un *interés* genuino en los proyectos de bricolaje. Ahí es donde comienza el potencial: con la curiosidad.

El potencial siempre se revela en tres etapas. Primero está la curiosidad, luego el deseo y al final el hambre. La curiosidad es el primer indicio de potencial. Incluso si alguien, en teoría, tiene potencial para ser excelente en algo, si no muestra curiosidad por aprender más sobre ello, no es probable que lo explore. La curiosidad puede satisfacerse o generar un interés creciente, y eso es deseo. Las personas que desean hacer algo de manera automática buscan mejorar y es más probable que adquieran con rapidez las habilidades necesarias para hacerlo. En el nivel más alto está el hambre. Aquí es donde la gente "no puede" dejar de aprender y mejorar. Éstas son las personas que tienen más probabilidades de dominar la habilidad que aprenden.

En 2011, Domino's lanzó la aplicación Pizza Hero, que desafiaba a los jugadores a "hacer una pizza" en sus iPads. La aplicación fue programada para buscar competencia. A los jugadores que hicieron las mejores pizzas se les ofreció la oportunidad de trabajar en su Domino's local. Los clientes que tenían una curiosidad general por hacer pizzas jugaban… y los que tenían un deseo genuino de hacer pizza *seguían* jugando, perfeccionaron sus pizzas virtuales. Como resultado, Domino's reclutó cientos de nuevos empleados, personas que no sólo buscaban trabajo, tenían el deseo de hacer pizzas.

Busca siempre personas curiosas, porque revelan potencial. Limita tus candidatos a aquellos que muestren deseo. Entre ellos se encuentran los mejores talentos para el trabajo que tienes.

Contrata por deseo. Esto muestra la aplicación del potencial. El deseo puede convertirse en hambre. Estas personas se convertirán en tus artistas de élite.

En lugar de publicar un anuncio, crea tu propia experiencia. Yo lo llamo taller. Podría ser un grupo de estudio o una clase. Podría ser una hora en línea o unos días en tu oficina. Puedes organizarlo en la universidad local, ya que ellos proporcionan los recursos necesarios, o en conjunto con otras empresas donde todos colaboran. También podría ser un *open house*, un recorrido inmersivo por tus instalaciones o incluso un día divertido con juegos para desarrollar habilidades y actividades sociales. O podría ser una capacitación y un debate sencillos y breves de media hora. El evento podría ser virtual o presencial, o una combinación de ambos. La esencia de un taller es una experiencia práctica e inmersiva en la que las personas no sólo aprenden, sino que también hacen.

En una reunión de empresarios en Tucson, Arizona, Russell Francis, el propietario de CrossFit Jersey City (que de manera reciente rebautizó como JCFit), levantó la mano. "¿Esta técnica es sólo para mí o puedo decírselo a los líderes de nuestra organización CrossFit?".

"Por supuesto, compártelo y..." comencé a decir, pero Russell ya estaba fuera de la puerta y fuera del alcance del oído, en camino a llamar a la sede y compartir la idea del taller con liderazgo.

A decir verdad, las epifanías (momentos *eureka* o cuando "te cae el veinte") no suelen traducirse en acciones. A veces, a la gente le gusta la idea, pero no están seguras de poder llevarla a cabo. El obstáculo número uno es que se trata de otra tarea más que se suma a una pila de tareas existentes. ¿Cómo vas a aprender a organizar un taller? No tienes tiempo para aprender algo nuevo. Y gracias a Dios, no es necesario.

Antes de explicarte cómo realizar un taller, te daré un truco sencillo que aprendí de un extraño. Después de dar una conferencia sobre All In, un chico se me acercó y me dijo: "Descubrí cómo cualquiera puede aplicar la estrategia del taller hoy mismo. Participa. Ve a una clase y presta atención a los demás estudiantes como lo harías si la estuvieras dirigiendo". No me dio su nombre. Sólo me dio esa joya y se fue. ¡Boom!

Este genial truco me recordó otro ejemplo de cómo encontrar contrataciones extraordinarias en un sólo día. Andrew Borg de Borg Design, Inc., una empresa de fundición y manufactura de Boston, visitó una escuela de oficios para hablar con los estudiantes. Luego se reunió con varios de ellos y contrató a los tres con mayor potencial. Si pruebas este giro de "orador invitado" en la estrategia del taller, recuerda reservar suficiente tiempo para que las preguntas y respuestas identifiquen a los estudiantes con el deseo más profundo. O elige ser un estudiante de "comprador secreto" y asistir a las clases a las que asisten tus candidatos.

Técnicamente, tu empresa ya está realizando experiencias de talleres. Cuando les muestras a los clientes cómo funciona tu producto o servicio, estás haciendo una demostración. Se trata de un minitaller y los potenciales "A" también se beneficiarán de esa demostración. ¿Tú o los miembros de tu equipo salen al campo y hacen el trabajo? *"Hola, vida real, el taller de inmersión individual definitivo utilizado por bomberos y policías".* ¿Tienes capacitación que ofreces a tus empleados o la realizas tú mismo? ¡Ahí está! Eso es un taller.

¿Qué pasa con el costo? ¿Qué pasa con la inversión de tiempo? Realizar experiencias inmersivas suena caro. La realidad es que gastarás mucho menos dinero y tiempo organizando un taller, una jornada de puertas abiertas o una capacitación, que siguiendo el proceso de entrevista tradicional. Incluso si terminas gastando más dinero y tiempo, es más probable que encuentres empleados que lo den todo por tu empresa, lo que significa que se desempeñarán bien y se quedarán a desarrollarse.

Antes de sobreestimar el tiempo y el esfuerzo que implican los talleres y, por lo tanto, abandonar la idea, recuerda que el evento es sólo una experiencia de aprendizaje y crecimiento para personas que desean explorar su potencial.

Además, los talleres benefician a todos. Los participantes se instruyen, exploran su potencial y se empoderan. Pueden elegir si quieren continuar (una indicación de deseo) o si han satisfecho su curiosidad. Algunas personas crecerán hasta convertirse en lo que descubren, lo que será una gran victoria para ti y para ellos. Y otros verán que esto no era para ellos y seguirán por otro camino para encontrar interés en otros lugares, lo cual es otra gran victoria: estás ayudando a todos los candidatos, sin importar si terminan siendo los más adecuados para tu organización. El viejo enfoque de entrevista de "una persona gana" sólo beneficia a uno: la persona contratada. Todos los demás deben descubrir "¿qué me pasa?" y "¿por qué no estuve a la altura?". Eso no está padre, no está bien. Hagámoslo mejor.

Cuando estés listo para probar tu propio taller, aquí hay algunos puntos para recordar:

- Un taller puede ser cualquier forma de capacitación experiencial donde las personas aprenden o mejoran una habilidad.
- A los participantes se les dice que es un evento educativo (que lo es), no un evento de reclutamiento (que puede llegar a serlo). No son candidatos, ellos son estudiantes.
- Cuando le dices a las personas que asistirán a un evento de reclutamiento, es posible que intenten impresionarte en lugar de seguir su curiosidad. Cuando empiezan a mostrar interés, deseo y sed, es cuando revelan que son candidatos.
- Podría ser media hora, una hora, varias horas, un día o varios días.
- Puede ser virtual o en persona.
- Puedes cobrar por ello o puede ser gratis. Cobrar una tarifa, aunque sea pequeña, es una gran herramienta para separar a los chismosos de los buscadores serios.

- No necesitas un grupo grande. Puedes ejecutar uno con una sola persona.
- A medida que los participantes aprenden a través del taller, observa la curiosidad, el deseo o el hambre de las personas: éstos son indicadores de potencial.
- Entrega a los estudiantes un certificado de logros. Todos se benefician y tienen pruebas.
- El objetivo de tu primer taller es hacértelo lo más fácil posible. Puedes mejorar el siguiente, y el siguiente, y así de manera sucesiva. No es necesario tener la habilidad para ejecutarlo. Si tienes la habilidad que deseas que los candidatos aprendan, enséñala. De otra forma, contrata a un experto que tenga la habilidad.

Ahora que tienes los consejos, comencemos a configurar tu propia herramienta de contratación definitiva. He aquí cómo empezar tu primer taller:

1. Identifica los elementos imprescindibles, talentos innatos y habilidades establecidas que necesitas en tu próxima contratación integral.
2. Identifica los "desarrollos imprescindibles". Enumera las nuevas habilidades que tu empleado integral debe adquirir mientras trabaja contigo.
3. Crea un evento educativo que enseñe las habilidades más importantes que "deben desarrollarse" y enumera las habilidades establecidas que "deben tener" como requisitos previos. Diseña tu capacitación para brindar instrucción y experiencia.
4. Comercializa el evento. Esto no es algo para las bolsas de trabajo. Esto es algo que quieres promover donde ya se reúnen personas que sienten curiosidad por las habilidades que necesitas. Las personas que tienen potencial gravitan de manera natural hacia sus intereses. Prueba en asociaciones, clubes, escuelas y eventos educativos complementarios. También puedes promocionar tu evento entre clientes y proveedores.

5. Durante el taller, utiliza el método EIM: enseñanza, inmersión y monitoreo. Enseñar a los participantes una nueva habilidad, hacer una inmersión en la experiencia de aplicar la habilidad y monitorear su capacidad, interés y deseo. Observa quién tiene más ganas de aprender.

6. Es posible que desees ofrecer otro taller más avanzado en una fecha posterior para los participantes que serían buenos candidatos para tu vacante.

ORGANIZA UN TALLER		
Paso 1	Paso 2	Paso 3
INDISPENSABLES Y DESARROLLO	CREA EL TALLER	PUBLICITA EL TALLER
Haz una lista de CUALIFICACIONES y CUALIDADES indispensables para estudiantes del taller. Haz una lista de las habilidades que puedes y debes DESARROLLAR con los candidatos con el potencial adecuado.	Utiliza CUALIFICACIONES indispensables para crear los prerrequisitos del taller. Utiliza CUALIDADES indispensables para establecer pruebas para revelarlas. Utilizar las habilidades que deben DESARROLLARSE para crear un taller que brinde esta instrucción y experiencia.	Promueve el taller en las comunidades donde los candidatos con las CUALIFICACIONES indispensables son más propensos a congregarse. Por ejemplo, asociaciones, reuniones y con la competencia. Además del mejor entrenamiento que puedas ofrecer, también entrega un certificado de terminación y otros reconocimientos.

ORGANIZA UN TALLER		
Paso 4	**Paso 5**	**Paso 6**
REALIZA EL TALLER	ACERCAMIENTO A LOS CANDIDATOS	TALLERES AVANZADOS
Utiliza el método EIM (enseñanza, inmersión, monitoreo) para dar la clase. Da lo mejor de ti para atender a cada estudiante mientras los observas para verificar sus CUALIFICACIONES y CUALIDADES. Monitorea en busca de potencial, que por lo general se muestra a través de la curiosidad, el interés y el hambre.	Acércate a los estudiantes que demostraron las CUALIFICACIONES, CUALIDADES y habilidades DESARROLLABLES (potencial) y explica que notaste sus habilidades y que serían buenos candidatos para trabajar en tu compañía.	Utiliza talleres avanzados para mantener a los candidatos interesados y tener una buena relación con candidatos que no pueden o no deben ser contratados en ese momento. Usa los primeros cinco pasos para estructurar talleres avanzados.

FIGURA 4.0
CÓMO ORGANIZAR UN TALLER PARA RECLUTAR CANDIDATOS CON LAS CUALIFICACIONES, CUALIDADES Y POTENCIAL QUE BUSCA TU COMPAÑÍA.

A lo largo de tu taller, identifica a los mejores candidatos y pásalos a la etapa de evaluación, sobre la cual aprenderás más en el próximo capítulo. Por supuesto, es posible que estas personas ni siquiera sepan que están siendo cuasi-evaluadas. Así que sólo explícales: "Nos dimos cuenta de lo bien que te fue en nuestro evento. Tenemos algunas oportunidades de trabajar con nuestra empresa en esa área. ¿Te gustaría saber más sobre la empresa?".

Me doy cuenta de que esta nueva forma de encontrar y reclutar candidatos requiere una inversión inicial que puede parecer demasiado elevada en este momento. No es necesario que implementes esta estrategia mañana, ni siquiera en tu próxima contratación. Piénsalo. Analiza algunas ideas con tu equipo. Empieza pequeño. Grandes cambios como éste son factibles cuando lo analizas todo y te tomas tu tiempo.

Los talleres están por todas partes. La NFL encuentra a los mejores jugadores de esta manera. *American Idol* encontró a Carrie Underwood, Adam Lambert y Kelly Clarkson de esa manera. Y el mundo empresarial también encuentra empleados así. Se llaman pasantías. Reduce esa pasantía a un formato corto y listo. ¡Un taller!*

Ofrece la habilidad para encontrarla

Tuesday P. Brooks es una gran líder que tuvo una idea brillante y la combinó con una ejecución impecable. Tuesday, fundadora de AJOY Management Enterprise (un servicio de asesoramiento en gestión financiera en la ciudad de Nueva York), cree que la próxima generación de mujeres empresarias merece conocimientos, acceso y libertad financieros. Durante mucho tiempo quiso ayudar a educar a mujeres jóvenes en África para que pudieran conseguir empleo y comenzar sus propios negocios. La inspiración se encuentra con la oportunidad.

Cuando Tuesday se enteró de que muchas empresas estadounidenses subcontratan servicios de contabilidad y *bookkeeping* a la India, se dio cuenta de que podrían subcontratarlos con la misma facilidad a África. También notó que la mayoría de las empresas establecidas en India prestaban sus servicios a múltiples clientes y, aunque eran competentes en el ingreso de datos, las personas que entrevistó no estaban capacitadas para ayudar a los dueños de negocios a manejar el flujo de efectivo, mejorar la rentabilidad y aumentar las estrategias fiscales. Si pudiera capacitar a profesionales africanas para que brindaran a los dueños de negocios la misma atención especializada por la que era conocida su propia empresa, tendrían una ventaja en la economía global.

---

* Realizar los talleres de manera correcta es fundamental. Si desea ayuda para diseñar su taller, All In Company ofrece un programa de Talleres Pathway. Obtén más información en theallincompany.com.

Tuesday se asoció con una organización sin fines de lucro y una maratonista keniana profesional para reclutar candidatas para una certificación en contabilidad, y así nació Phindiwe Business Academy. Comenzó con once estudiantes y las capacitó de manera virtual. Todas las mujeres estaban muy comprometidas a medida que aumentaban sus habilidades y capacidades. Aquellas que aprobaron las pruebas de calificación recibieron un certificado de la firma de Tuesday y ella las contrató para ocupar puestos de contabilidad.

Tuesday no sólo cumple su misión de educar mujeres, también las examina para encontrar lo mejor de lo mejor para su propio negocio. Su proceso de prueba le permite evaluar su potencial innato y su capacidad experiencial. Como su maestra, ella puede comprobar si tienen la capacidad innata de concentrarse en los detalles. También puede evaluar si tienen otras habilidades potenciales. Y a través de su clase, están adquiriendo capacidad experiencial. Por naturaleza, ella lo da todo por sus empleadas potenciales: está comprometida con ellas desde el principio y por completo. Todas las que participan en el programa obtienen más habilidades y mayores oportunidades de vida de manera constante. La empresa de Tuesday gana con las reclutas perfectas. ¿Ves? Todas ganan. Genia. Genia absoluta.

Su historia me recuerda una conversación transformadora que tuve una vez con mi buen amigo JB Blanchard. Decidió participar en una plática que yo daría en un campus universitario. Mientras atravesábamos un edificio para llegar a la sala de conferencias, pasamos por varios salones en clase.

JB miró a través del cristal hacia una puerta, señaló y dijo: "Oh, ahí está el mejor estudiante". Siguió caminando antes de que pudiera entender a quién se refería.

Casi un minuto después, miramos en un salón de clases diferente y dijo: "Ahí está el mejor estudiante". Y siguió caminando.

Unas cuantas puertas más y lo volvió a hacer. "Mira. Ahí está el mejor estudiante".

No podía entender su pequeño truco. ¿Quién era el mejor estudiante que identificaba con tanta rapidez? ¿Era el chico sentado al frente? ¿Era la persona que tomaba más notas? ¿El estudiante que levantó la mano?

Después de que hizo esto dos veces más, dije: "Está bien. Me rindo. ¿Quién es el mejor estudiante?".

JB se detuvo en la puerta de la sala de conferencias y dijo: "Tranquilo. El mejor alumno siempre es el maestro".

Una forma segura de ver si un candidato tiene las habilidades que necesitas es pedirle que te enseñe cómo hacerlo. Esto demuestra que tienen el tipo de habilidad que necesitas.

Recluta desde la banca

La misma encuesta Harris Interactive Poll que informa que las "malas contrataciones" cuestan a las empresas un promedio de 25 mil dólares, también señaló que 38% de los empleadores creen que contrataron de manera incorrecta porque tenían prisa por cubrir el puesto. En mi experiencia, ese número supera con creces el 75%. Empezamos a buscar a alguien para ocupar un puesto cuando tenemos una necesidad inminente y eso es parte del problema. Cuando publicas un anuncio de trabajo, esperas que las estrellas se alineen para que las personas exactas que necesitas estén disponibles y buscando trabajo. ¿Por qué dejarlo en manos del destino? Además, seamos realistas: los líderes desesperados hacen cosas desesperadas. Así terminamos con tantas malas contrataciones (hola, Elliott-Falsa Abuela Muerta-Fiesta en Bahamas).

En lugar de publicar un anuncio para una posición vacante cuando sientas que el mundo se te viene encima, comienza el proceso temprano. Mantén un grupo de nombres que podrían ser candidatos para puestos cuando estén disponibles. Así es con exactitud como las universidades reclutan atletas. Realizan campamentos para enseñar a los atletas nuevas habilidades y técnicas.

Las universidades ayudan a mejorar a los atletas y al mismo tiempo mantienen numerosos registros sobre quién podría completar mejor su lista cuando lo necesiten. Cuando llega el momento de reclutar a su próxima superestrella, utilizan la lista de atletas que ya han pasado por los campamentos y hacen su oferta.

Entre los campamentos y el día de la oferta hay mucha comunicación. La universidad quiere ser una prioridad para los mejores candidatos, por lo que cuando hacen la oferta, no hay necesidad de reavivar la relación. Cuando imparto talleres sobre el potencial de reclutamiento, aquí es donde los más escépticos por fin ven la luz. Reconocen que las universidades y los equipos profesionales han estado utilizando este enfoque durante décadas. La industria del deporte, que mueve miles de millones de dólares, utiliza los campamentos para competir por los talentos más elitistas, y funciona. Si los talleres son el secreto para el reclutamiento de talentos para atletas de clase mundial, también funcionarán para los profesionales de tu industria.

Como convención de nomenclatura sencilla, llamaremos a tu grupo de reclutamiento en reserva "la banca". La banca son los jugadores listos para entrar en cualquier momento cuando otro jugador abandona el campo. Tendrás empleados existentes que abandonen sus funciones o tu empresa. Y a medida que ésta crezca, necesitarás más actores en el campo. Ten siempre lista tu banca.

Para reclutar desde la banca, incorpora talleres, jornadas a puertas abiertas, campamentos, academias, clases y otros eventos como éstos en tu cronograma trimestral, incluso si no deseas contratar en ese momento. Tu banca también puede incluir personas que conoces en conferencias u otros eventos, incluso tus clientes. Recuerda, tu banca con frecuencia tendrá personas que trabajan en otros lugares.

Danielle Mulvey, a quien presentaré de manera más formal en el próximo capítulo, tuvo un empleado en la banca durante ocho años y otro durante dos años. Al igual que una gran entrenadora universitaria, Danielle se comunicaba con ellos cada tres meses para mantener viva la conexión. Cuando estuvo lista para iniciar su nueva empresa, tomó el teléfono y programó con ellos evaluaciones de calidad y cualificación para el mismo día. Ambos subieron a bordo de inmediato. Ambos tienen un desempeño excelente de manera consistente.

¿Cómo enseñar lo que no sabes?

Quizá estés pensando: "Hola, señor Mike Elegante, sí, esto del taller es genial y todo eso, pero ¿cómo puedo enseñar algo que no sé? Necesito un especialista en marketing en nuestro equipo porque soy un desastre en marketing. ¿Qué hago?".

Tienes dos buenos puntos: tengo predilección por la ropa elegante y si no tienes la habilidad, no puedes enseñarla. Pero te tengo buenas noticias. No es necesario enseñar la habilidad, puedes recurrir a un experto. Encuentra un gran especialista en marketing para impartir tu taller. Dispara, tal vez uno de los candidatos que estás considerando, alguien que ya tenga las habilidades, pueda enseñarlo. Ahora podrás evaluarlo impartiendo el taller y a los demás candidatos que asisten a aprender.

Es probable que debas compensar a la persona que enseña, pero tratar de encontrar personas mediante el antiguo método de revisar currículums y entrevistas "dentro o fuera" cuesta mucho más.

Y si quieres ser súper hábil, puedes formar equipo con otros líderes. Tal vez tú tengas una habilidad que otros líderes necesitan, y tal vez ellos tengan habilidades que tú deseas en tus candidatos. Tú haces un taller para ellos y ellos hacen uno para ti.

BUEN Y GRAN LIDERAZGO	
BUENOS LÍDERES	**GRANDES LÍDERES**
Realizan entrevistas tradicionales	Organizan talleres
Realizar entrevistas para encontrar candidatos ideales es un enfoque estándar y los buenos líderes buscan nuevas formas de mejorarlo. El desafío es que, si bien es posible encontrar personas excelentes en este proceso, es posible que se pierda a personas que tienen el potencial de desempeñarse aún mejor en ese rol.	Un taller es un evento educativo interactivo diseñado para encontrar personas que tengan curiosidad genuina por las tareas que tú necesitas realizar. Los grandes líderes saben que es posible que muchos de los mejores candidatos no estén buscando o pensando de manera activa en un nuevo trabajo. Pero si tienen potencial, siempre querrán aprender.
Priorizan currículums y referencias	Consideran habilidades potenciales
Los currículums exponen habilidades experienciales e innatas. Los buenos líderes también verifican las referencias para confirmar las habilidades indicadas en los currículums.	La consideración que más se pasa por alto en la contratación es la habilidad potencial. Los grandes líderes miran más allá de lo que un candidato ha hecho en el pasado y se preguntan: "¿Qué puede hacer esa persona en el futuro?".
Reclutan con tiempo	Reclutan desde la banca
El reclutamiento espontáneo es muy susceptible a contrataciones débiles, lo que conduce a un desajuste entre idoneidad y capacidad. Los buenos líderes reclutan con tiempo, antes de que tengan una necesidad inmediata.	La banca es una comunidad de candidatos que has construido a lo largo de los años. Pueden ser empleados anteriores, solicitantes anteriores, empleados de la competencia o personas con las que te has cruzado en la vida. Los grandes líderes mantienen su banca llena para poder agilizar el proceso de reclutamiento y cubrir puestos más rápido.

Capítulo 4
Adopta el Acoplamiento de Cinco Estrellas

Tuve una idea "genial". Para agilizar mi proceso de investigación y darle una oportunidad a más personas, decidí "entrevistarlos" a todos a la vez. Me inspiré en *Survivor*, el *reality show* que hizo famosos los concursos de *reality shows*. Si nunca lo has visto, un grupo de extraños aceptan vivir en un lugar remoto donde deben valerse por sí mismos para sobrevivir. Algo así como náufragos. En cada episodio, también se les somete a una serie de pruebas y luego uno de ellos es expulsado. Al final de la serie, el "único superviviente" gana un millón de dólares.

Mi proceso estilo *Survivor* implicó que todos los candidatos para un puesto vinieran a la vez, hablarles sobre nuestra empresa y misión y, luego, realizar una serie de pruebas. Para ambientar, tenía antorchas que representaban a cada candidato encendidas afuera de nuestra entrada. Para ser claros, esto no fue nada como un taller diseñado para encontrar a los candidatos que tuvieran el mayor potencial. Esto fue una competencia despiadada inspirada en un *reality show*, así que me puse mi disfraz de campo más duro, botas desgastadas, camisa caqui y todo. Enfrenté a los solicitantes entre sí. Si ganaban una prueba, "sobrevivían" a otra ronda. Si no pasaban la prueba, su antorcha se apagaba y salían de mi isla imaginaria. Pensé que mi genial idea era tan genial que incluso los solicitantes pensarían que esto era lo mejor que jamás había hecho. ¿Quién no quiere estar en un *Survivor* falso?

Nadie. Fin. Los solicitantes *no* lo apreciaron.

Mi concepto no era tan malo, ya que estaba considerando a muchas personas, no sólo a una, pero era injusto para los introvertidos y los que no gustan de la competencia pública. No tuvieron un buen desempeño u optaron por no participar y perdí la oportunidad de descubrir si eran la mejor persona para el trabajo. Pero ésa no fue la peor parte... oh, no.

Cuando la gente no pasaba las pruebas que les hacía, los "echaba de la isla". Esto lo hizo aún más intenso para los candidatos restantes. Y tal como sucede en *Survivor*, esa tensión trajo lo peor de ellos. Formaron alianzas rápidas. Comenzaron a apuñalarse por la espalda unos a otros. Se puso *feo*. Al final, el "único superviviente" fui yo. Todavía no había ocupado el puesto, estaba solo en una isla que yo mismo había creado.

¿Y esas antorchas que instalé? Corrí escaleras abajo para apagar al primero, al estilo Jeff Probst, cuando el primer candidato fue expulsado de la isla, pero ya estaban todas apagadas. La lluvia pasó durante la primera ronda y las extinguió todas. Tal vez era un indicador divino de lo ridículo de mi idea. Y mi intento de volver a encender las mechas húmedas fue una demostración de mi terquedad.

Por fortuna, Danielle Mulvey me enseñó cómo mejorar *mucho* en la evaluación de candidatos potenciales. No se necesitan antorchas.

Una vez, a Danielle le costó tanto contratar que no quería ir a la oficina. Fundadora de The Maverick Group, una agencia de publicidad y marketing en Nashville, descubrió el talento como lo hacen muchos líderes empresariales: basándose en la familiaridad. Tomó recomendaciones y referencias de colegas y amigos y pensó que "funcionarían igual que yo".

Devon tenía un nuevo título en diseño y parecía bueno en el papel, pero al final Danielle lo eligió para un puesto de diseño gráfico en lugar de otro candidato porque era hermano de una buena amiga suya de la universidad. Casi de inmediato causó problemas. Devon se mostró combativo dentro de su propio equipo. Creía que el trabajo debía hacerse a su manera o de ninguna manera. Estaba por completo equivocado la mayor parte del tiempo y era un completo idiota al respecto. Tanto, que Danielle hizo todo lo posible para evitarlo. A pesar de eso, lo mantuvo a bordo, permitiéndole presentarse a trabajar mientras ella se escondía, en cualquier lugar menos en su oficina.

"Me di cuenta de que cuando se trataba de contratar, estaba improvisando", me dijo Danielle.

Ella prometió hacer un cambio. Alrededor del año 2000, Danielle comenzó a utilizar un sistema de categorización mucho más complicado para evaluar candidatos y le resultó de gran ayuda. Pero con el tiempo se dio cuenta de que quería ampliar el proceso para incluir evaluaciones del potencial de un empleado y hacer que el proceso de investigación de antecedentes fuera más eficiente. Entrevistar de manera minuciosa a cada candidato lleva mucho tiempo. Necesitaba una forma de descartar a las personas antes de invertir tiempo en hablar con ellas.

Así nació el Acoplamiento de Cinco Estrellas. Este método encuentra personas que tienen habilidades innatas, potenciales y experienciales necesarias que coinciden con el puesto que necesitas ocupar. ¿Son adecuados para la lista de funciones imprescindibles del puesto? El acoplamiento de cinco estrellas tiene cualidades intangibles que complementan a la empresa.

¿En qué se diferencia el acoplamiento de cinco estrellas de asignar calificaciones con letras a los empleados? Piensa en el sistema de clasificación de los sitios de reserva de viajes. Tras tu estancia en un hotel, por ejemplo, le concedes de una a cinco estrellas. Y tus calificaciones son por completo subjetivas, se basan en tus necesidades y preferencias. El mismo hotel, que ofrece la misma experiencia a dos personas diferentes con sus propias preferencias, dará como resultado calificaciones muy diferentes. El mismo lugar, el mismo día que ofrece la misma experiencia, puede obtener una calificación de cinco y una estrella.

En un viaje a Florida, mi esposa Krista y yo nos hospedamos en The Breakers en Palm Beach. Queríamos una escapada especial única en la vida donde pudiéramos relajarnos y disfrutar del tiempo juntos. El hotel es muy elegante, por lo que no nos sentimos cómodos allí. Mi esposa dijo: "Éramos ratones de campo en la gran ciudad". Le dimos cuatro estrellas porque se ajustaba demasiado a nuestras necesidades. Sí, demasiado.

Mientras descansábamos en nuestra habitación, nos tocaron la puerta al menos tres veces en sólo unas horas: una vez con la entrega de un regalo especial de la panadería, otra cuando el gerente pasó para asegurarse de que todo estuviera perfecto y otra cuando el personal ofreció el servicio de descubierta o acomodo de la cama para dormir. El lugar es "genial", pero no era mi definición de relajación. Además, ni siquiera sabía que el servicio de "descubierta" de una cama era algo real hasta que investigué un poco en internet.

En ese mismo viaje nos quedamos una noche en el Motel 6 entre destinos. Necesitábamos un lugar limpio, seguro y sin lujos para pasar la noche. Dormimos como troncos. El hotel estaba tranquilo, nadie tocó la puerta y nos dieron dos botellas de agua gratis, todo por 87 dólares. Le dimos al motel cinco estrellas porque cumplió con nuestras expectativas en todos los aspectos.

No me sorprendería que The Breakers recibiera múltiples calificaciones de cinco estrellas de otros huéspedes el mismo día que le dimos cuatro. La definición de "elegante y exagerado" es sólo mía. Para aquellos que esperaban ser atendidos en todo momento, The Breakers lo logró. De manera similar, es posible que Motel 6 se haya olvidado de dejar la luz encendida para un huésped y eso podría ser suficiente para que ese huésped los critique con dureza. Las calificaciones se basan no sólo en la experiencia, sino en la intersección de expectativas y experiencia.

Así como una calificación de hotel de cinco estrellas no significa que tendrás una experiencia de cinco estrellas, un jugador A puede no ser un jugador A para cada puesto en tu empresa. Aquí es donde entra en juego el proceso de contratación del acoplamiento de cinco estrellas.

De manera normal, el acoplamiento de cinco estrellas produce al menos tres veces la inversión de su nómina. Con frecuencia son los que menos apoyo requieren (pero les gusta que la gerencia los involucre y los apoye). Debido a que todo su personal tiene un acoplamiento de cinco estrellas, Danielle escaló sus empresas a más de 50 millones de dólares en ingresos anuales mientras dedicaba menos de diez horas a la semana a supervisar las operaciones.

Me gusta visitar oficinas. He estado en fábricas de galletas, operaciones de audiología, funerarias, firmas de bienes raíces, tiendas de seguridad, consultorios legales, fabricantes de juegos, tiendas de *software*... la lista sigue y sigue. Siempre presto la mayor atención a los empleados. ¿Cómo es su comportamiento? ¿Qué tan comprometidos están? ¿Qué tan conectados están con su equipo, su misión, su empresa? De todos los lugares en los que he estado, y son cientos, la compañía de Danielle lo tenía todo.

No soy tímido, así que cuando me di cuenta de que Danielle tenía el equipo de equipos y estaba ayudando a ensamblarlos para otras empresas, salté a lo obvio. Le dije: "Veo lo que has hecho aquí. Sé que la gente te pide ayuda de manera constante para formar sus equipos. ¿Qué pasaría si nos asociamos para crear un negocio que sirva a cualquiera que lo necesite?".

¡Saluda a All In Company! Si deseas ayuda en este proceso, puedes comenzar descargando tu propia copia de la descripción general del Acoplamiento de Cinco Estrellas en allinbymike.com.

El proceso del Acoplamiento de Cinco Estrellas

A medida que profundizamos en este proceso, debemos aceptar un principio. Todos los individuos son un jugador A. Sólo necesitan que los pongan en un rol que les permita explotar todo su potencial. De nuevo, no estoy diciendo que todos sean jugadores A para ti. Y al mismo tiempo, no estoy diciendo que sólo unos pocos selectos lo sean. Todos tienen potencial. Todo el mundo tiene un potencial A. Tu trabajo, como gran líder, es capacitar a las personas para que expresen su potencial A durante el proceso de consideración y determinar si tienes un espacio para ese potencial de una manera que se pueda maximizar.

He aquí cómo funciona el proceso de contratación del Acoplamiento de Cinco Estrellas:

Fase 1: Evaluación All In. Si aún no estás listo para realizar talleres, esta herramienta es otra forma simplificada para encontrar a los mejores candidatos. En la oferta de trabajo, se informa a los solicitantes que el proceso de investigación consta de cinco fases. El primer paso es completar la Evaluación All In, que demora más o menos 35 minutos en completarse. De manera básica estás diciendo: "No presentes la solicitud si no vas a tomarte el tiempo para hacerlo". Según Danielle, cerca de 60% de los solicitantes no completa este paso y, de los que lo hacen, el 50% obtiene una puntuación lo suficiente baja como para abandonar, lo que significa que puedes dedicar tu tiempo a los mejores candidatos. De manera similar al esfuerzo de asistir a un taller, la Evaluación All In requiere una demostración de verdadero deseo de seguir adelante. Este requisito es la segunda forma más eficaz de medir el deseo, siendo los talleres la primera.

Durante una capacitación All In, uno de los estudiantes dijo: "Eso es una gran molestia para cualquiera que presente la solicitud. Sé que, por mi parte, no llenaría esto a menos que fuera un trabajo que de verdad quisiera". ¡Exacto, ése es el punto! Sólo queremos gente que lo quiera. No las personas que dan respuestas generales, hacen clic y avanzan a cada oferta de trabajo. Cuando un solicitante obtiene al menos 70% en su Evaluación All In, pasa a la Fase 2.

Fase 2: La entrevista de selección. Ésta es una evaluación inicial de no más de veinte minutos, realizada por teléfono o video. La mayoría de las preguntas se relacionan con el currículum del candidato, por ejemplo: "¿Por qué dejaste tu último puesto? ¿Qué te gusta de tu puesto actual? ¿Qué te hizo querer buscar un nuevo trabajo?".

Aquí buscas interés y pasión por el trabajo que solicitaron. Aunque la duración máxima es de veinte minutos, una entrevista de selección podría durar sólo noventa segundos. Sin potencial significa sin compatibilidad ni acoplamiento. Nota: como aprendiste en el capítulo anterior, realizar un taller puede ser una forma eficaz de encontrar a los mejores candidatos con el mayor potencial. Si optas por realizar uno, reemplaza la Fase 1 y la Fase 2, por lo que puedes saltar directo a la Fase 3.

Fase 3: La demostración. En esta fase, los solicitantes realizan una prueba de habilidades relacionadas con las responsabilidades de su trabajo. Entonces, si solicitan un puesto de contable, tomarían una prueba para demostrar su aptitud para débitos y créditos, otra prueba para *software* específico y algunas pruebas en las que dialogan y le brindan información a una persona que se hace pasar por un cliente que tiene problemas comunes que los clientes reales suelen tener.

Fase 4: La entrevista de inmersión profunda. Hasta ahora, has filtrado la mayoría de candidatos de una, dos y tres estrellas. Tienes un buen sentido de las habilidades de un candidato. En esta entrevista, pregunta sobre su futuro. ¿Qué ven para ellos, en lo personal y profesional? ¿Qué quieren? ¿Cuáles son sus sueños? ¿Hay un futuro juntos? Nadie trabaja en una empresa desde el día que nace hasta el día que muere. Y aunque sean de larga duración, todavía tienen una vida fuera del trabajo. Así que recorremos juntos el camino de la vida. La vida laboral y la vida-vida se entremezclan. Tu trabajo, en caso de contratar a esta persona, es apoyar sus objetivos de vida lo mejor que puedas mediante el logro de sus responsabilidades laborales.

Después de la entrevista, asegúrate de verificar las referencias. La mayoría de los entrevistadores se olvidan de las referencias... y eso es un error. Cuando llaman, la persona de referencia tiene miedo de decir cualquier cosa que pueda obstaculizar al candidato o introducir sesgos. Por lo general, sólo obtienes las fechas trabajadas y tal vez un título. Tengo un truco sencillo para esto. En lugar de eso, pregunta: "Tenemos muchos roles diferentes que la persona puede desempeñar en nuestra organización. Suponiendo que puedan hacer lo que quieran aquí, ¿en qué función (trabajo/tareas) cree usted que este candidato sobresaldría? Esta sencilla pregunta abre la puerta a recibir comentarios sinceros sobre su potencial como jugador A.

Fase 5: El día de acompañamiento. Los candidatos ahora tienen la oportunidad de pasar un día en tu organización conociendo al equipo y aprendiendo sobre la cultura y cómo funciona el trabajo. Ésta es una oferta pagada. Un día de acompañamiento también puede implicar pruebas de habilidades adicionales en forma de pequeños proyectos o tareas. Si a un candidato le va bien en su día, puedes decidir ofrecerle el puesto. También expones al candidato a la comunidad laboral. Tienen una idea de lo que se espera de ellos y del ambiente. Y en casi todas las circunstancias pueden hacer el día de acompañamiento sin tener que dejar su empleo en otro lugar. De manera normal sólo se toman un día libre. El candidato puede decidir si quiere el puesto, del mismo modo que tú puedes decidir si se lo ofreces.

Tal vez piensas: "Mike, necesito cubrir los puestos vacantes lo antes posible. ¡Este proceso lleva demasiado tiempo!".* Mi respuesta es doble: se necesita casi la misma cantidad de tiempo para comenzar a llenar el evento de tu taller que para programar un calendario de entrevistas. Y el costo de las malas contrataciones es alto. Así que ralentiza tu rollo. Y comienza a buscar candidatos antes de que sea necesario.

Cuando sientes que estás listo para casarte, no empiezas a buscar a alguien que vaya al altar contigo mañana por la tarde. En

---

* Para obtener ayuda con el proceso de contratación, visita theallincompany.com para conocer los servicios.

cambio, lo normal es pasar por múltiples experiencias juntos para asegurarse de que ambos sean felices, luego se comprometen y luego se casan.

Según CareerBuilder, tres de cada cuatro empleadores dicen que contrataron a la persona equivocada para un puesto y 30% de ellos dijo que esto se debía a que se sentían presionados a ocupar el puesto con rapidez. No apresures la ejecución del proceso. Pero comienza ahora, para que no tengas prisa en ese momento.

El método del Acoplamiento de Cinco Estrellas elimina a todos los solicitantes excepto al 15% más destacado, por lo que al utilizar este enfoque, ya estás por delante del juego. Kasey Anton, uno de nuestros estudiantes de All In, se refiere al proceso de investigación de antecedentes como "el guante". Funciona. Y es años luz mejor que la típica "prueba de niebla" que muchos líderes aterrorizados utilizan: si puedes empañar un espejo con tu aliento, consigues el trabajo.

Las tres cualidades fundamentales

¿Has notado que algunos sitios web de reserva de viajes tienen sistemas de calificación avanzados más allá de las cinco estrellas generales? También tienen calificaciones para diferentes categorías: limpieza, comodidades, servicio al cliente, etcétera. Si hubiera pasado un poco más de tiempo mirando esas calificaciones, habría descubierto que Krista y yo nos sentiríamos como ratones de campo en The Breakers y quedaríamos impresionados por un Hampton Inn de nivel medio. Ésta es la superposición de expectativas y experiencia.

En el capítulo 2, te pedí que elaboraras la lista de imprescindibles para tu equipo. Esa lista incluye las cualidades que necesitas para cada puesto. Es posible que tengas diferentes cualidades para algunos de los puestos porque tienes diferentes expectativas para esos roles. Y es probable que algunas cualidades coincidan para cada puesto y de igual manera con los valores de tu empresa.

Apuesto a que hay al menos una cualidad imprescindible que todos queremos en un hotel o motel: limpieza. Lee las reseñas de la mayoría de los hoteles y verás que los comentarios sobre la limpieza (buenos y malos) son los más comunes. Hay algunas cualidades que cada puesto necesita, sin importar los valores de tu empresa. Cuando le pregunté a Danielle sobre esto, me dijo que, de manera absoluta, para cualquier puesto era imprescindible ser ágil, aprender y escuchar. Si un candidato no obtiene buenos resultados con estas tres habilidades fundamentales, es probable que tenga dificultades para sobresalir en tu negocio, en especial en roles dinámicos.

1. **Ágil**. Un candidato debe demostrar flexibilidad y adaptación frente a distintas circunstancias. ¿Puede adaptarse a los cambios? ¿Está preparado y dispuesto a estar donde se le necesita? ¿Servirá a la empresa en todo lo que pueda? Un empleado ágil no demuestra su valor a través de la autoridad. Demuestra su valor a través de la contribución. Por ejemplo, durante los primeros meses de la pandemia de covid-19, el MIT Endicott House, un centro de conferencias en Dedham, Massachusetts, tuvo que cerrar. Todo el personal de hostelería, compuesto por treinta personas, mantenía sus salarios porque eran flexibles en su trabajo. El personal de cocina, mantenimiento y limpieza siguieron trabajando. Se convirtieron en conductores que entregaban comida para llevar a los estudiantes del MIT que ya no tenían acceso a las cafeterías. Se convirtieron en pintores y renovadores mientras remodelaban las propiedades. Hicieron lo que había que hacer cuando era necesario.

2. **Aprender**. Un candidato debe demostrar que está dispuesto a aprender, que busca de manera constante mejorarse mediante la adquisición de conocimientos. Se sienten cómodos desafiando sus creencias. Por ejemplo, mi hija Adayla estudió Biología en la universidad. Ahora está aprendiendo algo por completo diferente en su puesto en Penned with Purpose, una

empresa que ayuda a los autores a crear, optimizar, publicar y comercializar sus libros utilizando los métodos que a mí me funcionaron. La edición está fuera del ámbito de Adayla, pero debido a que es una aprendiz, se ha convertido en toda una estratega. Cerró su primer acuerdo con una editorial importante dentro de su primer mes a bordo. Sí, papá está orgulloso.

3. **Escuchar**. Los candidatos deben ser buenos oyentes. Deben ser capaces de seguir instrucciones, pero más que eso, deben *poder* escucharlas. Los buenos oyentes no escuchan para responder ni reaccionar. Escuchan para entender. No tienen una agenda, no tienen prisa por añadir pensamientos. Resumen su comprensión de lo que escucharon y concluyen lo que se discutió. Los buenos oyentes dan seguimiento al estado de los compromisos. Buscan mejorar.

La escucha eficaz no es pasiva, no entra por un oído y sale por el otro. Es aprender, digerir, participar y construir a través de la respuesta. Escuchar es clave para cualquier discusión, incluso en negociaciones intensas. Como revela Chris Voss en su libro *Romper la barrera del no*, la empatía y la comprensión ocurren cuando escuchas y comprendes más que sólo el punto de vista de la otra parte, sino también sus emociones.

Estas tres cualidades fundamentales son habilidades innatas. No se pueden enseñar. Los candidatos tienen estas habilidades o no. Es posible que tengas otros intangibles no negociables para tus candidatos. Es necesario pensar en lo que más te importa a ti y a tu organización: las habilidades sin las que tu empresa no puede vivir.

Examen de cualidades fundamentales

Una vieja amiga mía, Becky Blanton, me puso en contacto con Jule Kucera, profesora adjunta de la Universidad de Cincinnati. Becky

y Jule tomaron un curso juntas y Becky, cuya mente es una trampa de acero, me sugirió que hablara con Jule sobre los conceptos
que estaba probando para este libro. En su trabajo anterior en el
Centro Médico de la Universidad de Chicago, Jule era responsable
de diseñar el proceso de selección de candidatos para un nuevo departamento, y Becky recordó un proceso recurrente alucinante que
Jule supervisó para el centro médico en la década de 1990. Trajo al
mejor grupo de candidatos que la organización jamás haya reclu-
tado. Y, además, fue el proceso más equitativo.

Comencé nuestra conversación con la habitual pregunta superficial. Ya sabes, un calentamiento: "¿Qué opinas sobre el proceso de
entrevista de trabajo que utiliza la mayoría de la gente?".

La respuesta de Jule me dejó anonadado. Ella dijo: "Las entrevistas de trabajo son la manera perfecta de encontrar a alguien cuyo
trabajo consista en realizar entrevistas de trabajo. De lo contrario,
las entrevistas son inútiles".

Dios mío. Una pregunta. Una pregunta apestosa, a la que esperaba que ella respondiera con algo como: "Podrían mejorarse" o
"Aquí hay una gran pregunta para usar". No. Ni siquiera cerca. En
lugar de eso, Jule golpeó mi pregunta en la cara y me dio un pequeño golpe en el ojo como beneficio adicional.

Continuó explicando que cuando a alguien le va bien en una
entrevista, lo único que de verdad sabemos es que es excelente en
ese escenario, no que sería excelente en un trabajo específico (menos
las entrevistas). Y ella no estaba diciendo esto de manera hipotética.
Tenía los datos. Luego dirigió una experiencia del mundo real en
la que los mismos candidatos pasaron por el proceso de entrevista
tradicional y por las pruebas, tal como lo describí antes.

Jule me habló del programa "Fit for Hire" del Centro Médico
de Chicago, que lanzaron en 1991. Necesitaban doce nuevos puestos de coordinador clínico para el departamento de alto perfil. En
ese momento, el CMC estaba atravesando una reducción de personal.
El sindicato temía que los nuevos puestos se otorgaran de manera desproporcionada a candidatos blancos, dado que la gerente de

contratación era blanca. Ella a su vez temía que el grupo de candidatos se llenara con empleados de bajo desempeño que fueran eliminados en el proceso de reducción. El sindicato y la gerente de contratación pidieron al departamento de Jule que ideara una estrategia mejor que las entrevistas tradicionales.

Para el programa Fit for Hire, la gerente de contratación entrevistó a 54 solicitantes. Clasificó a los candidatos y registró sus evaluaciones sobre qué candidatos contratar. Pero los mantuvo en secreto hasta que se completó la siguiente etapa. Luego, se invitó a cada candidato a participar en una serie de estaciones que probaron seis competencias fundamentales, como precisión, interacción con los pacientes y trabajo en equipo. La mayoría de las estaciones se podían completar en diez minutos y la estación de formación de equipos tardaba treinta minutos. Las pruebas se llevaron a cabo durante dos días. De los 54 candidatos, todos se inscribieron para el día del examen.

En una estación, los solicitantes tenían la tarea de registrar a los "pacientes". El personal de reclutamiento desempeñaba el papel de pacientes. Para su papel, Jule eligió adoptar las características de alguien con parálisis cerebral (PC), que conocía bien porque su compañera de cuarto tenía PC. Le tomaría sesenta segundos completos sacar la tarjeta de la clínica de su billetera. Algunos solicitantes esperaron con paciencia, otros se ofrecieron a ayudar y una persona, frustrada, sacó la tarjeta de la clínica de la billetera de Jule. Dos personas salieron enojadas, desconsiderándose a sí mismas para el empleo.

Al finalizar el día de prueba, la gerente de contratación reveló las clasificaciones de sus entrevistas, que luego se compararon con las clasificaciones de los escenarios. En efecto, a las personas que les fue bien en las entrevistas no obtuvieron buenos resultados en su mayor parte. A las personas que demostraron la paciencia y la amabilidad necesarias para la recepción no les fue tan bien al (el trabajo de) ser entrevistadas. De hecho, el entrevistado número uno fue una de las personas que se retiraron.

El CMC contrató con base en los resultados de la prueba de habilidades. Y dio la casualidad de que las doce personas que contrataron eran todas afroamericanas. Fue el proceso más equitativo que jamás haya implementado el CMC. Se seleccionó a las personas según sus habilidades demostrables y los mejores consiguieron los puestos de trabajo. Un año después, los doce todavía estaban empleados y tenían un desempeño excelente en sus funciones, algo que nunca había sucedido en el CMC.

¿Quién es el gran líder aquí? ¿Fue Jule? ¿Quizá el sindicato? Creo que la respuesta es sí a ambas. Pero hay otra persona que mostró el mayor liderazgo de todos: la gerente de contratación. Tuvo el coraje de desafiar sus propias suposiciones y la confianza para creer que tenía una alternativa potencial para encontrar personas excelentes a través de entrevistas. Tuvo la fortaleza para participar en una actividad que podría demostrar que su proceso estaba equivocado. Y cuando lo hizo, aceptó el nuevo y mejor proceso. La gerente de contratación es la definición misma de un gran líder. Y de manera colectiva, todos demostraron un gran liderazgo.

Prueba de frustración

Fui presentador de un par de programas piloto que no fueron elegidos. Impactante, lo sé. Uno era para Discovery Channel, llamado *Go Big or Stay Home*. En el programa, trabajé con una pareja que toda su vida soñó con ser emprendedores. Querían ser propietarios de un *bed and breakfast*, pero para ello tendrían que renunciar a sus vidas actuales.

El marido, vendedor de automóviles, y la mujer, maestra de escuela, tenían tres hijos. Tenían una bonita casa, dos coches y algunos ahorros. Representaban una típica familia estadounidense de clase media. Estaba a punto de darles la oportunidad de entregarlo todo para vivir la vida empresarial. El episodio comenzó cuando los llevé por unos días para que experimentaran cómo sería operar un *bed and breakfast.* Ésta fue una oportunidad para que supieran en realidad con qué se estaban comprometiendo.

Fue entonces cuando se reveló el gancho del programa. Mientras la pareja estaba fuera, un liquidador vino a su casa y emitió un cheque para tomar posesión inmediata de todo lo que poseían: su casa, sus automóviles, su ropa, incluso la comida en los gabinetes, todo. Cuando la pareja y yo regresamos de la experiencia de práctica, se les ofreció una opción, apostar por el negocio de sus sueños aceptando el cheque y despedirse de su vida pasada, o romper el cheque y volver a la vida como la conocían.

Para darle a la pareja una idea real de cómo administrar un *bed and breakfast* y hacer que el programa fuera lo más vistoso posible, el equipo de producción presentó problemas a la pareja de manera intencional. Cambiaban las llaves para que a la hora de limpiar las habitaciones no pudieran entrar. Atascaron un inodoro y la pareja no sabía cómo arreglarlo. La pareja parecía manejar bien esos problemas. Pero perdieron en el desayuno. Debían cocinar para cinco parejas que visitaban el *bed and breakfast* y los quemadores de la estufa estaban atascados. Quemaron los huevos. Y los *hotcakes*. Historia real: presas del pánico remataron un *omelette* con azúcar glass. No, ese problema no fue un montaje. Y sí, esa escena llegó completa a la edición final.

Después de la experiencia, la pareja decidió no ir por todo y se quedó en casa. Con mucho gusto rompieron un gran cheque cuando vieron lo frustrante que sería el trabajo de sus sueños. Su curiosidad se apagó y el deseo murió. La frustración es la prueba definitiva del potencial. Surgirá para todos, de eso no hay duda. El gran líder observa cómo responden. ¿La frustración da como resultado una rendición permanente? ¿O una ruptura, una reorganización y un nuevo intento? Y si es necesario, intentarlo una, otra y otra vez. Esto último indica deseo o incluso hambre, lo primero muestra menos potencial o ninguno.

También es necesario realizar pruebas de frustración con tus candidatos, ya que revelan mucho sobre su potencial. Hacer que las personas pasen por una experiencia en la que existe la posibilidad de que surjan problemas. O agravar los problemas. El objetivo es ver cómo responde la gente. ¿Se dan por vencidos? ¿Se enojan? ¿Están a la altura de las circunstancias?

¿Cuál es el papel del líder? Hay un video popular que circuló en internet llamado "Niña decidida a saltar la caja" o "El poder de no rendirse", dependiendo de dónde se haya publicado. Muestra a una niña, tal vez de unos cuatro años, tratando de dar un salto de pie hacia una plataforma elevada que le llega hasta el vientre. Lo intenta una y otra vez. Cada vez que falla, tropieza y cae, acomoda la plataforma y vuelve a intentarlo. Después de nueve intentos fallidos, lo logra. En su décimo intento, aterriza en la cima de la plataforma y grita de felicidad por su éxito. Su padre entra corriendo, la abraza y la besa, animándola. ¿Un atleta en ciernes? Diablos, sí: potencial revelado. Manejó la frustración. ¿El liderazgo de papá? Bastante genial. ¿Cómo puedes saberlo? La alegría que ambos expresan por su éxito. Los grandes líderes apoyan a través de la frustración y celebran la superación de obstáculos.

La parte más reveladora del vídeo es algo que no verás si parpadeas. Cuando el padre entra para celebrar los esfuerzos de su hija, las chocan dos veces y fallan. Ella casi se cae de la plataforma, pero él la atrapa. La celebración continúa sin cesar con abrazos, besos y vítores. Ésta es la parte más importante del liderazgo: no hay expectativas de perfección en todo momento. Los grandes líderes permiten errores que en realidad no importan y celebran el resultado logrado incluso, o en especial, si el camino está plagado de microerrores, fracasos y reveses. Así es como los grandes líderes cultivan el potencial y celebran el progreso.

Pregunta por sus sueños

En la Fase 4 del método del Acoplamiento de Cinco Estrellas, la Entrevista de inmersión profunda, determinarás si los objetivos de un candidato para su futuro se alinean con los objetivos de tu empresa. ¿Qué quiere el candidato para sí y para su vida? ¿Cuáles son sus grandes o pequeños sueños?

Todos tienen un sueño. Algunos tienen grandes sueños, otros pequeños, algunos, quimeras. Pero todos tenemos una visión para nuestras vidas. El secreto de un equipo imparable es alinear los objetivos del negocio tanto como sea posible con los objetivos de los individuos. No estoy diciendo que cambiemos los objetivos de la empresa en torno a lo que todos quieren. Estoy diciendo que hagas todo lo posible para potenciar el logro de metas y sueños individuales, mientras avanzan de manera colectiva hacia las metas de la empresa.

Las metas de una organización suelen ser las metas del líder o líderes principales. Sé que en mi negocio cuando establezco metas de ingresos y otros objetivos, lo primero y más importante son mis deseos. Lo que esos números significan para mí. Lo que me proporcionan esas metas, una vez logradas. Todo eso está bien. Pero pensar que mi equipo tendrá la misma sed que yo de lograr esos objetivos no tiene sentido. Ellos están en su camino de vida único, tanto como yo en el mío y tú en el tuyo.

Al conocer las metas y aspiraciones personales de un candidato, además de sus objetivos laborales, puedes planear de manera efectiva un camino hacia sus metas a medida que tú avanzas, de manera colectiva, hacia los objetivos corporativos.

Periodo de prueba

Durante tu proceso de evaluación, considera una contratación breve. Una vez que un candidato haya pasado tus pruebas, no le ofrezcas empleo de tiempo completo. En su lugar, ofrece un periodo de prueba, más allá del día de acompañamiento. Podría ser una semana o hasta noventa días. Recibirán un pago y experimentarán las operaciones diarias de la empresa y, si en algún momento se dan cuenta de que no es adecuado para ellos, pueden irse sin previo aviso. Durante ese periodo de prueba, tendrás una idea realista de si son adecuados para tu empresa. Si no es así, puedes finalizar el empleo cuando acabe el periodo de prueba acordado. Ganar-ganar.

Hacer la oferta

La nómina es el mayor gasto para la mayoría de las empresas. Por lo general es un costo fijo. Ya sea que tengas un mes de ingresos malos o uno bueno, aún debes cubrir la nómina. Antes de hacer una oferta a un candidato, necesitas conocer la compensación y el rendimiento esperado de la nómina (ROP, por sus siglas en inglés). Es probable que hayas oído hablar del ROI (retorno de la inversión), pero ¿has oído hablar del ROP? Si no, tienes que saber esto: ROP es una métrica clave para medir la salud de tu empresa y la fortaleza de tu equipo. Esto es lo que tu empresa puede permitirse y esperar a cambio. ROP se traduce en rentabilidad y sostenibilidad del negocio. Y también refleja felicidad. Las personas sólo pueden producir a los niveles más altos de manera sostenida si el trabajo las impulsa.

Para calcular el ROP, divide los ingresos totales de tu negocio entre los salarios totales. Una empresa sana de manera fiscal tiene un rendimiento mínimo de tres veces los salarios. Entonces, si los salarios anuales de tu empresa son de 100 mil dólares, debería tener al menos 300 mil en ingresos.

La remuneración no es un motivador, pero sí un desmotivador. Es decir, sí, puedes atraer personas con más dinero del que ofrece la competencia, pero eso no los hará trabajar más duro ni de manera más inteligente. Harán todo lo posible si sienten que se les trata de manera justa y tienes un entorno donde pueden explorar y desarrollar su potencial. Pero si pagas menos de lo que ellos creen que valen, se desmotivarán. A sus ojos, te estás aprovechando de ellos. Utiliza lo que aprendimos de Kip de The Container Store.

Paga entre 1.25 y 1.5 veces el promedio de la industria y será rara la ocasión en que alguien te deje debido a una decisión monetaria.

Para ser competitivo, lo mejor es estar "en el rango estimado" de las expectativas y necesidades fundamentales (beneficios de salud, vacaciones y otros días libres remunerados, capacitación), pero es en los beneficios únicos/extremos donde destacarás. Por ejemplo, tiempo flexible, tiempo personal, la posibilidad de tomarse un año sabático o trabajar cuatro días a la semana.

Más allá del tiempo libre, reparto de utilidades, capacidad de trabajar desde casa, tiempo para perseguir intereses creativos, oportunidades para crecer en el trabajo y acceso a recursos de la empresa endulzan el trato. Considera todo lo que aprendiste sobre tu candidato al preguntarle por sus sueños en la entrevista de inmersión profunda. ¿Cómo ayudarlos a obtener más de lo que quieren a través de su trabajo? ¿Cómo facilitar aún más sus sueños e intenciones personales? (Más adelante hablaremos de esto).

Además, no guardes los reconocimientos y premios para una "sorpresa" una vez contratados. Hazles saber que cuentas con un sistema de recompensas cuando hagas la oferta. ¿Y has considerado como un beneficio a las personas con las que trabajarán? ¿No sólo compañeros de trabajo, sino también proveedores, clientes, mentores y profesores que brindan capacitación?

Una vez que tengas una oferta lista para presentar, no sobrevendas el puesto. Lo bueno es que, si seguiste este proceso, es casi imposible sobrevender. Las pruebas de escenarios, de habilidades y las experiencias del día de acompañamiento les dan una idea completa del trabajo y sus requisitos. Una encuesta de 2022 realizada por The Muse encontró que de 2500 empleados estadounidenses que dejaron su trabajo por una oferta de otra empresa, 72% dijo que "su nuevo rol o empresa era muy diferente de lo que les habían hecho creer y más de la mitad se arrepintió de haber dejado su trabajo anterior". Alguien que se arrepiente de haber subido a bordo es un empleado que nunca producirá de manera óptima y seguro no pondrá su corazón en el juego. Pero si ya tuvieron experiencia práctica desde talleres hasta días de acompañamiento, estarán preparados para cualquier problema o frustración que se presente. Y su corazón estará en ello.

BUEN Y GRAN LIDERAZGO	
BUENOS LÍDERES	**GRANDES LÍDERES**
Preguntan sobre habilidades	Realizan evaluaciones de habilidades
Algunos candidatos afirman tener habilidades que quizá no tienen o que no hacen bien. Los buenos líderes preguntan sobre sus habilidades y las confirman con referencias.	Incluso los candidatos honestos pueden no tener una evaluación precisa de sus habilidades y es posible que las referencias no conozcan la profundidad de las habilidades necesarias para el puesto que pretende desempeñar. Los grandes líderes confirman que los candidatos tienen las habilidades que necesitan mediante demostraciones y pruebas.
Entrevistan a todos los candidatos calificados primero	Realizan primero las Evaluaciones All In
Una vez que hayas confirmado que un candidato tiene la capacidad de adaptarse al puesto, el siguiente paso lógico es entrevistar a todos los candidatos calificados. Los buenos líderes entrevistan a tantos candidatos como sea posible.	No a todos los candidatos se les debe dar el mismo tiempo de consideración. Algunos solicitan muchos puestos de trabajo y no tienen un interés genuino en trabajar para tu empresa. Los grandes líderes realizan talleres y, cuando optan por no hacerlo, requieren Evaluaciones All In como primer paso en el proceso de contratación.
Calculan la asequibilidad salarial	Calculan el retorno de la nómina (ROP)
El presupuesto tradicional trata a los empleados como un gasto. Los buenos líderes se preguntan: "¿Podemos permitirnos el lujo de contratar?".	Los empleados son una inversión. Los grandes líderes saben que debe esperarse un retorno de su inversión, ya que es la única manera en que la empresa puede garantizar que gana más de lo que gasta.

Capítulo 5

Mantén un entorno seguro
y de aceptación

Algunas iniciativas empresariales funcionan a las mil maravillas. Otros provocan tal pánico en un hombre que, durante una tormenta de nieve, abandona su automóvil en medio de la carretera, con el motor aún en marcha, salta un divisor de la carretera y corre hacia el edificio más cercano como alguien sacado de una película de terror.

Un exempleado de Mars, Inc., fabricante de algunos de los dulces más populares del mundo (Snickers, M&M's, Skittles y más) compartió esta historia conmigo. Lo llamaré Charlie, en honor al niño de *Charlie y la fábrica de chocolate* de Roald Dahl. Ese niño seguro vio algunas cosas locas de las que no podía hablar. Mars, Inc. es una empresa de propiedad privada, con dos hermanos al mando en ese momento: Forrest y Frank. En un momento lanzaron una iniciativa para mejorar los horarios de inicio de jornada, el Bono de Puntualidad. Todos en la empresa checaban al comienzo de su día, incluidos los gerentes y los hermanos. Con el nuevo programa, si ingresaste antes de la hora de inicio, obtendrías 5% adicional de tu salario diario agregado a tu cheque.

Forrest y Frank tenían buenas intenciones con el Bono de Puntualidad y les parecía una buena forma de mejorar los resultados laborales. Pero colapsó con rapidez. Los empleados no lo vieron como dinero extra por llegar temprano, consideraron que *no* recibir dinero por *no* llegar temprano era un castigo. La gente no se sintió recompensada. Se sintieron estafados.

Esto provocó que los empleados hicieran arreglos para checar unos a otros, lo que luego se convirtió en un delito. Ahora, no sólo te estaban castigando por llegar tarde, también te podían despedir si había sospechas de que llegabas temprano. Y las personas que ya llegaban temprano por su propia voluntad ya no vieron ningún beneficio en hacerlo y llegaron justo antes de la hora de inicio. Tanto los madrugadores como los que siempre llegaban tarde buscaron formas de engañar al sistema. Los hermanos respondieron contratando a un guardia de seguridad para que vigilara a la gente mientras checaban el reloj y se asegurara de que nadie hiciera trampa.

Todo este monitoreo resultó en que todo el personal llegara a las 7:59 de la mañana, esperando en la fila para checar. Estallaron discusiones entre los empleados que temían no recibir su bonificación porque la fila era demasiado larga. ¿Es de extrañar que el personal llamara al programa "Punto Bonus" (pronunciado como punto sin la "n")?

Y un tipo puso en peligro la vida de personas debido a la iniciativa. Para ser justos con todos los empleados, también se fijó el estándar de puntualidad para los hermanos. Así es como Frank, o tal vez Forrest (Charlie no sabía qué hermano hizo esto) terminó abandonando un auto y corriendo a través de una tormenta de nieve como si lo estuviera persiguiendo un asesino en serie. Frank no quería que su hermano o el personal lo vieran llegar tarde, pero el tráfico estaba lento debido a la tormenta de nieve y estaba a merced de los autos que iban delante de él. Desesperado, Frank abandonó su auto parado en la carretera, saltó la división de los carriles, cruzó frente al tráfico que venía en sentido contrario y corrió entre ventisqueros para hacer fila para marcar. Arriesgó su vida y la de otros conductores, sólo para llegar antes de las ocho.

El programa de bonificación por puntualidad fue un fracaso total y Mars, Inc. al final lo abandonó. Pero ése no es el final de la historia. La cancelación del programa sólo molestó aún más a la gente. Porque a pesar de que el sistema de aplicación de la ley no funcionó y, de hecho, causó daño, el personal todavía sentía que le habían quitado 5% de sus ingresos. Al final, la iniciativa fracasó porque era insegura para los empleados en tres niveles: físico (conducir o correr de manera imprudente para llegar a tiempo al trabajo, discusiones que podían derivar en peleas), psicológico (múltiples castigos, un guardia desconfiado, incluso espías entre ellos) y financiero (perder una bonificación que podría marcar una diferencia en la vida de los empleados). Fue un triple golpe.

No es raro que políticas o iniciativas diseñadas por buenas razones obtengan resultados negativos. El sociólogo Robert K. Merton popularizó el término "consecuencias imprevistas", que son "resultados de una acción intencionada que no fueron intencionados ni previstos". Por supuesto, las consecuencias no deseadas pueden ser positivas. El término para esto es "beneficios no intencionales". ¡Bonus! Los otros dos tipos son negativos. Como un "no bonus".

Los "inconvenientes no deseados" ocurren cuando un resultado positivo también tiene un componente negativo. Un ejemplo de esto sería la "ley de los tres castigos", que impone castigos más severos a los reincidentes. En California, la ley redujo un poco la delincuencia general, pero tuvo un terrible inconveniente involuntario, aumentaron los delitos violentos. Esto se debió en parte al hecho de que la ley "niveló el gradiente de penas con respecto a la severidad".

Después está el "resultado perverso", que es cuando la solución a un problema en realidad lo empeora. En Australia, un estudio demostró que una dieta vegetariana puede ser responsable de 25 veces más muertes de animales que una dieta carnívora. Cada vez más tractores que cosechan aplastan a los roedores y otros animales salvajes, lo que plantea la difícil pregunta: ¿qué vida es más valiosa, la del ratón o la de la vaca?

¿Pero fueron las buenas intenciones de Frank y Forrest buenas lo suficiente? Es claro que no se propusieron perjudicar a sus empleados (ni a ellos mismos) con un plan de bonificación. Pero su iniciativa tuvo un inconveniente no deseado.

Los grandes líderes buscan consecuencias no deseadas cuando crean políticas y las supervisan después de su implementación, en

especial aquellas que pueden afectar la seguridad de sus empleados. Como dice mi madre: "Todo el mundo es inteligente. Unos
cuantos antes y la mayoría después". Considera cómo las políticas,
los programas y el entorno laboral general de tu empresa afectarán
la sensación de seguridad física, psicológica y financiera de tus empleados. Cuando tu equipo se siente inseguro en cualquiera de estas
áreas, puede afectar todos los aspectos de su experiencia laboral y
limitar su potencial. Cuando se sienten seguros en las tres áreas, no
sólo están dispuestos a hacer todo lo posible por tu negocio, *quieren*
darlo todo.

Seguridad física

¿Has escuchado o leído sobre las "Ghost Girls (Chicas Fantasma)"?
Ése era el nombre que la gente daba a las mujeres que trabajaban
en las fábricas después de la Primera Guerra Mundial manufactu-
rando con radio relojes y diales militares. Cuando salían del trabajo
por la noche después de un largo turno, su ropa y piel brillaban en
la oscuridad. Utilizaron una técnica de pintura de precisión que les
obligaba a sumergir un pincel en pintura verde brillante y luego
colocar el pincel entre sus labios para hacer una punta lo más fina
posible. Repetían este proceso a lo largo del día, tragando cada vez
una pequeña cantidad de pintura cargada de radio. Cuando una
de las Chicas Fantasma preguntó si la pintura les haría daño, su
gerente les dijo que no era peligroso y que "no debían tener miedo".

Por supuesto, ahora es del todo sabido que el radio es dañino
y comenzó a destruir a las trabajadoras de la fábrica desde adentro.
Ese efecto resplandeciente no se daba sólo en el exterior, un médico describió los "huesos resplandecientes" de una mujer. Docenas
de mujeres murieron a causa de la exposición y cientos sufrieron
enfermedades y discapacidades de por vida. Los dirigentes de la
fábrica conocían los riesgos para la salud, pero mintieron sobre
el peligro. Más tarde, orquestaron un encubrimiento. Aun así, las

mujeres que lideraron la lucha para responsabilizar a la fábrica perseveraron y al final ganaron su caso legal. Fue la primera vez que un empleador fue responsable de la salud de sus empleados y llevó al establecimiento de la Administración de Salud y Seguridad Ocupacional (OSHA).

Parece una obviedad no mentirles a tus empleados sobre su seguridad personal. Pero a veces se nos pasan cosas. Tal vez haya consecuencias imprevistas, o tal vez no hayamos considerado la experiencia o la perspectiva de otra persona. Nuestra ignorancia puede obstaculizar el bienestar de nuestro equipo. Por ejemplo, algunos trabajadores pueden sentirse muy seguros estacionando a unas cuadras del trabajo, mientras que otros no. Y los empleados que parecen desempeñar un trabajo "seguro", como los trabajadores del conocimiento, también necesitan ser considerados con condiciones de trabajo seguras.

Una de las lluvias de ideas que puedes hacer en tus retiros trimestrales o anuales tiene que ver con la seguridad física. Pídele a tu equipo que proponga ideas para mejorar la seguridad del entorno de trabajo. Piensa en lo que podría ser inseguro y crea listas.

Utiliza los servicios de tu compañía de seguros e invítalos a realizar un control de seguridad. Mi amigo más antiguo es Chris Forte. Nos conocemos desde que éramos bebés. Éramos vecinos y crecimos juntos. El primer trabajo de Chris después de la universidad fue en United States Fidelity & Guaranty (USF&G), realizando auditorías de sitios en diferentes clientes. Cuando salíamos durante las vacaciones, él contaba historias de "atajos" que los trabajadores tomaban para hacer más las cosas más rápido.

Por ejemplo, en una fábrica, una bonificación por cortar láminas de metal gruesas más rápido llevó a un empleado a eludir un dispositivo de seguridad. En lugar de tener que poner el material en la máquina y luego verse obligado a quitar las manos para presionar dos grandes botones de seguridad para iniciar el corte, el empleado colocó cinta adhesiva en un botón en la posición de encendido. Ahora podía cargar las hojas con una mano y presionar el otro botón con la otra. La seguridad comprometida fue la consecuencia no deseada de una bonificación por trabajar más rápido. Y nadie lo mencionó.

Chris mencionó el problema y lo "solucionaron", hasta que tuvo que regresar porque hubo un accidente. Un trabajador había perdido una mano en la máquina cortadora. ¿La razón? El empleado había vuelto a colocar uno de los botones de seguridad en la posición de encendido. La empresa perdió un trabajador, posibles empleados y toneladas de dinero debido a una demanda. Un gran líder prioriza la seguridad y cuando ve que se está eludiendo llega a la causa y la soluciona, incluso (o en especial) si eso significa no tomar atajos.

Seguridad psicológica

"¿Practicaste algún deporte en la preparatoria?".

Fue una pregunta casual en una conversación típica sobre un enfriador de agua con un colega. Aun así, Rhodes Perry se quedó helado. No sabía cómo responder sin ponerse en peligro.

En la Casa Blanca, en la Oficina de Gestión y Presupuesto (OMB), Rhodes administraba un presupuesto de 11 mil millones de dólares. Amaba su trabajo y era bueno en él. Pero estaba agotado de manera emocional y desconectado de su equipo, en gran parte debido a conversaciones cotidianas al parecer benignas con sus colegas.

"Me emocionó responder la pregunta porque era un atleta", me dijo Rhodes en una entrevista para este libro. "Pero mi mente estaba haciendo este tipo de gimnasia mental. En mi corazón quería decir: 'Jugué softbol femenino de lanzamiento rápido durante dieciséis años y era en verdad buena', pero sabía que si lo decía causaría una confusión radical con mi colega. Pensé que tal vez podría decir: 'Jugué beisbol', pero eso sería mentira. Así que me conformé con 'corrí a campo traviesa en la preparatoria', otro deporte que practiqué".

Rhodes fue socializado como niña y mujer antes de su transición. En 2006, cuando trabajaba en la administración del presidente

George W. Bush, no había protecciones legales para las personas transgénero en el gobierno y mucho menos visibilidad. Se sintió inseguro al revelar su identidad de género, lo que significó que terminó sin compartir mucho sobre sí.

"Tuve que censurarme tanto que la gente nunca llegó a conocer las mejores partes de quién soy", explicó Rhodes. "Tuve que extraer de manera abrupta algunas de estas cosas para encajar".

Hoy, Rhodes ayuda a líderes de los sectores gubernamental, sin fines de lucro y corporativo a generar seguridad psicológica, confianza y pertenencia en sus organizaciones. Es autor de *Belonging at Work: Everyday Actions You Can Take to Cultivate an Inclusive Organization.* Su investigación identificó que no sentirse seguro en el trabajo afecta a las personas de tres maneras: no se sienten vistas, conectadas ni apoyadas.

Cuando los empleados no se sienten seguros de ser ellos mismos en el trabajo, les resulta imposible darlo todo por tu empresa. Más allá de la diversidad y la inclusión, tu equipo puede sentirse nervioso al compartir ideas, preocupaciones y conflictos por temor a represalias, condena, ridículo o ser callado. Si la persona que contrataste y que era tan prometedora siente inseguridad psicológica, es posible que nunca alcance todo su potencial.

Aunque se ha estudiado durante décadas, el término "seguridad psicológica" fue popularizado por Amy Edmondson, profesora de Liderazgo y Gestión de Novartis en la Escuela de Negocios de Harvard y autora de varios libros, entre ellos *The Fearless Organization: Creating Psychological Safety in the Workplace for Learning, Innovation, and Growth.* Ella lo define como "la creencia de que nadie será castigado ni humillado por expresar ideas, preguntas, inquietudes o errores, y que el equipo está seguro para asumir riesgos interpersonales".

Google llevó a cabo un estudio de varios años y de varios millones de dólares en más de cien equipos, el Proyecto Aristóteles, para llegar a la raíz de por qué algunos equipos sobresalen y otros no. Descubrieron que el común denominador clave de los equipos de alto rendimiento es, como habrás adivinado, la seguridad psicológica. Esto es cada vez más importante, por eso "el tiempo dedicado por gerentes y empleados a actividades colaborativas se ha disparado en 50% o más" como demostró un estudio reciente de *Harvard Business Review*. Pasamos más tiempo comunicándonos entre nosotros en el trabajo y si los empleados no pueden compartir de manera abierta, sin recriminaciones, eso obstaculiza a todo el equipo.

Gena Cox es autora de *Leading Inclusion: Drive Change Your Employees Can See and Feel*, que define el papel del líder a la hora de impulsar la inclusión desde lo más alto de su organización. Cuando hablé con ella para este libro, hizo una distinción clave sobre las iniciativas de diversidad e inclusión que no he olvidado: "De lo que en realidad estamos hablando es de liderazgo. O estás liderando de manera efectiva una organización y a todos los que están en ella, o sólo estás liderando una parte de ellos. Y si sólo diriges a una parte de ellos, ¿cómo podrías considerarte un líder eficaz?".

El trabajo de Rhodes y Gena deja claro que la promoción de la seguridad psicológica comienza con el líder. Cuando asumes riesgos y demuestras vulnerabilidad, le permites a tu equipo saber que ellos pueden hacer lo mismo. Cuando estás dispuesto a equivocarte, a cometer errores, ellos pueden hacer lo mismo. Muestra a tu equipo que deseas aprender más sobre ellos y su experiencia. Pregunta. Corrige tu comportamiento. Sé humilde y abierto a crecer, evolucionar y ser más consciente.

Seguridad financiera

En 2018, Gene Hammett, fundador de Core Elevation, Inc., inició un estudio en el que participaron cinco mil empresas. Se trataba de pequeñas empresas que tuvieron un crecimiento estratosférico de sus ingresos en un periodo corto de manera relativa, por lo normal de tres años. El rápido crecimiento puede traer numerosos desafíos como el financiamiento del mismo y encontrar talento para respaldarlo. ¿Pero el mayor desafío que identificó Hammett? Garantizar que sus equipos de alto rendimiento siguieran teniendo un alto rendimiento.

Algunas empresas enfrentaron estos desafíos y continuaron creciendo, pero muchas otras permanecieron estancadas en la lucha. En su estudio, Hammett aisló los denominadores comunes de los equipos de alto rendimiento que continuaron funcionando bien en entornos que cambiaban a gran velocidad. Comenzó con 53 empresas en 2018 y, al momento de escribir este artículo, ha encuestado a más de quinientas.

La encuesta Core Elevation encontró seis conceptos para lograr un alto compromiso del equipo:

1. **Alineación con la misión**: La empresa estaba haciendo algo que les importaba a los empleados y, como resultado, el trabajo era importante para ellos.
2. **Transparencia:** La empresa fue honesta con el equipo sobre el progreso de la empresa, las buenas y las malas noticias. Como resultado, el equipo celebró lo bueno y se recuperó de lo malo.
3. **Inclusión:** La empresa involucró al equipo en la creación de ideas, generando propiedad psicológica en esas ideas.
4. **Crecimiento:** La empresa desafió e impulsó al equipo para aprender y expandirse, lo que potenció el descubrimiento y el desarrollo de potencial.
5. **Empoderamiento:** La empresa empoderó al equipo para tomar decisiones y sentirse seguro de fallar, mejorando la seguridad psicológica.
6. **Mentalidad:** El equipo tenía la mentalidad adecuada para aceptar la propiedad de las tareas, roles, soluciones, etcétera. No puedes sólo dar propiedad a tu equipo, deben aceptarla.

Tal vez los hallazgos no sean sorprendentes, pero la revelación del concepto más importante es alucinante, al menos para mí. Era el punto número dos: la transparencia. Sí. Más de 87% de las

empresas encuestadas indicó que la transparencia con los empleados tuvo el mayor impacto en retención y elevación del desempeño
del equipo. ¿Pensaste, como yo, que sería alineación con la misión
o tal vez empoderamiento? No. El factor de influencia número uno
en el rendimiento es la verdad.

Compartir información sobre finanzas y sobre éxitos y decepciones ayuda a generar confianza con los empleados. Esto respalda
la investigación sobre la gestión a libro abierto y el compromiso
resultante de los empleados. Lo implemento en todas las empresas
en las que tengo propiedad o influencia. No, no compartimos los
salarios individuales de los empleados o propietarios, pero sí compartimos los costos, los ingresos y la rentabilidad colectivos.

Descubrí que cuando no compartía los números, mi equipo los
asumía. Cuando mi empresa anterior generaba ingresos de 3 millones de dólares, el equipo asumió: "Mike se lleva a casa tres millones
y yo recibo un salario miserable". En realidad, estaba gastando
3.2 millones para ganar los 3 millones. Estábamos operando al día.
Con los libros abiertos, el equipo comprendió mucho mejor nuestra
salud fiscal. Y noté que el equipo comenzó a preocuparse más por
la salud fiscal de la empresa, incluido mi bienestar financiero.

A veces hacemos suposiciones sobre lo que nuestros empleados entienden sobre la salud financiera de nuestra empresa. Sé
que lo hice. Cada trimestre distribuíamos el 20% de los beneficios
de la empresa a los empleados, repartidos en partes iguales. Para
mí, este beneficio contribuyó a la propiedad psicológica. Supuse
que mi equipo se sentiría más responsable del éxito de la empresa
y que, como resultado, algunos serían más austeros con los gastos.
Kelsey y yo también estábamos convencidos de que la distribución
de beneficios sería una manera de honrar a los empleados por un
trabajo bien hecho, por su compromiso con la empresa. Como compartíamos información sobre las ganancias cada trimestre, supuse
que éramos un libro abierto.

Luego, en un trimestre, tuvimos una caída significativa en la
rentabilidad general. También compramos la participación de un

inversor distribuyendo parte de las reservas de beneficios. Como resultado, anunciamos al equipo que tendrían una reducción en su distribución de ganancias ese trimestre. Su respuesta me sorprendió. Estaban más preocupados por mí que por su participación en las ganancias. De hecho, no les preocupaba en absoluto su parte.

Durante años, había asumido que la distribución de ganancias era un gran motivador y que, debido a que compartíamos información sobre las ganancias cada trimestre, éramos un libro abierto con respecto a las finanzas. Después de hacer el anuncio, supimos que la mayoría de los empleados en realidad no sabía mucho, o nada, sobre la salud financiera de la empresa, aunque confiaban en que todo estaría bien.

Desde esta revelación, implementamos una sesión de "Métricas del lunes". Todos los lunes informamos nuestras entradas y salidas de efectivo y los estados financieros semanales, incluidas las fechas y los meses. Cada empleado comparte sus números clave y le mostramos cómo se relacionan con el panorama financiero más amplio. Y a principios del nuevo año, implementamos un panel actualizado que mostraba, entre otras cosas, la salud financiera del negocio y lo hacía visible para nuestro personal.

Encuesta a tus empleados

Aprende de mí una lección: no asumas nada sobre tus empleados. Pensé que los desembolsos de ganancias le daban a mi equipo suficiente conocimiento íntimo para fomentar un sentido de propiedad y seguridad financiera, pero estaba equivocado. Para asegurarte de saber si estás brindando seguridad física, emocional y psicológica, encuesta a tus empleados. Comienza con la lista de preguntas a continuación y modifícala según sea necesario. Recuerda fomentar la seguridad psicológica protegiendo el anonimato.

1. En una escala del 1 al 10, ¿qué tan seguro te sientes de manera física en nuestra empresa?

2. ¿Qué podría hacer la empresa para ayudarte a sentirte más seguro de manera física en el trabajo?

3. En una escala del 1 al 10, ¿qué tan seguro te sientes de ser tú en nuestra empresa?

4. ¿Qué podría hacer la empresa para ayudarte a sentirte seguro de ser tú en el trabajo?

5. En una escala del 1 al 10, ¿qué tan seguro te sientes de manera financiera en tu vida?

6. ¿Qué cosas nuevas podría hacer la empresa para ayudarte a mejorar tu control financiero a corto o largo plazo?

BUEN Y GRAN LIDERAZGO	
BUENOS LÍDERES	**GRANDES LÍDERES**
Proporcionan seguridad física	Promueven la seguridad física
La seguridad física de los empleados es obligatoria. Los buenos líderes implementan políticas y estándares que garantizan que su equipo esté seguro.	La seguridad física de los empleados no es estática. Los grandes líderes consideran la seguridad de sus empleados a medida que evolucionan los tiempos y la tecnología y al tomar cualquier nueva decisión comercial.
Invierten en programas DEI	Compromiso con la seguridad psicológica para todos los empleados
Los programas de diversidad, equidad e inclusión (DEI) son un paso en la dirección correcta. Los buenos líderes saben que esto es más que una casilla que hay que marcar.	Cuando las personas se sienten libres de ser ellas mismas, son más productivas, colaboradoras y tienen más probabilidades de permanecer en la empresa. Los grandes líderes van más allá de DEI para garantizar que los empleados puedan trabajar y ser ellos mismos sin preocupaciones.
Comparten objetivos de ingresos con los empleados	Utilizan transparencia para generar seguridad financiera para todos los empleados
Cuando un equipo comprende los objetivos de ingresos y el por qué detrás de ellos, están más motivados para ayudarte a lograrlos. Los buenos líderes dan objetivos a su equipo y explican el impacto que esos objetivos tendrán en la empresa.	Los objetivos de ingresos no son suficientes. Cuando las personas comprenden las finanzas del negocio, se reducen las sospechas o los malentendidos. Los grandes líderes revelan números sin comprometer su confianza y privacidad, y brindan educación para ayudar a su equipo a comprender los números.

Capítulo 6

Fomenta la propiedad psicológica

"Por favor, los aplausos al final", escuchamos esto en cada graduación. Hasta que el último estudiante reciba su diploma, esperan que mantengamos las manos en los bolsillos y refrenemos nuestro deseo de gritar el nombre de nuestro graduado como si lo apoyáramos en un combate de lucha libre profesional. Nunca funciona, pero los vítores entusiastas se desvanecen a medida que el evento se prolonga, por lo que algunos graduados no reciben más que una palmada en el aire con una mano. En otras palabras, silencio.

En la recepción del Museo de Arte de Baltimore para su nueva exposición, "Guarding the Art", no hubo un entusiasmo agonizante. Todo lo contrario. En la introducción compartí una anécdota sobre la exposición curada por los guardias de seguridad del museo. Después de invertir meses de trabajo aprendiendo el proceso, eligiendo el arte y preparando el espectáculo para el público, por fin estuvieron listos para celebrar su logro. En una sala llena de personal del museo, miembros de la junta directiva, patrocinadores, guardias y sus familias y amigos especiales, la codirectora interina Asma Naeem anunció los nombres de los guardias y algunas frases sobre cada uno de ellos. Con cada nombre que recitaba, la multitud enloquecía con vítores y aplausos. No sólo los seres queridos del guardia, *toda la multitud*. Por cada guardia.

"Estaban muy emocionados por ellos, por los demás y porque sus familias estuvieran ahí", me dijo Amy Elias, miembro de la junta directiva de BMA. "Sentí escalofríos. Fue hermoso".

Esta iniciativa, creación de Elias, no fue sólo un proyecto para sentirse bien y mejorar la moral y la asistencia, lo cual fue cierto en ambos aspectos. La exposición "Guarding the Art" fue diseñada para crear una atmósfera de inclusión, aceptación y diversidad. "Fue lo correcto", dijo Elías. "Fue lo más inteligente".

Anne Brown, directora senior de comunicaciones del museo, añadió: "Buscábamos ampliar las voces de autoridad en el museo, empoderando a los guardias para que tuvieran una voz más visible y mantuvieran conversaciones con los patrocinadores sobre arte que tal vez no hubieran tenido antes".

Y *por eso*, amigo mío, quería entrevistar a Amy y Anne. Buscaban "ampliar las voces de autoridad en el museo". Los guardias de seguridad dedicaban más tiempo al arte que los curadores, la dirección y la junta directiva juntos. Pasaron horas estudiando el arte, notando cómo los visitantes interactuaban con él y, por supuesto, haciendo su trabajo principal: protegerlo. ¿No deberían tener alguna autoridad sobre el arte? Claro que deberían tenerlo.

Cuando se les acercó la idea por primera vez, todos los guardias estaban emocionados, aunque algunos tardaron un poco más en participar por completo. "Se interesaron cada vez más porque se dieron cuenta de que no estaban sólo eligiendo una obra de arte", dijo Elias. "El proyecto los involucró en todos los niveles. Aprendieron sobre la preservación del arte, sobre el proceso de curación y sobre cómo colgar las piezas. Aprendieron cómo funciona el marketing, cómo el museo crea piezas educativas sobre arte. Eran parte de todo el ecosistema".

Después de la exhibición, que se desarrolló de marzo a julio de 2022, Brown y Elias notaron un cambio en los guardias. Brown dijo: "Había un mayor sentimiento de propiedad, no sólo de los objetos, sino de todo el museo".

Los guardias comenzaron a interactuar más con el resto del personal del museo y con los administradores. Presentaron ideas. Y llevaron su Trabajo Primario (protección) al siguiente nivel. Brown compartió una historia sobre Michael Jones, un guardia que había trabajado en el BMA durante ocho años. Para la exposición "Guarding the Art", Jones había elegido la aldaba de bronce de Émile-Antoine Bourdelle, *Cabeza de Medusa*. Quizá porque alguna vez fue funcional, los visitantes cedieron al impulso de tocar y manipular la pieza. Con su nueva "voz de autoridad", Jones se sintió capacitado para llevar su Trabajo Principal al siguiente nivel. Diseñó un estuche para proteger la aldaba y colocar la pieza de manera que estuviera a la vista de la cámara de seguridad.

"Todos aquí tenemos una relación de custodia con el arte con el que vivimos día y noche", dijo en un artículo para *Next Avenue*. "Diseñé un estuche especial y ahora la aldaba tiene una presentación reverente. Al final, ella está a salvo".

Presentación reverente.

Al final, ella está a salvo.

"¡¿Ella?!".

Se trata de un miembro del equipo que se preocupa tanto por el museo y su arte como lo hicieron los fundadores, el director, el consejo directivo y los donantes. Jones lo da todo por el BMA, en parte porque los líderes del museo dieron el último paso crítico en ACSP: fomentaron la propiedad psicológica en su personal de seguridad. Y Jones demostró lo mejor en significado personal, la humanización de un objeto inanimado. Un trozo de metal se convirtió en "ella".

Por sí sola, la estrategia de propiedad psicológica puede impulsar a los empleados a demostrar una inversión notable en su trabajo y en la misión de la empresa. Cuando se combina con los otros elementos de ACSP (acoplamiento, capacidad y seguridad), la propiedad psicológica es una herramienta tan poderosa para construir un equipo imparable, que es posible que te sorprenda los resultados que produce.

Curso rápido de propiedad psicológica

Gran parte del concepto de estrategia de propiedad psicológica
se lo debemos a Jon Pierce y a una planta empacadora de carne.
Profesor emérito de organización y gestión en la Universidad de
Minnesota Duluth, Pierce se tomó un tiempo de su apretada agenda de raquetas de nieve y esquí de fondo para charlar conmigo sobre su investigación.

En la década de 1980, el amigo de Pierce, Scott Harrison, le dijo
que había comprado una planta procesadora de carne con dos socios
con la intención de reabrirla. Querían ofrecer a sus nuevos empleados un tercio de las acciones de la empresa en un ESOP (plan de
propiedad de acciones de los empleados). Harrison tenía cubiertos
los aspectos legales y financieros, pero también querían rastrear el
impacto psicológico. Ahí es donde entró Pierce.

"No estoy nada familiarizado con la literatura sobre propiedad
de los empleados", dijo Pierce en una entrevista anterior para thes-
cienceofownership.org, "me adentré en la ciencia de la propiedad
de los empleados, en específico en el trabajo relacionado con acuerdos cooperativos y ESOP... Me di cuenta de que la propiedad, como
acuerdo legal, acompañaba a un conjunto de 'expectativas de propiedad'".

En esencia, cuando las personas tienen un sentido de propiedad, esperan:

1. tener control sobre lo que se posee,
2. estar informado sobre el estado de lo que se posee y
3. tener derecho a una parte de lo que se posee.

Pierce se enteró de que, en ese momento, la mayoría de los ESOP
se centraban sólo en proporcionar una "participación financiera"
en la organización y no cumplían con las demás expectativas de
los propietarios. En su *libro Psychoological Ownership and the Or-
ganizational Context*, Pierce señala que los empleados propietarios

no están de manera necesaria más motivados, satisfechos y productivos que sus homólogos de empresas estructuradas de manera convencional que no son propietarios. Junto con sus compañeros profesores de la UMD, Stephen Rubenfeld y Susan Morgan, Pierce llegó a la conclusión de que "la propiedad también es un fenómeno psicológico a medida que las personas adquieren un sentido de propiedad".

Mi experiencia con los ESOP respalda su teoría. Al principio, esta estrategia parece lograr un mayor compromiso, pero a menos que los empleados tengan un sentido de propiedad más allá de lo financiero y legal, fracasa. De hecho, he visto con más frecuencia una sensación de derecho en los empleados de ESOP que cualquier otra cosa. Su elevado desempeño o contribución no perdura, pero sienten que merecen más dinero y recompensas de la empresa porque ahora son propietarios legales. De esta manera, los ESOP pueden brindarte el resultado opuesto al esperado. Una consecuencia negativa involuntaria.

En 1991, Pierce, Rubenfeld y Morgan publicaron un artículo en *Academy of Management Review*, "Employee Ownership: A Conceptual Model of Process and Effects". En ese artículo se refirieron a la propiedad como un "estado mental" y acuñaron el término "propiedad psicológica". Luego, Pierce dedicó años de investigación a comprender y definir la propiedad psicológica (lo que hace que las personas declaren algo como "mío" o "nuestro") y luego aplicó esa investigación a las organizaciones. Descubrió que cuando los empleados sienten que son dueños de sus funciones y de la organización, su afinidad hacia la empresa desafía la lógica. En otras palabras, dan todo por el negocio, incluso si no tiene sentido en el papel.

Cuando le pregunté a Pierce cómo fomentar la propiedad psicológica, dijo: "Las personas están motivadas de manera diferente, por lo que la propiedad psicológica es diferente para todos". Si bien esto es cierto, hay tres ingredientes principales que puedes utilizar con tu equipo:

1. **Control**: Permite que los empleados experimenten control sobre eso en lo que deseas que se sientan dueños. Por ejemplo, puedes convertirlos en la persona clave en un proyecto o en la aprobación final de las compras, o darles el poder de establecer el cronograma.

2. **Conocimiento íntimo**: Bríndales "conocimiento íntimo", la información que sólo una persona que es "dueña" de su dominio sabría. Por ejemplo, puedes informarles sobre un trasfondo que otros de manera normal no conocen, permitirles acceder a un trabajo en progreso o capacitarlos sobre las complejidades de un proceso.

3. **Tiempo y esfuerzo**: Asegúrate de que se entreguen al "objetivo", aquello de lo que tienen propiedad. Cuanto más se involucran los empleados en algo, más lo sienten como suyo. El tiempo es lo más grande. Cuanto más trabajes para restaurar esa vieja motocicleta que compraste en línea, más te sentirás dueño de ella. Pero el tiempo no es la única inversión, puede ser una inversión financiera, un esfuerzo físico o mental, o darle una parte de ti. Por ejemplo, Pierce compara esto con personalizar su nuevo hogar. Agregar fotografías familiares, arte y otros artículos personales te hace sentir como si la casa en la que vives fuera tu hogar.

Para implementar la propiedad psicológica con tu equipo, concéntrate en una de estas tres áreas al principio y avanza hasta llegar a las tres.

La investigación de Pierce fue más profunda. Además de la propiedad psicológica individual, existe la propiedad psicológica colectiva. Aquí es donde varias personas sienten que de manera colectiva poseen un objetivo ("esto es nuestro"). Administró una serie de encuestas a lo largo del tiempo para medir cuánto control sentían. La propiedad psicológica colectiva dio como resultado una reducción de la rotación voluntaria y un aumento de satisfacción e implicación en el trabajo. Me dijo: "Los sentimientos de propiedad del trabajo se amplificaron como ondas en el equipo en su conjunto y en la organización".

Un año antes de nuestra entrevista, Pierce se jubiló después de cuarenta y cuatro años en la UMD. Al final de nuestra llamada, le pregunté si extrañaba la universidad. Pierce hizo una pausa y luego respondió: "Bueno, todavía voy un par de días a la semana. He invertido mucho en ello. No puedo dejar mi escuela ni mi oficina". ¿Escuchas eso? No puede renunciar a *su* escuela ni a *su* oficina, aunque en realidad nunca fue propietario de ninguna de las dos.

¿Por qué importa la propiedad psicológica?

Cuando nos sentimos posesivos con respecto a algo ("esto es mío"/"esto es nuestro"), por lo general tenemos una mejor actitud hacia ello y lo tratamos con más cuidado que si no nos sintiéramos así. Lo comparo con la diferencia entre rentar un coche y poseerlo.

Desde el momento en que muestras tu identificación por cuarta vez y te despides del agente de alquiler que desactiva la zona desmilitarizada del estacionamiento (ya sabes, levantando la puerta, bajando la pared de acero y desactivando los clavos de los neumáticos mientras suenan las sirenas), tratas ese vehículo como un juguete. Aceleras fuerte cuando el semáforo se pone verde y frenas de golpe cuando se pone rojo. Dejas que se ensucie, mucho. Diablos, tal vez busques un estacionamiento lleno de tierra para poder hacer derrapes antes de tener que devolver el auto. ¿Acaso soy el único que lo hace? De acuerdo… Pero sabes que no amas el carro rentado de la misma manera que amas el tuyo.

Cuando conduces tu coche, lo cuidas. Tal vez seas más suave con el acelerador y los frenos. Te aseguras de estar al día con el mantenimiento y lo tienes limpio. Si eres como yo, después de un largo viaje das una palmadita en el tablero y dices: "Buen trabajo, campeón".

Aquí está la parte interesante, si eres como la mayoría de las personas, en realidad no eres dueño de tu auto. Tienes un préstamo bancario. Y hasta que realices el último pago, esa institución es propietaria de tu auto. Entonces, lo que estás experimentando cuando sientes posesión hacia el auto en tu garaje no es porque tengas propiedad legal, sino porque tienes propiedad psicológica.

¿Cómo influye la propiedad psicológica en tu negocio? Repasemos los beneficios (casi) inmediatos:

Tus empleados protegerán y defenderán tu negocio

Cuando tenemos un mayor sentido de responsabilidad, influencia o tiempo con algo, haremos todo lo posible para protegerlo y defenderlo. Ya conoces a Michael Jones, el guardia de seguridad del Museo de Arte de Baltimore que construyó una caja para proteger la obra de arte de la aldaba. Podemos buscar otro ejemplo en los fanáticos incondicionales de los deportes. Nunca he conocido a un fanático de los Medias Rojas que no sea un idiota, dice todo fanático de los Yankees. Y viceversa. Los deportes son un gran ejemplo de propiedad psicológica. El fanático de los Medias Rojas tiene el equipo personalizado y se viste justo como quiere para mostrar su apoyo al equipo (control), conoce estadísticas de jugadores, historias y anécdotas poco conocidas (conocimiento íntimo) y planea su vidas en torno a los juegos (inversión de tiempo/esfuerzo), todas esas cosas le aportan cada vez más apropiación psicológica.

Cuando un miembro del equipo tiene propiedad psicológica, toma medidas para proteger y defender a los suyos. Eso es justo lo que Cait Oakley hizo por su ganso mascota, Frankie. Un día, un águila calva se abalanzó e intentó llevarse a Frankie. Oakley vive en Saanich, Columbia Británica, Canadá. En Columbia Británica hay cerca de 75 mil gansos y 20 mil águilas, por lo que la gente no se arriesga para salvar a los gansos de los ataques de las águilas. Pero como Oakley tenía propiedad psicológica de Frankie, no dudó en enfrentarse al águila, a pesar de que en ese momento estaba amamantando a su bebé. Salió tras el águila, acunando a su bebé en un brazo mientras lanzaba el otro para salvar a Frankie. Después de todo, era *su* ganso y Frankie era parte de *su* familia.

O quizá uno de los ejemplos más dramáticos de propiedad psicológica que hemos visto en la primera parte del siglo XXI: el pueblo ucraniano que se ofrece como voluntario para luchar para proteger a su país de la invasión rusa. Esto va más allá del amor a la patria. Su propiedad psicológica es sobre una ideología, ésta es *nuestra* tierra, no la suya.

La propiedad psicológica también tiene sus desventajas. Hace quince años, conocí al inventor de un producto llamado Light Glove. Era un *mouse* para la mano, al estilo *Matrix*. Y en 2005 ya estaba listo para salir a la luz, o eso creía el creador. El inventor había pasado una década desarrollándolo (inversión de tiempo), había realizado cientos de iteraciones (control) y conocía cada uno de sus circuitos (conocimiento íntimo). Tenía una propiedad psicológica enorme y nunca se daría por vencido. Lástima que el mundo no estaba preparado ni deseoso. La demanda nunca se presentó, pero el inventor siguió presionando para vender a su bebé, hasta llegar a la quiebra. Ése es el poder y el arma de doble filo de la propiedad psicológica. Podemos volvernos territoriales, lo que puede llevarnos al síndrome del costo hundido, en el que sólo seguimos adelante, no porque haya pruebas de la demanda, sino porque ya hemos invertido mucho en *nuestro bebé*.

Tus empleados cuidarán mejor de tus cosas (y de tus clientes)

Para Steve Bousquet, todo empezó con los guantes de trabajo. Steve, fundador de American Landscape and Lawn Service en Connecticut, se preguntó por qué sus tres equipos de trabajo en las aceras utilizaban 120 guantes de trabajo cada temporada de invierno. A un costo de 7 a 10 dólares por par, el gasto para la empresa era de cerca de mil dólares. No es una gran cifra para una empresa que genera millones de ingresos cada año. Pero el problema de los guantes hablaba de un problema mayor: muchos de sus empleados no valoraban las herramientas y los equipos que utilizaban a diario y, en última instancia, no se sentían involucrados en los objetivos y la misión de la empresa.

Entonces Steve dio un paso simple, fortaleció la propiedad psicológica de su equipo de banquetas sobre sus guantes de trabajo. No reprendió a sus empleados. No hizo un gran anuncio. Sólo escribió sus nombres en sus guantes y los devolvió a sus cubículos. Al parecer, de la noche a la mañana, su equipo dejó de tratar sus guantes como desechables. La temporada siguiente, reemplazaron sólo una docena.

Inculcar la propiedad psicológica fue tan simple como agregar un nombre a los guantes, por lo que Steve intentó esto con un problema mayor: las carretillas. Durante algún tiempo, su equipo de cinco paisajistas rompía de manera habitual los mangos de sus carretillas. Cuando le pregunté sobre esta historia, Steve dijo: "El encargado de mi taller seguía preguntando: '¿Qué están haciendo estos tipos para romper todos estos mangos?' Y cuando le pregunté al equipo, sólo se encogieron de hombros. Nadie lo sabía".

Steve por fin se dio cuenta de que tiraban las carretillas de las pilas de abono en sus camiones, lo que había dañado los mangos. Pero no pudo lograr que ninguno de ellos lo confesara o dejara de hacerlo. Cuando reemplazar cada carretilla cuesta 250 dólares… es un precio elevado.

Para resolver el problema, Steve le dio a cada equipo dos carretillas y puso todos sus nombres en cada una. Esta vez anunció el cambio y les dijo que eran los dueños de sus carretillas. Es probable que puedas adivinar lo que pasó: no más mangos rotos.

Entonces ocurrió un cambio interesante. Steve dijo: "El equipo empezó a pedir más propiedad. Todo empezó con las bolsas para martillos. Cada uno contenía martillos pesados por valor de entre 700 y 1 500 dólares, de esos que se usan para recortar rocas y obtener un borde liso y bonito".

En el pasado, el equipo se tomaba prestados los martillos de los demás, se olvidaban de devolverlos y se deshacían de las herramientas rotas. Steve le dio a cada uno su propia bolsa para martillos con su nombre y, para resolver el problema del préstamo, codificó por colores los mangos de los martillos para que coincidieran con el color de su camioneta. Un tipo tenía naranja, otro azul, otro rojo, y así. También hizo lo mismo con otras herramientas para el cuidado del césped.

Una vez más, el comportamiento de los empleados de Steve hacia el equipo cambió de manera dramática. Cuidaron mejor sus herramientas, que podían identificar con facilidad según el color. Comenzaron a reparar sus herramientas rotas en lugar de tirarlas. Por ejemplo, un hombre tenía un rastrillo, valorado en unos 140 dólares. Una de las púas se había roto y por eso la volvió a soldar. Esto me pareció absurdo. ¿Por qué tomarse la molestia de soldar un rastrillo? Steve explicó: "Era su herramienta y quería recuperar a su bebé".

Los ucranianos luchan por *su* tierra. Oakley está salvando *su* ganso. Y el miembro del equipo de Steve está reparando *su* equipo.

Con un equipo de alrededor de 30 personas, Steve dijo que el costo de reemplazar los guantes, las carretillas y otras herramientas no era el único punto. Era la frustración que sentía al lidiar con el problema y los puntos de fricción que experimentó su equipo en el trabajo. Cuando sus empleados empezaron a cuidar mejor sus herramientas y equipos, también cuidaron mejor las propiedades de los clientes.

"Cuidar las cosas se convierte en una forma de pensar y comienza con las pequeñas cosas", dijo Steve. "Visito muchas empresas y cuando llego y veo basura en la puerta de entrada, lo primero que pienso es: '¿De qué más no se están ocupando?'. Cuando mis muchachos se ocupan de sus herramientas y de sus camionetas, también se ocupan de mis clientes. Si hay basura en alguna de las propiedades, aunque no sea nuestra, mis muchachos la recogerán. Recogerán un montón de hojas, incluso si están en el sitio para un proyecto diferente".

Como resultado de estos simples cambios para fomentar la propiedad psicológica, las devoluciones de llamadas (quejas) de los clientes han disminuido y la empresa de Steve tiene la tasa de producción más alta en aplicaciones para el cuidado del césped del país.

Obtienen 35 mil dólares de ingresos por cada miembro del equipo, en comparación con el promedio de la industria de 22 mil dólares. Y su tasa de retención de empleados es de 90%. En una industria que por lo general tiene una alta rotación, la mayor parte de su personal ha estado en la empresa durante más de una década.

La propiedad psicológica con frecuencia comienza con *mis* cosas y luego, de manera natural, se expande a *nuestras* cosas. Los números no mienten. La propiedad psicológica funciona tanto a nivel individual como colectivo.

Tus empleados se quedarán

John Briggs casi pierde a uno de sus mejores trabajadores. Sapphire Miranda, gerente de impuestos de Incite Tax, la firma de John con sede en Utah, es responsable de garantizar que los contadores de su equipo tengan éxito en sus puestos y en su futuro crecimiento. Tenía un problema importante con su trabajo, uno de los contadores que dirigía no era muy amable y con frecuencia presentaba quejas sobre ella a John y a otros miembros del personal superior.

"No fue esta persona *per se*, porque puedo tratar con casi cualquier persona", me dijo Sapphire. "Lo que me llevó al límite fue que John y nuestro gerente de marketing seguían reuniéndose con este contador sin mí. En mi opinión, me estaban minando y entrenaban a esta persona para que no me tuviera ningún respeto".

Sapphire es escaladora y durante este tiempo notó una vacante para un puesto de CEO en su gimnasio de escalada local. Solicitó el puesto y, después de completar su segunda entrevista, le hizo saber a John que planeaba seguir adelante.

"John dijo: 'No te irás'. En realidad, no tenía otra opción al respecto, pero eso nos abrió la puerta para tener una conversación. Le dije: 'O confías en mí en este puesto o no'. Tus acciones han demostrado que no confías en mí. Iré a donde la gente me respete'".

Al tratar de ser un buen líder y resolver todos los problemas, John había eliminado sin querer dos de los tres componentes de la propiedad psicológica: control y conocimiento íntimo. Sapphire no tenía capacidad para resolver el problema con el contador por sí misma y no tenía idea de lo que había sucedido en las reuniones.

John se disculpó por permitir que la situación "llegara a este punto". Explicó que todavía estaba aprendiendo cómo administrar un negocio en crecimiento y hablaron sobre cómo seguir adelante. Sapphire le dijo: "Si voy a dirigir este departamento, lo haré todo y espero que tú me apoyes".

John estuvo de acuerdo y se aseguró de que, en el futuro, Sapphire: (a) tendría control sobre *su* departamento, (b) tendría un conocimiento profundo de *su* empresa, su gente y todo lo relacionado con *su* departamento, y (c) haría de *su* departamento el camino a seguir que ella imaginó.

Desde que Sapphire ha tenido plena propiedad psicológica de su departamento, lo ha hecho perfecto. Como dijo John, su trabajo está "disparándose". También lo está haciendo el departamento.

Sapphire dijo: "Ahora que tengo esta libertad, estoy de manera constante elaborando estrategias para la empresa. Estuve en el camino al trabajo hoy y estaré en el camino de salida".

Tus empleados resolverán problemas sin ti

Uno de mis ejemplos favoritos de propiedad psicológica es el famoso Jungle Cruise en Disneyland. El paseo comenzó en 1955 y en principio se suponía que presentaría animales vivos. En cambio, Disney utilizó animales animatrónicos que de manera clara no parecían reales y luego procedió a dar los comentarios más aburridos, como si los animales fueran reales. Suena como veinte minutos que recordarías para siempre y nunca volverías.

Fueron los conductores del barco quienes resolvieron el problema. Sintieron un sentimiento de propiedad sobre sus barcos y los *tours*, y comenzaron a poner atención al elefante en la habitación (perdón por el juego de palabras). Hicieron comentarios tontos sobre animales "realistas". Empezaron a inventar sus propios juegos de palabras y chistes de "papá". Pronto, el paseo se convirtió en una visita obligada en Disneyland, con largas colas esperando para

subirse al loco paseo. Es una de las atracciones de Disney más antiguas, incluso generó una película.

Cuando tus empleados se sienten dueños de su trabajo, pueden
resolver los problemas por ti y lo harán. Incluso resuelven la mayoría de los problemas para que tú te concentres en liderar la empresa.

Cuando Steven King compró dos carnicerías en Texas Hill
Country, pensó que estaba adquiriendo una "máquina bien engra-
sada" (sé que el nombre Steven King en referencia a los mercados de
carne podría provocar escalofríos, pero éste es un tipo diferente. El
tipo cuyas historias asustaron a toda mi generación escribe su nombre con "ph"). En cambio, me dijo: "Me bombardearon con mensajes de texto, llamadas y preguntas sobre cada detalle de la tienda.
Me refiero a cada apestoso detalle. Luego me cayó el veinte. No
me conocían y querían complacerme. Tuve que descargar todas las
decisiones de mi cabeza hacia la propiedad por parte del personal".

Steven decidió tratar cada área de la tienda como propiedad
inmobiliaria y asignaría cada una a diferentes empleados. Comenzó
con Shyla Cottonware, una empleada que había expresado interés
en hacer más. "Fuimos al área de la fuente de refrescos y le expliqué
los problemas. Tuvimos redundancia de pedidos porque cuando se
descargaban los camiones, el inventario de bebidas estaba amonto-
nado en rincones y recovecos de toda la tienda. Además, los clientes
encontraron confuso el flujo del área. Le di a Shyla la propiedad de
esa área y ella con rapidez se reorganizó, movió los estantes y tuvo
todo el inventario de bebidas en un área cerca de la fuente. A partir
de ese día, esa zona perteneció a Shyla".

Debido a que vio potencial en Shyla (su curiosidad respaldada
por la acción), Steven le enseñó sobre los márgenes y sobre cómo
mantener el inventario lleno, pero eficiente. Explicó que cada metro
cuadrado de la tienda debería producir dinero para la tienda. Ella
aceptó el desafío y simplificó los pedidos para toda la tienda. Pronto,
Steven ascendió a Shyla a gerente de recepción.

"La batalla de cualquier negocio es el cuello de botella en la
cima", dijo Steven. "Después de ascender a Shyla, comencé a ceder

la propiedad de diferentes áreas de la tienda a diferentes empleados, uno por uno. Cada persona tiene la tarea de administrar su
área de la manera más eficiente posible. Les di educación sobre
principios empresariales y luego los capacité para tomar decisiones
sobre pedidos y qué clientes de *catering* aceptaríamos. Si el producto no se mueve, lo quitan. Si un cliente de *catering* no se ajusta a
nuestro modelo para ganar dinero, pasan de él y lo resuelven".

Pasar la propiedad a sus empleados le permitió a Steven dar un
paso atrás y ver su negocio como un todo. Amplió las tiendas para
servir comida preparada y presentar música en vivo, y la tienda se
convirtió en King's Texas Smokehouse. Ahora se centra en las inte-
racciones con los clientes y en el resultado final. Y también puede
contar con su equipo para resolver los grandes problemas.

"En 2022, cuando intentaba resolver problemas de la cadena
de suministro, Shyla utilizó sus recursos para localizar los artículos
necesarios. Nuestro gerente de cocina trabajó con vendedores de
alimentos para encontrar las mejores ofertas y mantener la producción. Tenían la capacidad de ser creativos y hacer ajustes, porque
eran dueños de sus áreas".

Shyla ha prosperado en su puesto e inspiró a otros empleados a
mejorar en sus puestos. Cuando la entrevisté para conocer su perspectiva, le pregunté si se sentía dueña de la tienda. Su respuesta me
sorprendió. "No la considero mi tienda porque no es mía y eso sería
robar. La considero mi hogar".

La considero mi hogar. Esto es lo máximo en propiedad psicológica.

"Quiero estar en la tienda en el futuro que se está construyendo", añadió. "Quiero hacer todo lo posible para que la tienda sea un
excelente hogar para que la visiten nuestros invitados".

Cuando entrevisté a Shyla, era su día libre y ella estaba en su
casa real. Durante la charla sonó el teléfono y era el restaurante. Le
pregunté si la llamaban con frecuencia en sus días libres y ella dijo:
"Sí, lo hacen".

"Eso debe ser frustrante", dije.

"En realidad, no", respondió Shyla. "Me encanta, de hecho. Me encanta ser tan importante para la empresa. En realidad, no me necesitan. Lo hacen bien sin mí cuando no respondo. Cuando pueda responder... es bueno saber de mi otro hogar".

Tus empleados estarán a la altura de su potencial, incluso en los casos difíciles

La estrategia de propiedad de Steven King no sólo funcionó con empleados motivados como Shyla, sino también con empleados desafiantes.

Cuando comenzó en King's Texas Smokehouse, Joell Dudley no tenía mucha experiencia en ningún trabajo. Los primeros meses fueron difíciles. No se enorgullecía de su trabajo, no tenía motivación y no completaba las tareas. En más de una ocasión, Steven tuvo que enviarlo a casa a cambiarse porque su ropa estaba cubierta de aceite, debido a que había trabajado en su coche.

"Pensé que tal vez el problema era yo y no lo había entrenado lo suficientemente bien", dijo Steven. "Al final decidí darle a Joell una tarea y un área de responsabilidad sólo para él".

Steven llevó a Joell al refrigerador de cerveza y le mostró cómo quería que estuviera organizado. Le dijo: "Lo *único* que voy a revisar mañana es este refrigerador de cerveza. Si está organizado y almacenado de manera correcta, puedes seguir trabajando aquí".

Al día siguiente, el refrigerador de cerveza estaba abastecido y organizado tal como Steven lo había demostrado, y Joell incluso había escrito el inventario de cada caja de cerveza en la caja. Más importante aún, parecía sentirse orgulloso de su trabajo, por primera vez.

Durante la semana siguiente, Joell se centró sólo en el enfriador de cerveza y continuó haciendo un buen trabajo. Entonces Steven dijo: "Oye, los refrescos podrían estar mejor, y como te fue tan bien con la cerveza...". Joell reorganizó los refrescos y creó un nuevo sistema para almacenarlos y apilarlos. Cada etiqueta estaba orientada al frente.

Steven descubrió que a Joell le gustaba el teatro. Le encantaba la escenografía y la iluminación en la secundaria. Entonces lo elogió por su buen trabajo y le dijo: "Joell, éste es tu escenario. Diseña esta área para que funcione al máximo. Los refrigeradores de cerveza y refrescos son tuyos de manera oficial".

Steven dijo que Joell se encendió y asumió la tarea. ¡"Tuyo de manera oficial" significa que él era el *dueño*!

A partir de ese momento, Joell buscó formas de asumir cada vez más responsabilidades en la tienda. Ahora es el líder del equipo de cocina. Su carga de trabajo se ha triplicado y le encanta. Gestiona el control de calidad (estándares alimentarios, entrega rápida, etcétera) en la cocina, garantiza que los clientes tengan una buena experiencia, mantiene registros y administra el camión.

Cuando entrevisté a Joell para esta historia, estaba ansioso por compartir que la gente viaja de todo el mundo para visitar el Smokehouse. Está orgulloso de su trabajo y de su empresa. También transmite ese orgullo a los nuevos empleados cuando los capacita.

Al final de la llamada, le pregunté a Joell qué planea hacer para la siguiente etapa de su vida y me dijo que aspira a competir en autos, de ahí que siempre esté jugueteando con los suyos.

"King's perderá a un gran empleado ese día", le dije.

"De ninguna manera", respondió Joell sin dudarlo. "Nunca los dejaré. Siempre trabajaré para King's de alguna manera. Incluso si me convierto en un corredor profesional, seguiré trabajando para *mi* restaurante".

Estrategias de propiedad psicológica

A partir de las historias de este capítulo, ya has aprendido algunas formas sencillas en las que puedes empezar a fomentar la propiedad psicológica en tus empleados:

- Brinda oportunidades para que tu equipo ejerza su autoridad y opinión.
- Entrena a tu equipo más allá de las necesidades de su trabajo.
- Reúne a tu equipo en torno a un ideal compartido.
- Agrega nombres de empleados a herramientas, equipos y espacios específicos.
- Adopta una estrategia de no intervención para permitir a los empleados un control total de su trabajo.
- Explica el impacto de su trabajo en el éxito de la empresa.
- Utiliza frases posesivas como "esto es tuyo" y "esto te pertenece".
- Asigna a los empleados pequeñas áreas de propiedad para comenzar y déjalos crecer.

Aquí hay algunas formas más sencillas en las que puedes comenzar a utilizar esta estrategia hoy:

- Asegúrate de que tus empleados comprendan por qué es importante lo que hacen. Mi equipo sabe que nuestra misión es "erradicar la pobreza empresarial". Hablamos de las luchas que enfrentan los emprendedores y de cómo, cuando tienen éxito, nos sirve a todos. El éxito empresarial es el éxito humano. A medida que avanzan los empresarios, también lo hace el mundo. En verdad creemos, con el corazón, que estamos sirviendo a la humanidad.
- Pídeles que creen una visión para su área de propiedad. Por ejemplo, en nuestra oficina le asignamos a Erin la propiedad de nuestra cocina. Luego le pedimos que nos mostrara fotos del "después". Recortó fotografías de una revista para demostrar su visión de la cocina nueva y mejorada, con estantes de madera sin tratar y todo.
- Permite que tus empleados den dirección a una idea y establezcan sus propios objetivos. Utiliza las preguntas como barreras de seguridad, pero déjalas que le indiquen el camino. Por

ejemplo, en lugar de decir: "Necesitas hacer diez llamadas de ventas al día", pregunta: "¿Cuántas metas de ventas te comprometes a lograr cada día?". Un enfoque aún más fuerte es vincular la pregunta al sentido de sí mismo del empleado. Para ello, pregunta: "¿Cómo te calificarías como vendedor? ¿Estás en el 50%, 30% o 10% superior? Luego, basándote en su respuesta, pregunta: "Como vendedor del X%, ¿cuántos objetivos de ventas te comprometes a cumplir cada día?". Debido a que el empleado asigna la idea y la clasificación, es más probable que se apropie de esa percepción y el compromiso.

BUEN Y GRAN LIDERAZGO	
BUENOS LÍDERES	**GRANDES LÍDERES**
Dan responsabilidad a los empleados	Dan a los empleados la propiedad psicológica
Cuando microgestionamos nuestro equipo, obstaculizamos su productividad y potencial. Los buenos líderes dan responsabilidades a sus empleados y establecen expectativas sobre cómo ejecutarla.	Cuando las personas tienen propiedad psicológica, sienten que el objeto (físico o inmaterial, como una idea o concepto) es parte de ellas. Por lo tanto, por naturaleza lo cuidan más. Los grandes líderes le dan a su equipo control sobre qué hacer y cómo hacerlo y los comprometen a cumplir con sus estándares.

Capítulo 7
Establece un ritmo de retención

Él no estaba calificado para el trabajo. No tenía ninguna experiencia en tecnología de la información (TI). Aun así, solicitó el puesto para conseguir la residencia (la *green card*). Y llegó a convertirse en uno de los empleados más leales y de alto rendimiento con los que he trabajado.

Nacido y criado en India, Sankara Shanmugam acababa de terminar la universidad cuando llegó a Estados Unidos en busca de una nueva vida. En nuestra empresa forense, la que al final fue adquirida por Robert Half International, publicamos un anuncio buscando a alguien para ocupar el puesto de TI. Como dije, Sankara no tenía experiencia en TI. Aun así, había algo en él. En la entrevista, escuchó con atención, parecía ansioso por aprender más sobre la empresa y el trabajo, y expresó su voluntad de hacer lo que fuera necesario. Quizá recuerdes las "tres cualidades fundamentales" del capítulo 4: ser ágil, aprender y escuchar. Incluso sin una conciencia explícita de la importancia de esas cosas, todavía reconocía y valoraba estas cualidades en Sankara. También tenía un interés genuino en TI.

Aunque sabía que Sankara no tenía experiencia y que tal vez sólo se quedaría con nosotros el tiempo suficiente para obtener su residencia, se le notaba el potencial, así que lo contratamos para trabajar a medio tiempo. Y hablando de agilidad: Sankara era un verdadero soldado. En ese momento, todos los escritorios y cubículos estaban ocupados por el personal existente y no teníamos el espacio de oficina típico para él. El soporte de TI no es un gran trabajo de escritorio, hay mucho movimiento en la oficina. Entonces, para sus necesidades inmediatas, despejamos un espacio y colocamos un "escritorio" (una mesa de picnic plegable) en la sala de servidores, hasta que pudimos encontrarle un lugar permanente. Y Dios mío, esa habitación estaba caliente. Y ruidosa. Como unos cálidos 32 °C y el ruido de un huracán, caliente y fuerte. La única manera de hacerlo más incómodo habría sido liberando un enjambre de mosquitos en la habitación. Con más de veinte dispositivos montados en bastidores funcionando a toda velocidad, el pequeño respiradero tenía poco efecto. De manera irónica, alguno que otro mosquito entraba desde el exterior a través del respiradero. Hay que reconocer que el tipo no se quejó.

Sankara aprendió todo lo que pudo en el trabajo. De vez en cuando trabajaba con nuestros investigadores forenses, instalando la tecnología y configurando el *software*. La exposición a su trabajo alimentó la curiosidad de Sankara. Luego les preguntó si podía ayudarlos con el trabajo, nada menos que durante su tiempo libre. Mi respuesta fue: "¡Diablos, sí! Pero hazlo durante tu horario laboral habitual". Siempre animé a mi equipo a explorar otros trabajos dentro de la empresa, a hacer cosas que les interesaran, con mi tiempo y mi dinero.

Sankara despegó con su habilidad. Era tan bueno en el trabajo forense que con rapidez se convirtió en uno de nuestros mejores analistas. Y convirtió un trabajo que se suponía temporal en una carrera. No sólo permaneció con nosotros durante los difíciles tiempos de crecimiento, también se quedó cuando Robert Half International adquirió la empresa y, ahora, es una de las estrellas de la industria.

Esto se atribuye a la reciprocidad y a algunos otros rasgos de comportamiento: cuando buscas formas de apoyar el futuro de tus empleados, ellos buscarán formas de apoyar el futuro de tu empresa. Si tienes interés genuino en el crecimiento y la felicidad de cada compañero de equipo, apuesto a que tu equipo estará interesado de manera genuina en tu crecimiento y felicidad.

Un día, estábamos trabajando hasta altas horas de la noche clonando docenas de discos duros, un proceso que con frecuencia incluye mucha observación y espera. Para pasar el tiempo esa noche, tiré al azar preguntas de "¿Qué harías si...?". Le pregunté a Sankara qué haría con el dinero si alguna vez ganara la lotería. Nunca olvidaré su respuesta. Sin dudarlo, dijo: "Yo pondría el dinero en nuestra empresa". No había ningún "viviría en la playa", ni "toma este trabajo y métetelo por donde te quepa". Nada como eso. Sankara tomaría el dinero y lo pondría en la empresa... *para poder seguir trabajando*. Ten en cuenta que sus palabras no fueron "la empresa", sino "nuestra empresa". Tenía propiedad psicológica colectiva. Creía tanto en nosotros que quería hacer todo lo posible para ayudar al negocio. Esto habla sobre darlo todo.

Pasar de una situación de medio tiempo de "necesito mi tarjeta de residencia" a una situación de "quiero (no necesito) hacer todo lo que pueda para esta empresa" es el epítome de la "retención". No fue casualidad. Todo empezó reconociendo el potencial de Sankara y luego creando un ambiente que lo animó a explorar ese potencial, desde el primer día.

Esos gestos de interés, al parecer pequeños o inocuos, son la clave. Como un terremoto bajo el océano, la fuerza es masiva, pero no visible con facilidad en la superficie. Presta atención a la curiosidad de las personas, pregúntales de manera periódica sobre sus intereses e invítalos a seguir sus deseos. Cuando se revela, tu trabajo es sacar ese poder a la superficie.

En su primer día de trabajo, le pedí a Sankara que me siguiera. Yo mismo lo presenté a todos los miembros del equipo y ellos le mostraron su aprecio. Cuando terminamos el recorrido, lo llevé a su escritorio plegable en la sala de servidores. Teníamos todo listo para él: su computadora, su material de oficina, una taza de café nueva de la empresa y una pila de sus tarjetas de presentación. También enmarcamos una de las tarjetas como regalo y todo el equipo firmó el marco con una nota de bienvenida. Nunca olvidaré la imagen de Sankara sentado en su escritorio detrás de los servidores, mirando el regalo enmarcado. Fue la primera tarjeta de presentación que tuvo.

Ahora imagina si hubiera acompañado a Sankara a su escritorio en esa sala de servidores caliente y le hubiera dicho: "Aquí tienes. ¡Buena suerte!". ¿Y si nadie lo hubiera saludado? ¿Y si no hubiera nada preparado para él? ¿Y si no hubiéramos hecho el esfuerzo de tener listas sus tarjetas de presentación *antes* de su primer día de trabajo? Estoy seguro de que habría trabajado duro en el trabajo, porque es una persona innata, pero ¿habría seguido su curiosidad para convertirse en una parte de alto rendimiento del equipo forense? Es probable que no. Las personas abandonan trabajos en los que llenan los vacíos. Se quedan en trabajos donde se llenan los vacíos de *su* vida.

A lo largo de los años, he desarrollado lo que llamo un "Ritmo de retención", un método para conectar con los empleados y garantizar que su trabajo les apoye tanto que sólo se irían si su potencial los llama a otra parte. Tenía algunos componentes de esto implementados cuando Sankara trabajaba para nuestra empresa. Desde entonces, descubrí, desarrollé e implementé más componentes. En conjunto han dado resultados impresionantes. El ritmo de retención comienza antes del primer día de trabajo de un nuevo empleado.

Un mes antes

Como cuando una universidad te envía una carpeta llena de cosas que necesitas saber después de inscribirte, envía un kit de bienvenida a tu nuevo empleado después de que acepte el puesto. Lo ideal es que este kit llegue un mes antes del primer día de trabajo, pero si empieza en menos de un mes, envíalo de inmediato.

Incluye una carta oficial de bienvenida con la siguiente información:

- Horas de trabajo y objetivos (lo que se espera)
- Protocolos de oficina y virtuales (vestimenta y asistencia)
- Fecha, hora y lugar de inicio (dirección física y enlaces)
- Condiciones (prueba de noventa días, compromiso de dos años, empleo "a voluntad", etcétera)
- Remuneración (incluyendo bonificaciones y aumentos anuales)
- Otros beneficios (seguro médico, jubilación, etcétera)
- Contactos (correos electrónicos y números de teléfono de las personas a las que reportan)

Incluye la documentación que deberán revisar y firmar, como:

- Contrato
- Formularios de seguro médico
- Políticas de la empresa
- Formularios de equipos que especifican la tecnología que se asignará al empleado como parte de su trabajo (computadora, laptop, iPad, etcétera) y que al finalizar el empleo deberá devolverse dentro de las veinticuatro horas.
- Reconocimiento de que la propiedad intelectual de la empresa (base de datos de clientes, procedimientos operativos y tecnología, invenciones, marcos y procesos, contenido escrito, etcétera) pertenece a la empresa.

Una semana antes

Una semana antes de la fecha de inicio de un nuevo empleado, pídele a tu gerente que lo llame. Reitera lo emocionado que está el equipo por su incorporación. Proporciona al empleado los detalles finales sobre su primer día, como cuándo y dónde reunirse. Para trabajadores remotos, envía una confirmación con enlaces de videoconferencia. Envía todos los enlaces para el correo electrónico, el calendario y el inicio de sesión en el sistema, teniendo en cuenta que se activarán el primer día de empleo. Y para finalizar, si requieres que tu equipo use uniformes, envía el equipo necesario.

Primer día

"¿Como estuvo tu primer día?". Ésta es la pregunta número uno que un nuevo empleado escuchará de alguien en su mundo (pareja, amigo, padre, hijo) después de su primer día de trabajo. Sólo tienes una oportunidad para causar una primera impresión y esa impresión dura mucho tiempo. Para Sankara, su primer día ayudó a moldear su punto de vista sobre nuestra empresa, desde ese día comenzó a darlo todo. No estoy diciendo sólo eso. Veinte años después de contratarlo, me senté con Sankara y hablé de aquel primer día. Dijo: "Nunca lo olvidaré. Me enamoré de la empresa en cuanto llegué".

Para muchos empleados, el primer día es una experiencia estresante y la ansiedad aumenta a medida que esperan que alguien se dé cuenta de ellos. Por desgracia, para algunos, el primer día puede hacer que se sientan "muertos al llegar".

Mi hijo mayor, Tyler, consiguió un trabajo en una empresa medioambiental. El propietario es el tipo de persona para la que se escribió la frase "es buena gente", un tipo en verdad increíble. Pero el trabajo estuvo lejos de ser maravilloso. El primer día de Tyler, todos estaban tan ocupados apagando incendios que lo ignoraron. Cuando por fin lo asignaron a un proyecto, terminaron pidiéndole que trabajara tres horas extras. Luego lo dejaron solo para "supervisar" el trabajo de un proyecto del que no sabía nada, en un lugar en el que nunca había estado, sin forma de comunicarse, hasta las nueve de la noche.

Cuando Tyler regresó a casa esa noche, después de una jornada de catorce horas, su prometida le preguntó: "¿Cómo estuvo tu primer día?".

Su respuesta: "Horrible". Una de las muchas frases que indican que el amor potencial de un empleado por una empresa está muerto al llegar.

Tyler continuó explicando los acontecimientos del día y cómo le hicieron sentirse abrumado, desorganizado y, en última instancia, abandonado. En su tercer día de trabajo, dio su aviso de dos semanas.

Hay dos días que seguro recordarás por cada trabajo que tengas, el primero y el último. Es posible que no recuerdes los detalles de los eventos del día. Pero recordarás cómo te sentiste. La realidad es que la mayoría de la gente siente una versión de decepción el primer día. Así que tu trabajo es dar una sensación de alegría, emoción y anticipación al principio.

El primer día de un empleado debería ser extraordinario. Cuando les preguntan: "¿Cómo estuvo tu primer día?", su respuesta debería ser: "¡Increíble!", seguido de un emocionante resumen de lo maravilloso que fue para ellos. Para ello, posiciona su primer día como una celebración de bienvenida.

Así es como incorporamos a los empleados en su primer día:

- Dales una canasta de bienvenida con algunos artículos que puedan necesitar para su trabajo y algo personal para ellos. Incluimos una taza de la empresa y una pequeña tetera autocalentable, una bolsa de café y una lata de té, una jarra de agua, una mezcla de *snacks*, sus nuevas tarjetas de presentación y algo relacionado con sus pasatiempos o intereses personales.
- El principal partidario/detractor del trabajo de un empleado es la persona con la que regresa a casa, por lo que también incluimos un regalo para ella en la cesta de bienvenida. Agregamos una nota que dice: "Sabemos que la decisión de (nombre del empleado) de unirse a nuestro equipo es importante. Agradecemos tu apoyo en su trabajo con nosotros. Esperamos que disfrutes de este regalo". Elegimos un obsequio específico en función de lo que hemos aprendido sobre él durante las entrevistas.

- Para el primer día de un trabajador remoto, envía la canasta de bienvenida a su casa ese día. Y como no tendrán la experiencia completa en persona, haz que la experiencia sea en particular especial (incluimos globos de helio en la caja que flotan cuando la abren).
- Haz que todo el día se centre en el empleado, no sólo en su primera hora.
- Organiza actividades para romper el hielo con el equipo para que puedan conocerse.
- Programa un recorrido por la oficina con el jefe, una reunión con el jefe, o ambas.
- Ten un almuerzo de "bienvenida" con todos en la oficina. Para los trabajadores remotos, envía el almuerzo a su casa y reúnete por videoconferencia.
- Incluye a tu nuevo empleado en todas las actividades habituales del grupo de oficina.
- Preséntales el formato de reunión (ver más abajo).
- Programa sus reuniones semanales con el jefe (ver p. 135).

Team back

¿Alguna vez has visto un partido de futbol americano? Antes de la mayoría de las jugadas, los equipos se reúnen. En una rápida comunicación, se describe el plan maestro para la próxima jugada. Claro, la dinámica sucede. Se les llaman audibles. Pero cada jugada se anuncia antes de que suceda. Imagínate si no fuera así.

Imagínate si el plan fuera sólo: "Anotemos un *touchdown*". ¿Cómo podría el equipo trabajar en sincronización? Todos harían lo mejor que pudieran, pero sin conocer el plan, no trabajarían en conjunto y, sin querer, podrían perjudicar el progreso del equipo. Imagínate si un equipo sólo dijera: "Tenemos la intención de ganar el *Super Bowl* este año". Suena genial, pero ¿qué necesita hacer el equipo ahora mismo, en el próximo momento, para avanzar hacia ese objetivo?

En los negocios es lo mismo. Tienes un equipo. Tienes objetivos para tu empresa, departamento y equipo. Las personas conocen su papel y cómo se espera que bloqueen, tacleen y hagan avanzar el balón. ¿Pero saben lo que harán todos los demás para la próxima jugada? Deberían. El *team back* es la forma más rápida y eficaz de garantizar que cada miembro del equipo sepa lo que está haciendo el equipo en su conjunto en ese momento.

El *team back* es una reunión grupal diaria (no más de quince minutos). Es un gran formato para compartir de manera rápida información corporativa. También es una herramienta eficaz para ayudar a los empleados a mantener el rumbo y fomentar la unión. En *team back*, el grupo comparte actualizaciones rápidas. Para un equipo de quince empleados o menos, cada persona puede tener treinta segundos. Para equipos más grandes, puedes hacer que todos asistan y los jefes de departamento brinden actualizaciones, mientras invitan a cualquier otra persona a compartir anuncios especiales (como cumpleaños, actividades sociales, etcétera). O puedes tener muchas reuniones individuales de equipos pequeños y luego seguir de inmediato con una segunda reunión con todo el equipo.

He aquí cómo hacemos nuestro *team back*:

- **Comenzamos a las 9:01 todas las mañanas y terminamos a las 9:16**. La especificidad del tiempo fomenta la puntualidad y la eficiencia. Descubrí que un comienzo a las 9:00 se interpretaba como 9:00 de manera aproximada y 9:01 significaba 9:01. Y un "tardaremos quince minutos" continúa durante más de quince minutos.
- **Informes de métricas**. Éstas son las actualizaciones de números clave sobre cómo nos estamos desempeñando en cuatro áreas principales, el marco de ACER: atraer clientes, convertir prospectos en clientes, entregar la oferta prometida y reunir o cobrar

el dinero del pago. También informamos sobre el Papel de la Abeja Reina (PAR), la función principal de la empresa de la que depende nuestro éxito. (Si deseas explorar esto más a fondo, el marco ACER y el PAR se detallan en *El sistema Clockwork*).

- **Las victorias de ayer.** Esto está reservado para una victoria importante, como conseguir un contrato, implementar un nuevo sistema o recibir elogios de los clientes.

- **Banderas rojas.** Aquí es donde planteamos cualquier desafío u obstáculo, grande o pequeño. Durante una reunión en mi empresa forense, varias personas informaron que tenían problemas de conectividad a internet. Debido a que tanta gente compartía la misma bandera roja, nos dimos cuenta de que era un problema de red, no de PC. Sankara, que todavía se encargaba de TI en aquel momento, pudo solucionar el problema en minutos. Si el grupo no hubiera compartido banderas rojas, habría desperdiciado tiempo para determinar que el problema *no* era un de PC.

- **¡Reconocimientos!** Aquí reconocemos a los miembros del equipo que vimos haciendo algo útil para avanzar la organización.

- **Informes individuales o informes departamentales**. Estas actualizaciones no duran más de treinta segundos. Sí, puedes presentar esto en treinta segundos. Depende del líder del grupo hacer avanzar las cosas. Cada persona comparte:
  - Lo más importante de ayer: ¿A qué te comprometiste? ¿Se completó? Si no es así, ¿cómo se abordará (por ejemplo, ya no es relevante, se reprogramará, se transferirá a otra persona, etcétera)?
  - Importante para hoy: ¿a qué te comprometes hoy?
  - Actualización personal: una cosa que sucedió en tu vida, grande o pequeña, desde la última reunión.

- **Rueda de premios**. Según tu criterio, ten una forma de reconocer a las personas y obtener un premio. Por ejemplo, la persona con más menciones durante el día hace girar la rueda de premios.

- **Ritual de cierre**. ¿Alguna vez has notado que un *team back* de futbol americano termina con un aplauso o grito al unísono? Es una forma sencilla de concluir la breve reunión. Todo el mundo sabe que la reunión ha terminado y que es hora de ponerse en posición para la jugada. En tu oficina, finaliza con un ritual de cierre del *team back*. Podrías dar una palmada al unísono. Puedes tener una frase empoderadora que todos griten. O, como lo hacemos en la actualidad, puedes subir el volumen de una melodía animada mientras el equipo regresa (a veces bailando) a su trabajo.

Reuniones semanales *one to one*

De todas las herramientas de retención de este capítulo, las reuniones semanales *one to one* han demostrado ser las más importantes. Kelsey Ayres, nuestra presidenta, me dijo: "Las reuniones *one to one* son lo mejor que hacemos por el equipo. Es lo que más esperan nuestros empleados, incluso son más efectivas que las actividades grupales".

Meses antes de la pandemia mundial, teníamos un plan para implementar reuniones *one to one* durante el otoño siguiente. Pero las cosas cambiaron cuando todos nos vimos obligados a trabajar de forma remota. Kelsey implementó con rapidez las reuniones *one to one* para tomar el pulso a cada empleado. Como tenían que reunirse por videoconferencia y Kelsey no podía tener una política de puertas abiertas, tuvo que agendarlas. La programación resultó ser un factor clave en el éxito de esta herramienta. Como los empleados saben a qué hora se reunirán con Kelsey cada semana, su trabajo y su satisfacción son lo más importante para ellos.

Debido a que se escucha a todos los empleados, todas las semanas, no hemos tenido un sólo caso que requiriera una advertencia por escrito tipo "de lo contrario, debe solucionar esto dentro de quince días". No hemos tenido ningún problema que se haya gestado durante meses y luego haya estallado. Nadie ha tenido que esperar a que se realice una revisión anual para discutir las oportunidades, expectativas o necesidades de crecimiento. Nada espera. Todo, y me refiero a cada pequeña cosa, se aborda en los *one to one*. Esto nos permite hacer correcciones de rumbo simples. No sólo podemos abordar los desafíos de inmediato, también podemos aprovechar las oportunidades con más rapidez. En general, hay mayor conexión en la empresa y más cohesión en el equipo.

Quizá estés pensando: "¿No es esto 'pérdida de tiempo'? ¿Debería dedicar ese tiempo a hacer más trabajo y permitir que mi equipo haga más trabajo?". No se trata de hacer más trabajo. Las reuniones *one to one* son para garantizar que se realice el trabajo *correcto* y, por lo tanto, *mejorar* la eficiencia.

Cada reunión *one to one* está programada para treinta minutos, aunque a veces la reunión termina en diez. La mayor parte de la conversación es sólo eso, una conversación.

Aquí está la estructura para las reuniones *one to one*:

- Siempre, la primera pregunta debe ser: "¿Cómo *estás*?". El objetivo es empezar con la persona, no con el trabajo.
- Una pregunta alternativa, como se comparte en *The Coaching Habit* de Michael Bungay Stanier, es: "¿Qué tienes en mente?". Esta pregunta le brinda a tu colega la oportunidad de priorizar lo importante para él. Porque lo más importante para ellos, es lo más importante para ti.
- Luego, analiza el trabajo que están realizando y su progreso.
- A continuación, pregúntales si se encuentran con algún obstáculo. No sólo cosas relacionadas con el trabajo, sino cualquier cosa que quieran compartir y que pueda estar impidiéndoles hacerlo. Por ejemplo, en el mío, Kelsey me preguntó cómo me iba escribiendo este libro en específico. Le expliqué mi lucha emocional con la avanzada edad de mi padre. Quería paz para él y, de manera egoísta, tenía miedo del trabajo que al instante estaría a mi cargo cuando él falleciera. Nuestras conversaciones están llenas de humanidad. No sólo lo cómodo. No sólo lo transaccional.

- Luego, analiza cualquier área que necesite corrección o asistencia. Eso es justo lo que pasó en ese *one to one*. Se presentó una solución: planear de manera previa el funeral (sí, puedes hacerlo), implementar la autorización del abogado antes de que sea necesario (sí, también puedes hacerlo). Y Dios mío, pude esforzarme en el trabajo y reducir mi estrés, de modo que cuando sucediera lo inevitable, no me abrumara con mis prioridades familiares *o* con escribir este libro.

- Documentar acciones y compromisos y resumir. Mi "truco" favorito es que Kelsey haga que cada persona le envíe por correo electrónico un resumen de la reunión. El beneficio es triple. Primero, reduce su carga de trabajo. En segundo lugar, la persona que lo escribe se apropia más de lo que se discutió, porque está escrito con sus palabras. En tercer lugar, es empoderador ser la persona que resume su propio plan y agrega ajustes o ideas mientras reflexiona sobre la discusión.

Puedes agregar componentes a las reuniones *one to one* según tus necesidades. Steve Bousquet, a quien recordarás por la historia de la carretilla del capítulo 6, también valora las reuniones con sus empleados por encima de todas las demás herramientas. Es en estas reuniones, Steve aprende sobre los desafíos al parecer pequeños que enfrenta su equipo de paisajismo. Esto dio lugar a cambios que no sólo resolvieron el problema, también fomentaron la propiedad psicológica *y* ahorraron dinero a la empresa.

Cuando le pregunté a Steve qué preguntas hace en sus reuniones *one to one*, dijo: "¿Qué conversación o experiencia positiva tuviste en la empresa durante la última semana? ¿De qué tienes curiosidad? ¿Qué preguntas te has estado haciendo?, como '¿Debería hacer esto?' o '¿Es esto lo correcto?' o '¿Es esto mejor?'". Con estas preguntas, Steve puede entablar una conversación con sus empleados sobre qué está funcionando y en qué podrían necesitar ayuda, y luego proponer soluciones.

Retiros trimestrales de un día

Espero con ansias algunos días festivos, en particular el 4 de julio, el Día del Trabajo, el Día de Acción de Gracias y la víspera de Año Nuevo. Sí, tengo algunos rituales y rutinas familiares específicos esos días. Pero la mayor razón de mi agradecimiento es que provocan una interrupción del trabajo. No sólo me voy yo, sino también mis empleados y la mayoría de las personas a las que servimos en Estados Unidos. Es un momento para descansar y reflexionar un poco. Y como celebro esos días fuera de mis espacios de trabajo, cuando pienso en trabajo, lo pienso de otra manera.

Para nuestra oficina tenemos un retiro trimestral. La idea es romper de manera intencional con nuestros hábitos de trabajo repetitivos y ver nuestro trabajo de otra manera. No me malinterpretes, nuestros retiros tienen mucho que ver con el trabajo, sólo que de una manera diferente. Los utilizamos para mejorar nuestra empresa y a nosotros.

Virar es una estrategia sobre la que escribí en mi primer libro, *El empresario del papel higiénico*. Es un término que tomé de los marineros. Los veleros no suelen ir en línea recta hacia su destino. En cambio, siguen un camino alterno. Entonces, en lugar de navegar directo con tu velero desde el muelle hasta esa isla distante, zigzagueas hasta ahí. Eso es virar. Levantas las velas y te mueves en dirección general a esa isla, pero de manera que captes los vientos y evites los obstáculos. Ése es el zig. Después de una corta distancia, giras el barco en una nueva dirección, capturando vientos y evitando los nuevos obstáculos. Ése es el zag.

Abordamos nuestro negocio cada trimestre tomando el camino óptimo a *corto plazo* que capte los vientos (de la economía, la demanda de los clientes, etcétera) y evite los obstáculos (de la competencia, la rotación de productos, etcétera). Esta planeación trimestral se realiza alejándose de las operaciones diarias, sólo por un momento. Ésa es tu oportunidad de realinear el barco y ajustar las velas (y, con frecuencia, las ventas).

La intención de los retiros es doble:

1. Brindar una oportunidad para crear vínculos en equipo, fomentar experiencias memorables y tiempo para conectarse (crecimiento humano).
2. Aprovechar nuestro tiempo fuera de la oficina para intercambiar ideas, discutir proyectos, desafíos actuales y crear planes de acción (crecimiento del negocio).

En las reuniones trimestrales trabajamos para realinear tanto el progreso empresarial como el personal. Los elementos comerciales incluyen:

- Una revisión de métricas trimestral.
- ¿Cuáles fueron nuestros objetivos del trimestre anterior? ¿Qué funcionó y qué no? Consejo: siempre respalda tus conclusiones con datos, no con corazonadas.
- ¿Qué no funciona o no lo hace tan bien como se esperaba en el negocio? ¿Cómo podemos solucionarlo? ¿Deberíamos abandonarlo?
- ¿Qué está funcionando? ¿Cómo podemos amplificarlo o aprovecharlo?
- ¿Qué objetivos han cambiado y por qué?

Los elementos personales incluyen:

- ¿Cuál es el progreso en tus objetivos individuales?
- ¿Dónde estás atrapado y por qué? ¿Dónde has progresado y por qué?
- ¿Qué objetivos han cambiado y por qué?

Con frecuencia comenzamos el evento con un ejercicio de formación de equipos, como una carrera de obstáculos que nos obliga a serpentear entre carriles de vasos de papel instalados en un camino de entrada. Y también hacemos algunas cosas sociales: una comida juntos, un recorrido por otro negocio o algo divertido como patinar o jugar boliche. Y a veces algo que resulta no ser nada divertido: boliche en patines.

Casi siempre programamos tiempo para la lluvia de ideas en nuestros retiros trimestrales. Aquí es donde podemos crear nuevas ideas de productos. Por ejemplo, mi primer libro para niños surgió de una lluvia de ideas. También podemos hacer miniproyectos, como enviar un montón de videos de agradecimiento de nuestro equipo a clientes clave.

Retiros anuales

Kelsey ha transformado nuestro negocio en una comunidad conectada, empoderada y solidaria, todo lo bueno que deseas en un equipo. Cuando un empleado siente que no sólo es parte de una empresa, sino de una comunidad, se involucra más en su trabajo y permanece más tiempo en él.

Los retiros trimestrales contribuyen en gran medida a construir una comunidad. Nuestros retiros anuales, diseñados y dirigidos por Kelsey, cambian las reglas del juego. Las intenciones son las mismas (ver arriba), pero los retiros anuales ofrecen una mayor oportunidad para conectarse. Esto se debe a que todo nuestro equipo está reunido durante tres días y sus noches. Kelsey explica: "Estar fuera, permite que todos (la persona que se sienta a tu lado, la persona al otro lado de la oficina, las personas que trabajan de forma remota) tengan esas pequeñas conversaciones que generan amistades. Y, al menos, lograr una mejor comprensión mutua, lo que otorga un nivel de humanidad a cada persona que trabaja con nosotros".

En nuestros retiros anuales, tenemos más tiempo para realizar una lluvia de ideas creativa y hacerlo de una manera que fomente la propiedad psicológica colectiva. Kelsey dice: "Recibimos las opiniones de todos sobre posibles formas de hacer las cosas, y de ahí han surgido algunas ideas geniales. El proceso hace que todos sientan que tienen interés en las nuevas iniciativas y en la empresa en general". En retiros anteriores se nos ocurrieron nuevos productos y ofertas, diferentes tipos de campañas las redes sociales e ideas de marketing para lanzamientos de libros.

Los retiros anuales siguen el mismo formato que los retiros trimestrales, con más tiempo dedicado a establecer vínculos, generar ideas y, luego, elaborar un plan de acción una vez que hayamos decidido cuál es nuestra opción favorita o factible. También participamos en debates temáticos y minicapacitaciones, como realizar evaluaciones de personalidad, aprender técnicas de administración del tiempo y repasar los objetivos y la visión de nuestra empresa.

En mi antiguo podcast, *Entrepreneurship Elevated*, Kelsey y yo tuvimos la oportunidad de entrevistar a Jon Berghoff, creador del enfoque XCHANGE. Jon es un experto en facilitación de grupos para líderes y ha dirigido eventos para importantes empresas como BMW y Facebook. Explicó que los primeros treinta minutos de cualquier retiro deben centrarse en la colaboración colectiva con el propósito de estar "en la sala".

He aquí el proceso que compartió:

1. Primero, cada persona responde las siguientes preguntas:
    a. ¿Por qué es importante que nos unamos para dar forma de manera colectiva a nuestro futuro?
    b. ¿Por qué esto es importante para mí?
    c. ¿Por qué esto es importante para nosotros?
    d. ¿Por qué esto es importante para todos los que no están en la sala (por ejemplo, nuestras familias, nuestros clientes, nuestras comunidades)?
2. Luego, se dividen en grupos de tres o cuatro y compartan sus respuestas entre sí durante diez minutos.
3. Durante los próximos diez minutos, cada grupo utiliza cartulina y marcadores para crear una presentación que responda a la pregunta: ¿por qué estamos aquí?

4. Luego, cada grupo pequeño presenta una declaración de propósito compartido, diez palabras o menos y una imagen que encarna la esencia de las respuestas de todos.

Jon explicó que tras la presentación decoran las paredes con los carteles, que permanecen colocados durante el resto del evento.

También recomendó hacer tres preguntas adicionales durante el retiro:

1. ¿Qué ha funcionado?
2. Dentro de un año, ¿qué queremos celebrar?
3. ¿A qué nos comprometeremos, de manera individual y colectiva, para convertir estas imágenes de lo que queremos en acciones comprometidas?

Sin importar cómo diseñes tu retiro anual, tómate el tiempo para reconocer las victorias de cada empleado. Celebra sus eventos significativos, incluidos los de sus seres queridos. Tómate el tiempo para conocerlos como seres humanos. Los vínculos que forjes en los retiros anuales se mantendrán durante todo el año y construirán una comunidad fuerte y unida.

Revisión anual

Después de un año en el trabajo, debiste tener más de cuarenta reuniones *one to one* con tu empleado, teniendo en cuenta posibles conflictos de programación y vacaciones. Esto significa que no tendrás sorpresas en esta reunión. No tiene por qué ser algo que tu equipo tema, como que lo llamen a la oficina del director. Y tampoco debe ser algo que *te dé* miedo porque tienes que hablar de algo que has estado posponiendo. Ésa es la belleza de las reuniones *one to one*: no pospones nada. Conoces bien a tu empleado, has corregido el rumbo y superado los desafíos a lo largo del camino, por lo que la reunión no tiene nada de incómodo.

Entonces, ¿qué tiene de diferente la revisión anual? Es una celebración de la lealtad de un empleado a la empresa. Al final de sus vidas, la mayoría de las personas tendrán unos cincuenta años de trabajo a tiempo completo. Cada año contigo es una quincuagésima parte de su vida laboral dedicada a ti. Eso es importante. Caray, cada quinto aniversario es una parte del 10% de su vida laboral que te fue concedida. Es una oportunidad para volver a celebrar. Así como celebramos cumpleaños y aniversarios en casa, éste es su festejo de nacimiento en tu empresa.

Para la mayoría de las empresas, la revisión anual coincide con una revisión salarial. No es necesario, pero te sugiero que hagas una revisión y ajuste salarial en este momento. El salario no es sólo el reconocimiento y la remuneración por la contribución de las personas, sino también el presupuesto de las finanzas de la empresa. Una alternativa es hacer todos los ajustes salariales al inicio de tu año fiscal (el nuestro es el mismo que el año calendario). Esto hace que sea aún más fácil presupuestar y preparar.

La revisión anual es también el momento de reconectarse con el potencial de un empleado. Fomentar la promesa que viste en ellos en la etapa de contratación es un proceso continuo. Utiliza esta reunión anual como una oportunidad para resaltar su potencial, lo que viste en ellos cuando los contrataste y cómo tu visión de ellos se ha ampliado desde entonces. A medida que las personas alcanzan su potencial, su perspectiva cambia. Lo que antes creían imposible ahora parece factible. Y lo que antes ni siquiera imaginaban ahora parece posible. ¿Tu empleado quiere (o necesita) una nueva Estrella del Norte? ¿Están demostrando curiosidad, deseo o sed en nuevas áreas? ¿Existe una mejor posición para ellos en tu organización?

| BUEN Y GRAN LIDERAZGO ||
BUENOS LÍDERES	GRANDES LÍDERES
Ponen a los empleados al día desde el primer día	Dan a los empleados un notable primer día
La experiencia más común para los nuevos empleados es "normal". Los ponen en el trabajo de inmediato sin la oportunidad de entender el negocio o conocer a la gente. Los buenos líderes se aseguran de que sus nuevos empleados tengan todo lo necesario para empezar.	La primera impresión es la más grande. Si se hace mal, los nuevos empleados quedarán desconectados desde el principio. Hazlo bien y sabrán que lo das todo por ellos. Los grandes líderes celebran la llegada de nuevos empleados.
Realizan revisiones anuales	Se reúnen con los empleados cada semana
Reunirse con los empleados para discutir su salario y desempeño es una tradición corporativa. Los buenos líderes también incorporan el crecimiento de los empleados en la reunión.	Cuando tenemos una buena idea de cómo les está yendo a nuestros empleados, tanto en lo personal como en lo profesional, podemos enfrentar los desafíos y corregir el rumbo según sea necesario. Los grandes líderes también se reúnen una vez por semana con los empleados.
Realizan reuniones largas	Hacen *team back* semanal
Las reuniones largas son útiles cuando necesitas que todos estén en sintonía. Los buenos líderes programan reuniones para resolver grandes desafíos y generar ideas sobre nuevas iniciativas.	Construir conexión y unidad en el equipo requiere controles grupales regulares. Los grandes líderes realizan reuniones breves diarias que permiten al equipo sincronizarse durante el día.

BUEN Y GRAN LIDERAZGO	
BUENOS LÍDERES	**GRANDES LÍDERES**
Enfatizan las actividades de formación de equipos	Enfatizan las experiencias únicas compartidas
Los ejercicios de formación de equipos como actividad aislada pueden parecer artificiales y no generar muchos vínculos de equipo. Pero como parte de un colectivo mayor de actividades, pueden ser una buena herramienta. El objetivo es conseguir muchas actividades diversas. Haz que las personas pasen tiempo juntas de diferentes maneras en diferentes momentos.	El objetivo de la "formación de equipos" es unir al grupo. Los vínculos más fuertes desencadenarán historias de "te acuerdas cuándo" entre colegas. Estas historias constituyen experiencias únicas y compartidas y son anclas de relaciones sólidas. Los grandes líderes crean de manera intencional experiencias de vinculación que surgen del tiempo de calidad y cantidad. El objetivo es simple: construir historias colectivas entre el equipo.

Capítulo 8

Domina la herramienta motivacional definitiva

Mientras treinta empleados entran en nuestra pequeña sala de conferencias, escucho "Eye of the Tiger", el himno de rock de Survivor escrito para la película *Rocky III*. Los *riffs* de guitarra que sirvieron de banda sonora para el montaje de entrenamiento de Rocky Balboa llenan la habitación y estoy muy emocionado.

¡Hoy es el día!

El anuncio que estoy a punto de hacer será parte de la tradición de nuestra empresa.

Aquellos que están aquí reunidos recordarán este día durante los años (no, décadas) por venir.

Los primeros dos años de nuestra empresa de análisis de datos forenses experimentaron un crecimiento tipo relámpago, al menos para un negocio iniciado. Mi socio y yo no invertimos ni un centavo en ello y el primer año obtuvimos más de 600 mil dólares en ingresos. El segundo año, logramos 3 millones. Y ahora, en el tercer año, tenía claro que podíamos alcanzar los 10 millones. Diez. Millones. De. Dólares.

Todo lo que necesitábamos era el cliente adecuado aquí, el proyecto adecuado allá, y lo lograríamos. Así que pasé todo el día en mi oficina considerando diferentes iteraciones del camino a seguir. Si publicitamos para ese tipo de prospecto. Si gestionamos este tipo de proyectos. Si contratamos ese tipo de persona. No, espera, si publicitamos para *ese* tipo de prospecto, para *este* tipo de proyecto, sin gente nueva, podríamos hacerlo. Eso es todo. Son muchos "si...", tres para ser exactos. Pero si podemos alinear los tres, era realista que superaríamos los 10 millones de dólares en ingresos. Nunca lo había logrado y ahora estaba a mi alcance.

Las horas de cálculos y de mirar datos históricos dieron sus frutos. Tenía un camino claro para un crecimiento significativo.

Estaba convencido de que alcanzar 10 millones de dólares en ingresos en el tercer año, en una industria sexy (la investigación de delitos informáticos), seguro nos llevaría a la portada de alguna revista. El logro nos daría (cof cof, a mí) derecho a presumir. Sólo necesito que todos lo dieran todo conmigo. Entonces planeé el gran anuncio para el equipo. Drama, anticipación, un himno de rock rudo. Luego convoqué esta reunión de "todos".

En nuestra sala de conferencias cabían de manera cómoda veinte personas, por lo que con treinta empleados, la sala parecía un bar lleno de gente. Una vez que todos se acomodaron, calmé el parloteo con el clásico movimiento de poder "humilde": manos de oración en el pecho, morder con suavidad el labio inferior, mirar a cada persona a los ojos mientras asiento con la cabeza, para que todos sepan que un gran anuncio se acerca.

"Estoy orgulloso de nosotros. Hemos hecho cosas increíbles. Hemos cambiado la industria (pausa dramática, emoción falsa, luego soltar la línea grande), pero apenas estamos comenzando". Lo dije de manera lenta y poderosa, como un DJ nocturno. Esperaba un pequeño rugido del equipo o un aplauso. Nada todavía, pero seguí adelante sin cesar. Estaban a punto de perder la cabeza.

Recurrí a mi "tablero de métricas" temporal, una pizarra en la que pegué un *post-it* gigante. "He estado analizando nuestras tendencias y puedo ver nuestro futuro. He descubierto algo grande…".

De nuevo hice una pausa para lograr un efecto dramático, sincronizando a la perfección la parte de "Eye of the Tiger" cuando ves a Rocky haciendo flexiones con un sólo brazo, golpeando rocas con mazos, parado en la cima de una montaña con los brazos levantados en forma de V.

Luego, en el momento justo, arranqué el *post-it* para revelar el gran número objetivo con marcador mágico negro. En un texto enorme había escrito "$10M".

Como un boxeador que gana un combate imposible y le arranca el micrófono de la mano al juez, grité: "¡Vamos a ganar 10 millones este año!".

Cuando visualicé el momento, era el momento cuando todos perdían la cabeza. Me imaginé aplausos, choques de manos, incluso abrazos.

En vez de eso, grillos…

Me sentí como si fuera Rocky en las escaleras del Museo de Arte de Filadelfia levantando los brazos en señal de victoria, excepto que tenía pantalones, pantalones sudorosos que me cubrían los tobillos.

Después de una pausa demasiado larga y muy incómoda, murmuré algo sobre cerrar la reunión y todos volvieron a su rutina normal de trabajo. Todos menos Patty Zanelli. Me dijo:

"Mike, cuando ganemos diez millones, obtendrás la casa nueva y el auto nuevo. Pero ¿qué pasa con nosotros? ¿Por qué debería importarnos? Eso sirve a tu sueño. No al mío. No al de ellos".

Ay. Me senté en la silla más cercana, sintiendo como si Ivan Drago, el boxeador ruso en *Rocky IV*, me hubiera dado un puñetazo en el centro del estómago. Apenas podía respirar. Oh, la sabiduría, la dolorosa, dolorosa sabiduría. Patty dio en el clavo. Estaba tan absorto en mi propio sueño que ni siquiera consideré cómo se sentiría mi equipo al respecto. Sólo asumí que estarían tan emocionados como yo.

La "visión corporativa" es el sueño de los propietarios. Pero, ¿por qué nuestros empleados deberían preocuparse tanto como nosotros por lograr ese sueño? Tienen sus propios sueños.

Como líderes, tendemos a quedar atrapados en nuestras propias ideas. No podemos esperar entusiasmo por nuestros sueños si no tenemos entusiasmo por los sueños de nuestros empleados.

Los grandes líderes rastrean el sueño personal de cada miembro del equipo y alinean el sueño de su empresa de tal manera que todos obtengan lo que quieren. Es posible que los objetivos de la empresa no se alineen a la perfección, pero sólo por el hecho de conocer, apoyar y celebrar los sueños de tu equipo, éstos, a su vez, apoyarán y celebrarán el sueño de tu empresa. Ésta es la estrategia motivacional definitiva.

La mitad de nuestra vida y la mayor parte de nuestra energía la pasamos en el trabajo. El lugar de trabajo debe ser un lugar alegre, un lugar donde podamos realizar todo nuestro potencial. El trabajo es la mayor oportunidad para que seamos nosotros mismos y nuestro trabajo como líderes es ayudar al equipo a aprovechar al máximo esa oportunidad.

La fórmula de la alegría

Paddy Condon tuvo su propio momento "Eye of the tiger", aunque no tenía mi estilo dramático y tonto. Propietario de FBC Remodel, una empresa de diseño y construcción que opera en Colorado, Illinois y Minnesota, siempre buscaba un mayor crecimiento. En 2018, después de un año récord de 17 millones de dólares, fijó un objetivo de crecimiento de 20 millones de dólares y lo anunció en la reunión anual de su empresa. Luego animó a su equipo para encontrar una manera de alcanzar ese objetivo.

"Los diseñadores y directores de proyectos no se entusiasman con los objetivos de ingresos", explicó Paddy. "Necesitábamos encontrar una manera de traer beneficios con el nuevo objetivo para que lo respaldaran".

Analizaron ideas y se les ocurrió una que todo el equipo en verdad podría entender: doscientos propietarios felices. "Comenzamos a hablar de eso", dijo Paddy, "pero en realidad, sólo estábamos tratando de impulsar el crecimiento de los ingresos y la gente podía verlo. La gente es inteligente".

Fue entonces cuando Paddy recibió algunos comentarios que cambiarían su vida. La líder de diseño en su oficina de Minneapolis,

Lyndsay Bussler, dijo: "Estoy cansada de volver con mi equipo y decir: 'Oigan, gran trabajo el año pasado. El año que viene queremos que hagas un 20% más'".

"No dije nada", dijo Paddy, "pero en mi cabeza pensé: 'Estás en mi equipo de ventas, respalda eso'. Fue entonces cuando Lyndsay dijo: '¿Sabes?, sólo quiero traer más alegría a mi equipo'. Dios mío. En verdad sentí uno de esos momentos como líder que ocurren una vez cada tres años, cuando estás en un punto de inflexión y tienes que tomar una decisión crítica".

Paddy vio este momento como una oportunidad para dedicarse al cuidado de su equipo. Buscó la definición de "alegría" en su teléfono y notó que la alegría "está presente cuando uno experimenta éxito y bienestar". "Pensé: 'Ay, hombre, tenemos el lado del éxito, ése es el negocio'. Necesitamos apoyar a las personas en su bienestar".

Fue entonces cuando Paddy creó su fórmula original: éxito más bienestar es igual a alegría. Para implementar la Fórmula de la Alegría, Paddy y su equipo idearon una planilla que registraba el éxito y el bienestar. La parte del éxito fue fácil, ya tenían métricas comerciales para la empresa en su conjunto y para el Trabajo Primario de cada persona. Para la planilla, idearon los Siete Conceptos: familia, amigos, fe, diversión, ejercicio, finanzas y avance. Cada mes, los líderes se reúnen con los empleados para revisar la planilla. Para prepararse para esa revisión, crearon una estructura para ayudar al equipo a mantener el rumbo. Esa estructura incluye grupos de rendición de cuentas y otros mecanismos de apoyo.

Lo que descubrieron es que 70% del tiempo de revisión de la planilla se dedica a centrarse en el bienestar. Como lo explicó Paddy: "El bienestar impulsa el éxito. Si una persona se está quedando corta o tiene dificultades con sus siete conceptos, esto afecta su desempeño laboral, porque está preocupada, estresada o su mente está desordenada".

A pesar de una recesión en 2020 debido a la pandemia, al año siguiente FBC Remodel *superó* el objetivo de ingresos de 20 millones de dólares de Paddy... y llegó a 25 millones de dólares. Sus tasas de cierre aumentaron y se volvieron más eficientes, lo que se tradujo en un aumento de 50% en las ganancias. Cifras alucinantes y en muy poco tiempo. También retuvieron a la gente verdaderamente buena (la que querían conservar) y las personas que no querían salieron "muy rápido".

Paddy dijo: "Cuando las personas se adueñan de sus vidas, están listas para adueñarse de su negocio".

La Fórmula de la Alegría evolucionó para agregar un propósito porque, como descubrió, cuando agregas un propósito "tienes un cohete". Al conectarse con su propio propósito, los empleados pueden conectarse mejor con el propósito y los objetivos de la empresa. Aquí está la versión actual de la Fórmula de la Alegría:

$$(\text{éxito} + \text{bienestar}) \times \text{propósito} = \text{alegría}$$

El propósito es la visión que el individuo tiene de su vida y el plan estratégico para manifestar esa visión.

Adoptar y comprometerse con la Fórmula de la Alegría cambió la perspectiva de Paddy sobre, bueno, casi todo. Ahora no se considera dedicado al negocio de la construcción o remodelación de viviendas. Se considera dedicado al negocio del desarrollo humano. "Al final del día, necesitas que tu gente crezca en sus capacidades y mentalidad. Si no haces crecer a tus empleados, debes encontrarlos en el mercado".

Mientras que Paddy alguna vez lo dio todo por el crecimiento de los ingresos, ahora lo da todo por el desarrollo de su equipo, la alegría y, como él mismo dice, "lo doy todo por el amor". Y los ingresos parecieron cuidarse solos. Pero tú y yo sabemos que en realidad fue su equipo el que lo logró. Cuando Paddy se centró en los sueños de su equipo, se alinearon con los sueños de la empresa y los hicieron realidad.

Preocuparse por los sueños de tus empleados inspira lealtad

Mary y Tony Miller tenían un problema de gente. En 1995, su empresa de servicios de limpieza con sede en Ohio, Jancoa, estaba luchando con la rotación de empleados, el ausentismo y otros problemas de personal que les costaban clientes. Si no podían resolver sus desafíos de reclutamiento y retención, en el mejor de los casos serían para siempre una empresa en dificultades o, en el peor, estarían fuera del negocio.

"Contamos 104 empresas de limpieza en el área metropolitana de Cincinnati", me dijo Mary cuando la entrevisté para este libro. "Y nos preguntamos: 'Con todas las opciones que tienen los candidatos a un puesto de trabajo, ¿por qué trabajarían para Jancoa?' Hicimos una lista de por qué la gente querría trabajar para nosotros para poder atraer a más personas".

Mary y Tony empezaron a pensar en los solicitantes y empleados de la misma manera que pensaban en los clientes. "Transferimos la pregunta '¿qué tendríamos que hacer para ser un proveedor preferido? a '¿qué tendríamos que hacer para ser un empleador preferido?'. Comenzamos a pensar en cómo podríamos crear valor para nuestros empleados y ayudarlos a superar los obstáculos en sus vidas y tener lo que quieren".

Hoy, cincuenta años después de fundar Jancoa, son el líder de la industria en el mercado de limpieza comercial de Cincinnati. Emplean cerca de quinientas personas leales. En una industria donde la rotación de empleados es la norma, sus equipos permanecen en el trabajo por más tiempo y reclutan a otros para que se unan, más de 80% de las nuevas contrataciones proviene de referencias de empleados.

Jancoa implementó varias estrategias para mejorar la contratación, la retención y el desempeño de los empleados y lo que marcó la mayor diferencia fue su programa Dream Engineer. El programa, que se hizo famoso en el libro de Matthew Kelly, *El gerente de sueños*, surgió a partir de los esfuerzos de Mary y Tony para ayudar a sus empleados a hacer realidad sus sueños. En reuniones individuales y talleres grupales, ayudaron a sus empleados a "pensar en el futuro" e identificar algo en lo que querían trabajar. Luego los ayudaron a tomar medidas para hacer realidad sus sueños. Muchos empleados soñaban con ser propietarios de una casa, por ejemplo, y Jancoa los conectó con servicios y programas existentes en su comunidad para hacerlo realidad.

A través de Mary, tuve la oportunidad de hablar con uno de sus empleados de mejor desempeño, Darryl Mason, quien ha trabajado para ellos durante más de cuarenta años. A través de su programa Dream Engineer, Darryl resolvió problemas de deudas e impuestos, aprendió a hacer presupuestos y por fin compró su propia casa. Cuando hablé con él, seguía refiriéndose a Jancoa como "mi empresa" y a las oficinas de los clientes como "mis edificios". Al ayudarlo a imaginar y luego crear una vida mejor, Mary y Tony habían inculcado en Darryl un fuerte sentido de propiedad psicológica. "Te hacen creer en ti mismo", explicó Darryl.

La lección fundamental del programa Dream Engineer de Jancoa es que priorizaron los sueños de sus empleados. Pero no les *dieron* el sueño. "Sobrerregalar" puede dar a los empleados una sensación de derecho y disminuir el valor del obsequio. En cambio, Jancoa apoyó a sus empleados para que alcanzaran sus sueños, les brindaron orientación, les ayudaron a encontrar y utilizar recursos y mantuvieron vivos sus sueños mediante controles periódicos.

"Nadie sueña con ser conserje", dijo Mary. Comprender esto y apoyar a las personas en el descubrimiento y la búsqueda de sus sueños fue el comienzo de una nueva "cultura del cuidado" en Jancoa. Esa cultura inspiró a Kelly a escribir *El gerente de sueños* y el propio libro de Mary, *Changing Direction: 10 Choices That Impact Your Dreams.*

Es verdad, nadie sueña con ser conserje. Pero todos soñamos con "algún día". Algún día visitaré París. Algún día aprenderé a tocar el piano. Algún día plantaré un huerto. Algún día obtendré mi título universitario.

Cuando aprovechas los sueños de tus empleados, sus "algún día", les demuestras que te preocupas por todo su potencial, no sólo su potencial para tener un desempeño mayor en tu empresa, sino su potencial para estar en verdad realizados en la vida. Al alinear tus esfuerzos con sus sueños, los inspiras a alinear sus esfuerzos con los sueños de tu empresa.

Hablar con Mary y Darryl me recordó una historia famosa sobre una conversación que el entonces presidente John F. Kennedy tuvo con un conserje de la NASA en 1962. Nadie puede confirmar esta historia ni sabe el nombre del hombre, pero cuenta la leyenda que Kennedy dio un giro en falso por un pasillo y se topó con el conserje, que llevaba una escoba.

Kennedy preguntó: "¿Qué estás haciendo?".

El conserje respondió: "Señor presidente, estoy ayudando a llevar un hombre a la luna".

Sí. Seguro que lo hacía.

Comienza con metas

He aquí una pregunta y quiero que la respondas al instante: ¿cuál es tu sueño?

Te puse en aprietos, lo sé. Tal vez tuviste una respuesta reflexiva, pero si eres como la mayoría de las personas, primero necesitas algo de tiempo para reflexionar. Algunas personas dejan escapar la primera "mejora en el estilo de vida" que les venga a la mente: una casa más grande, un auto más nuevo, unas mejores vacaciones. Otros no saben cómo responder en absoluto. Si los sueños no se consideran de manera profunda y repetida, se vuelven inexistentes.

En el capítulo 3, te presenté a Andrew Borg, el propietario de una pequeña empresa manufacturera que encontró empleados de alto potencial en una escuela de oficios. Quería conocer los sueños de sus empleados y ayudarlos a alcanzarlos. Pero la mayor parte de su equipo tenía una versión de un no-sueño. Los indicadores comunes que se encuentran en los no-sueños son: "Sólo quiero mucho dinero" o "no sé".

Cuando Andrew le pidió a uno de sus empleados que le diera detalles vívidos de su sueño, el tipo puso los ojos en blanco y dijo: "Sólo quiero ir a casa y tomar una cerveza, hombre". Estaban centrados en salir adelante en la vida y rara vez, o nunca, expresaban algo significativo.

Le mencioné este ejemplo a Mary Miller cuando la entrevisté. Desde el lanzamiento de *El gerente de sueños*, se ha reunido con numerosos propietarios y gerentes de empresas que luchan por poner en marcha su programa centrado en los sueños porque los empleados no parecen interesados. Explicó que el programa no es "*plug and play*" y que la cultura de la preocupación es lo primero.

"La gente ha olvidado cómo soñar", dijo Mary. "No puedes renunciar a ellos. No aceptes las respuestas superficiales y los no-sueños. Mantente presente y ten conversaciones más profundas, para que sepan que te preocupas en realidad".

Mary dijo que cuando comenzaron el programa Dream Engineer, preguntaban sobre los sueños durante la orientación de los empleados. La respuesta número uno fue: "Quiero ganarme la lotería". Cuando profundizaron más, cuando las personas se sintieron seguras para hablar de sus deseos, cuando se sintieron escuchadas, los sueños cambiaron. "Recuerdo que un caballero se quedó muy callado y luego le dijo al entrenador: 'Quiero aprender a leer para poder leerle un cuento a mi hija antes de dormir'. Y eso es en lo que lo ayudamos a trabajar. Y cumplió ese sueño".

Continuó explicando que los sueños son diferentes a las metas, ya que están vinculados a fuertes emociones personales y que esas emociones significan un posible dolor. "Si las personas han pasado por algunas cosas en su vida y tienen diferentes arrepentimientos, resentimientos y decepciones, no van a llegar allí. Pero en su mayor parte, hay pocas emociones asociadas a las metas, que están más orientadas a la tarea. Si las metas están conectadas con un sueño más grande, ésa es la manera en que puedes ayudar a las personas a comenzar a soñar de nuevo. Y cuando reintroduces a las personas en sus sueños, suceden cosas asombrosas".

Ésa es la barrera: el concepto de tener un sueño parece demasiado grande, demasiado visionario y nos emocionamos porque parece fuera de nuestro alcance. Pensamos en sueños de "película", como clasificar para los Juegos Olímpicos, tener una casa de vacaciones en las montañas o volverse súper rico. Estos sueños no son de fácil acceso porque requieren un esfuerzo extraordinario y una gran dosis de suerte. Incluso lo más factibles (como graduarse de la universidad o ser propietario de una casa) pueden parecer fuera del alcance de algunas personas, en especial las que han sido moldeadas por la pobreza generacional. Es por eso que nos centramos en las intenciones y metas, que son más fáciles de entender. A veces esos objetivos se suman a un sueño y a veces no. Y a veces la búsqueda y el logro de una meta inspira a la gente a empezar a soñar de nuevo.

Trabaja con tu equipo en una sesión grupal para identificar sus sueños. Algunas personas pueden sentirse más cómodas hablando de los sueños de forma individual. Luego, esfuérzate por dividir el sueño en una secuencia de pasos. Con frecuencia la forma más eficaz es empezar con el sueño y luego trabajar hacia atrás en todos los pasos principales. Encuentra el punto de partida y apoya al miembro del equipo para hacerlo. Reconoce y refuerza de manera pública los avances, por pequeños que sean.

Preocuparse por los objetivos de tu equipo les demuestra que lo das todo por ellos. Cuando empoderas y organizas al equipo en torno a los objetivos de cada uno, todos lo dan todo por todos. Ése es el mayor motivador. Por ejemplo, en una de nuestras reuniones trimestrales, hablamos sobre nuestros planes "cuando llegue el momento", que en realidad nunca llegamos a realizar. Cordé quería un ático organizado. Jeremy quería un kit de elevación para su Jeep. Yo quería un cobertizo limpio. Estábamos a sólo unos pasos de cumplir estos objetivos factibles, pero habían permanecido en nuestras listas de tareas pendientes durante años.

Entonces Kelsey respondió con un "Día de hacerlo". Un día al año, atamos los cabos sueltos de nuestros sueños "factibles". Es un día pagado para todo el equipo. Nos reunimos por videoconferencia para comenzar el día y compartir nuestros objetivos para el día que tendrán un impacto en nosotros. Luego nos ponemos a trabajar en nuestros proyectos individuales. Nos contactamos a lo largo del día e informamos sobre nuestro progreso. Luego nos reunimos al final del día y damos nuestros informes finales.

Cordé por fin limpió su ático. Jeremy por fin terminó el trabajo en su Jeep. Y yo por fin me ocupé del cobertizo. El sentimiento de logro nos inspiró a todos a pensar en sueños más grandes que podríamos perseguir. Más allá de eso, el agradecimiento por el apoyo de los líderes ha sido enorme. Desde entonces, Cordé ha dicho en múltiples ocasiones: "Me encanta que ustedes me ayudaron a arreglar mi ático. Estoy agradecido con la empresa por ayudarme a hacer algo por mí".

Otra forma de ayudar a tu equipo a identificar sus sueños es preguntarles dónde se ven dentro de tres o cinco años. Y a veces, sólo empiezas teniendo un buen día. ¿Qué se necesitaría para tener un buen día? Si la respuesta es: "Sólo quiero tomar una cerveza, hombre", entonces hagámoslo realidad.

Nunca juzgues un sueño. Los sueños están en los ojos de quienes los miran. Si les importa, les importa.

El árbol de los sueños

En nuestra oficina en Boonton, Nueva Jersey, verás un árbol de piso a techo en una pared cerca de mi oficina, cubierto de hojas con mensajes escritos en ellas. Lo llamamos el Árbol de los Sueños.

Cada año, todos nuestros empleados se sientan con una gran cartulina y marcadores y establecen sus intenciones y objetivos para el año. A veces añaden sueños. Tal vez quieran aprender un nuevo idioma, pasar más tiempo en familia, tocar la guitarra o trabajar en su salud mental.

Luego todos presentan su cartel al grupo. Colgamos los carteles en la pared. Una vez al trimestre revisamos las cartulinas. Por cada intención, meta o sueño alcanzado, añadimos una hoja al Árbol de los Sueños. Es una excelente manera de organizar y reconocer en público nuestros logros individuales.

Mantenemos los carteles en alto para mantener el rumbo, pero también para alinearnos con los sueños de todos. Cuando el equipo sabe lo que cada individuo quiere para sí, todos pueden ayudar a conseguirlo. La mayor parte del tiempo se dedica a animar y tener en cuenta los sueños de los demás. A veces ofrecemos soporte directo.

Esto me recuerda una anécdota que Mary Miller compartió conmigo. Dijo que, en una reunión de grupo, un conserje mencionó que quería tomar una clase en un colegio comunitario, pero que no podía hacerlo debido a su horario. La clase, que estaba a más de media hora en coche desde su ubicación, comenzaba a las seis en punto y él no salía hasta las cinco y media. No había manera de que pudiera llegar a tiempo. Uno de sus compañeros de trabajo preguntó cuánto duraría la clase. Cuando supo que serían seis semanas, se ofreció a cambiar de turno de manera temporal para que su compañero de trabajo pudiera tomar la clase.

El Árbol de los Sueños muestra que lo das todo por tus empleados y les ayuda a demostrar que ellos lo dan todo para alcanzar sus sueños entre sí.

Pero no necesitas un árbol. Sólo necesitas ayudar a tu equipo a visualizar lo que quieren hacer, lograr o convertirse y, luego, publicar ese sueño u objetivo en un espacio común. En FBC Remodel, el equipo de Paddy crea un tablero de sueños con objetivos a tres y diez años y un rastreador de visión personal. Luego lo publican en su "muro de sueños".

También vienen con un plan estratégico para hacer realidad su visión y luego realizar un seguimiento de ese plan en sus reuniones mensuales. Esta iniciativa ha tenido un beneficio inesperado. Después de veinte años de intentar que su equipo comprendiera y respaldara el plan estratégico de la empresa, sus esfuerzos por fin dieron resultado. "Cuando les enseñas cómo hacer un plan estratégico para su vida (propósito, metas medibles, todo eso), las personas que no tenían ni idea de cómo funcionaba el plan estratégico de la empresa de repente lo entienden".

Paddy añadió: "Y cuando su propósito se alinea con el propósito de tu empresa, sabrás que estás en el lugar correcto". Compartió un ejemplo de Kyle, quien comenzó en un puesto de construcción de nivel básico y, mientras trabajaba en su propio plan estratégico, tenía sed de lograr el plan de la empresa. Kyle ascendió con rapidez de rango hasta convertirse en gerente de proyectos.

"Cuando le enseñas a alguien a ser dueño de su vida, será dueño de todos los resultados en su puesto", dijo Paddy. Eso se tradujo en el gran enfoque de Kyle en los costos de materiales y la reducción de desperdicios. La mayoría de los directores de proyectos sufren pérdidas de materiales en las obras que ascienden a cientos de miles de dólares. No Kyle. Vio la alineación entre eficiencia y control de costos en las metas de su propia vida y las metas de FBC Remodel. Como resultado, le ahorró a la empresa 500 mil dólares por cada obra. ¡Eso habla sobre propiedad psicológica!

Sin importar cómo lo implementes, centrarte en los sueños de tu equipo genera numerosos dividendos. Punto.

BUEN Y GRAN LIDERAZGO	
BUENOS LÍDERES	**GRANDES LÍDERES**
Se centran en la progresión laboral y los salarios	Ayudan a los empleados a establecer metas y sueños
La mayoría de los empleados quieren ascender en la empresa y ser compensados por su crecimiento y los resultados obtenidos. Los buenos líderes conocen los objetivos de sus empleados dentro de la empresa y crean un camino claro para alcanzarlos.	El dinero y el avance profesional son importantes, pero no son el panorama completo. Tu equipo se preocupa tanto (o más) por sus metas y sueños personales. Los grandes líderes piden a su equipo que expresen y documenten sus sueños, por simples que sean y luego los guían para lograrlos.
Se centran en la visión corporativa	Se centran en el camino colectivo
Centrarse en lo urgente, en lugar de lo importante, impide el progreso y puede provocar agotamiento del equipo. Cuando tus empleados sepan cómo y dónde quieres que crezca tu empresa, podrán ver que su trabajo es importante. Los buenos líderes crean una visión empresarial sólida y la comunican a su equipo.	Zig Ziglar dijo la famosa frase: "Si ayudas a suficientes personas a conseguir lo que quieren, obtendrás lo que quieres". Cuando los empleados sienten que sus objetivos individuales importan tanto como los de la empresa, se sienten aún más motivados para ver que el objetivo de la empresa se haga realidad. Los grandes líderes alinean la visión de su empresa con la visión personal de sus empleados.
Recompensan el desempeño laboral	Recompensan el equilibrio entre vida personal y laboral
Cuando un empleado cumple o supera sus expectativas, es importante recompensarlo por un trabajo bien hecho. Los buenos líderes reconocen y alientan el desempeño laboral y la contribución de su equipo.	El trabajo es una gran parte de la vida de las personas. Así que haz de sus vidas una parte más importante del trabajo. Los grandes líderes incorporan actualizaciones de la vida en reuniones diarias, individuales y en actualizaciones trimestrales.

Capítulo 9
Primero construye comunidad

Uno de mis ejemplos favoritos de un equipo imparable es el diverso grupo de *El mago de Oz*. El Espantapájaros, el Hombre de Hojalata, el León Cobarde y Dorothy trabajan unidos para lograr su misión "corporativa": llegar a Oz. Y sus sueños individuales (tener un cerebro, un corazón, coraje y un boleto de ida a Kansas) se alinean con su objetivo colectivo. Mientras siguen el camino amarillo, son uno para todos y todos para uno, se preocupan tanto por los sueños individuales de los demás como por los suyos.

No se puede negar que este equipo ficticio es imparable. Navegan por terrenos a veces traicioneros, sobreviven a ser drogados por un campo de amapolas, derrotan a la Malvada Bruja del Oeste y se enfrentan al estafador detrás de la cortina. ¡Y no olvides el terror de todos los terrores, los monos voladores! Al final, logran sus misiones grupales y personales.

Lo que encuentro fascinante sobre Dorothy y sus nuevos amigos es que les falta algo que, en el mundo empresarial, nos parece crucial para la formación eficaz de equipos: la cultura. No tienen un conjunto de valores compartidos. Misión, sí. Valores, no. No todos comparten coraje o corazón. Si no tienes inteligencia, no estás fuera del equipo del camino amarillo. Todos están dentro, incluso Toto.

Lo que sí tienen es comunidad. Son un grupo diverso de personas que se unen en torno a un propósito compartido. Son parte de algo más grande que sus propias circunstancias y objetivos.

Y la comunidad que han creado les da un sentido de pertenencia y conexión que los fortalece. No están solos en sus búsquedas.

Si Dorothy se hubiera quedado en la tierra de Oz en lugar de regresar a la granja, tal vez hubieran desarrollado una cultura común en torno a la lealtad, la honestidad, la amabilidad, el optimismo y no dejar a nadie atrás. Sí, sólo estoy hablando de cómo se comportan los personajes en la película, pero es probable que no esté muy lejos. Y esos valores vendrían *del* equipo, no de una fuente superior.

Como líderes, dedicamos mucho tiempo a pensar en la cultura y a redactar los valores de nuestra empresa. Tendemos a centrarnos en lo que nos importa y luego inscribimos a nuestros empleados en esa cultura. Si bien los valores, ideales y políticas de la empresa son muy importantes, este enfoque vertical no funciona tan bien cuando los equipos no tienen primero un sentido de pertenencia. La cultura fracasa porque es dogmática, no diversa; son palabras, no acciones.

Centrarse primero en la cultura también puede resultar en un enfoque limitado, incluso cuando tenemos las mejores intenciones. Cuando la cultura es un mandato del pez gordo, es posible que no resuene entre tus empleados. Al decidir los valores corporativos *para* tu equipo en lugar de crear una cultura *basada en ellos*, podrías perder importantes contribuciones *de* tu equipo.

Si queremos crear una cultura nacida de la comunidad, primero debemos construir comunidad. Es a través de la comunidad que fortalecemos y profundizamos la conexión. Y cualquier cultura que surja de este lugar de pertenencia significará mucho más que palabras. Éste es el enfoque inclusivo. Si quieres pensar en esto de manera filosófica: cultura es "Yo soy, entonces, nosotros somos", mientras que comunidad es "Nosotros somos, entonces, nosotros somos".

Si empezaste a implementar alguna de las ideas de este libro, ya estás construyendo una comunidad. Proporcionas un lugar de trabajo seguro donde tus empleados pueden ser ellos. Les das un sentido de propiedad sobre el trabajo y la misión de la empresa. Dispones de sistemas para hacerlos sentir bienvenidos y queridos desde el primer día, y para fomentar la conexión durante todo el año. Te interesas en sus sueños, metas e intenciones personales. Les brindas oportunidades para crecer y compartir conocimientos. Creas condiciones en las que cada individuo puede prosperar según sus intereses y preferencias de comunicación.

Y ahora, hagamos más.

Una cultura laboral trascendente nace de la comunidad

En el capítulo 5, compartí la historia de Rhodes Perry sobre la seguridad psicológica y el trabajo para la Casa Blanca. Cuando le pregunté sobre la construcción de comunidad *versus* cultura, dijo: "La cultura se comunica desde arriba. Es un mandato. La comunidad es mórfica".

En biología, "mórfico" es la forma natural de algo. La comunidad es la forma del colectivo de personas que trabajan en y con tu empresa. La forma cambia a medida que la gente va y viene, y a medida que crece. A medida que nuestra comunidad cambia (se transforma), también deberían hacerlo las cosas que nos definen. Aunque es posible que tus valores nunca cambien, los valores comunitarios sí podrían cambiar.

Mientras escribía este libro, nuestra empresa celebró su retiro anual. Como estábamos todos juntos, aproveché para leer sobre nuestros valores, a los que llamo Leyes Inmutables. Kelsey me pidió que explicara los valores y, para mi sorpresa, nadie los conocía todos. Y los que sí conocían uno o dos, entendían las palabras, pero tenían su propia definición o no las aceptaban en realidad.

Un buen ejemplo de esto es "No se permiten idiotas". Me he aferrado a esa Ley Inmutable durante décadas. Escribí sobre ella en mi primer libro. Significa justo lo que crees que significa: no trabajamos con personas que exhiben un comportamiento parecido al de un idiota y yo no acepto ese comportamiento de mi parte (como me di cuenta en aquel momento fatídico cuando me despidieron de Robert Half Internacional). Quizá tengas una palabra diferente para el tipo de personas que actúan como idiotas. Por extraño que parezca, muchas tienen un significado parecido (por ejemplo: imbécil, pusilánime, podría seguir).

En nuestra oficina ahora tenemos más mujeres que hombres. Cuando me escucharon decir "No se permiten idiotas", la respuesta fue: "Eso es hermano".

Sí. Tenían razón. Esa Ley Inmutable, que yo establecí y que no había cambiado durante años, era en definitiva un acierto. Aunque mi equipo pudo comprender el significado una vez que lo expliqué, la redacción los desanimó. Sí, eso es lo que *soy*, pero de manera colectiva, eso no es lo que *somos*. Así que lo discutimos como comunidad y cambiamos la frase a nuestro lenguaje común: "La bondad es grandeza". Como líder, participo en pie de igualdad en el significado detrás de nuestro valor comunitario. Pero a la comunidad (mi equipo *y* yo) se nos ocurrió el valor que mejor se adapta a nosotros.

Solía creer que las Leyes Inmutables las definía la primera persona a bordo, el fundador o el equipo fundador y que todos los que seguían tenían que cumplir con el modelo. Pero la realidad es que, a medida que nuestra comunidad crece y se fomenta la diversidad, surgen valores más grandes y quizá más tolerantes. La cultura laboral trascendente nace de la comunidad.

Empezamos a hablar de otras Leyes Inmutables y las reinventamos o actualizamos para nuestra nueva comunidad, nuestra nueva forma. Una era "Positividad o muerte". Cuando establecí ese valor, el significado detrás era que debemos centrarnos en lo bueno o decaeremos. Mi equipo notó que mi frase no parecía cierta. Parecía falso, demasiado dramática. Juntos, se nos ocurrió una nueva versión que se adapta a nuestra comunidad: "Sé su Ted Lasso".

Si nunca has visto la serie de televisión de Apple *Ted Lasso*, se trata de un entrenador de futbol americano contratado para entrenar a un equipo de futbol promedio y algo disfuncional de la Premier League inglesa. Aunque no sabe nada sobre el deporte, se preocupa mucho por los jugadores y es tan firme en su mentalidad positiva que convierte al equipo en un verdadero contendiente. Eso es lo que mi empresa se esfuerza por hacer para nuestros lectores y clientes. Nos preocupamos mucho por ellos y queremos servirles, no importa si sabemos mucho sobre sus negocios. "Sé su Ted Lasso" es una modernización de "Positividad o muerte", una modernización que trasciende en nuestra comunidad.

Quiero señalar mi propia hipocresía aquí. Definí las Leyes Inmutables como eso: inmutables, incambiables. Pero mi investigación sobre grandes líderes y mi experiencia en el desarrollo y prueba de ACSP desafiaron mi firme convicción. La diversidad en tu organización requiere una actualización o redefinición de los valores colectivos. Resulta que las leyes inmutables no son inmutables en absoluto. Así como las leyes cambian a medida que la sociedad evoluciona, las tuyas pueden evolucionar a medida que crece la comunidad de tu equipo. La gran poeta Maya Angelou dijo una vez: "Haz lo mejor que puedas hasta que sepas más. Luego, cuando sepas más, hazlo mejor".

Cuando sepas más, hazlo mejor.

Leyes inmutables

Un día, en las oficinas centrales de 1-800-GOT-JUNK?, en Vancouver, Columbia Británica, noté un acrónimo escrito en negrita en la pared: PIPE. Cada vez que visito un negocio, soy como un pequeño del jardín de niños emocionado porque recién está aprendiendo a leer y siempre nombra los carteles en voz alta. Solté: "¡Pipe!". Sin mirar a la pared, su fundador, Brian Scudamore, dijo como si fuera una señal: "Pasión, integridad, profesionalismo y empatía". Había memorizado los valores de su empresa, algo que se espera de los grandes líderes.

¿Su equipo vive según estas Leyes Inmutables? ¿Su equipo podría recitarlos? Quería saberlo.

Mientras avanzábamos por el edificio, pregunté a todos los empleados que conocí si podían decirme los valores empresariales de

1-800-GOT-JUNK? Para mi sorpresa y la de Brian, ninguno de ellos podía recordar los cuatro y algunos no podían recordar ninguno. Caminaban junto a las paredes, los carteles, los recordatorios todos los días, pero no podían recordarlos.

"Me da vergüenza", dijo Brian. "Los valores son los que definen a esta organización. Pero el hecho de que nuestra gente no los recuerde... ni siquiera el acrónimo en la pared... bueno, no sé qué decir".

El equipo de Brian compartió mucho conmigo ese día.

Una persona dijo: "Me encantan nuestros clientes. Están haciendo cosas maravillosas en sus vidas. Están restableciendo el orden, tomando el control o sólo arreglando su lugar. No importa lo que sea, el hecho de que seamos parte de ese viaje es bastante asombroso. Eso merece todo el amor que tengo".

Otra persona dijo: "Algunos de nuestros clientes se encuentran en una mala situación cuando nos llaman. La eliminación de basura no siempre consiste en limpiar. A veces se trata de huir, como cuando se divorcian. Otras veces la gente empieza de nuevo, como después de un incendio. Esto es más que un proyecto, es un cambio en la vida de alguien".

Y otro miembro del equipo compartió: "Recuerdo que una vez tuvimos un cliente que desechaba toneladas de metal. Algo que sólo iban a tirar. Nuestro equipo, detrás de escena, clasificó cada desperdicio para que pudiera reciclarse por completo. Me siento muy bien por eso. Servimos al cliente y al planeta".

Luego, cuando estábamos cerca del final de nuestro recorrido, doblamos la esquina hacia una gran sala de conferencias. Faltaban unos minutos para las diez y un gran grupo de personas se había reunido para una reunión que comenzaba a la hora en punto.

"¿Anticipados?", pregunté, esperando que llegara más gente hasta las once, o unos minutos después.

Brian se rio entre dientes y dijo: "No. Éstos son todos. Todos llegamos temprano para poder comenzar a trabajar. Es la mejor manera de mostrar respeto por el recurso más preciado de cada uno: el tiempo".

Cuando faltaba un minuto para que comenzara la reunión, me volví hacia Brian y le dije: "Puede que tus empleados no estén diciendo las palabras, pero están viviendo las Leyes Inmutables. Lo entienden. Lo entienden con creces, lo han integrado".

Los empleados de Brian no repetían el acrónimo PIPE palabra por palabra, pero estaban haciendo algo más importante: usaban sus propias palabras. Los valores de la empresa se habían arraigado tanto en su equipo que los habían hecho suyos.

¿Que es mejor? ¿Empleados que memorizan los valores de la empresa y no los encarnan, o empleados que pueden olvidar las palabras específicas que usaste, pero viven y respiran esos valores todos los días?

Tal vez en 1-800-GOT-JUNK? podrían actualizar las palabras en la pared para que el equipo pueda recordarlas mejor. Pero claro, no se trata de palabras. Se trata de la encarnación de las Leyes Inmutables colectivas. Todos allí habían hecho suyos los valores, lo cual es un nivel superior a las palabras elegidas. Brian y el equipo de liderazgo vivieron los valores y, como resultado, también los vivió toda su comunidad.

Cuando me despedí de Brian al final del día, dijo: "Me sorprendió de manera grata ver PIPE en la pared. Nuestro equipo publicó eso. Se les ocurrió la redacción y la publicaron. Me comprometí a memorizarla". Sí, y como tú, Brian, se comprometieron a vivirlos, porque así es como ya lo vivían, de manera colectiva.

Pertenecer es un componente clave de la comunidad

Dorothy y su equipo utilizaron sus habilidades (experimentales, innatas y potenciales) para resolver problemas, superar a los guardianes irritables y rescatar a sus amigos. ¿Qué pasaría si uno de ellos sintiera que no pertenecía al grupo? ¿Habrían tenido el mismo sentido de comunidad? ¿Habrían tenido el grupo diverso de talentos para llevar a cabo su misión? Creo que sin los cuatro (más Toto) la historia habría tenido un final muy diferente.

La pertenencia es una necesidad humana fundamental. Si no estás familiarizado con la pirámide o jerarquía de necesidades de Abraham Maslow, es un modelo para comprender la motivación humana. Las cinco categorías (necesidades fisiológicas, de seguridad, de pertenencia y amor, de estima y de autorrealización) están escalonadas en una pirámide, en orden ascendente. Las necesidades de pertenencia y amor están justo en medio de la pirámide. Esta categoría se sitúa por encima de las dos primeras necesidades: fisiológicas y de seguridad, las cosas que necesitamos para sobrevivir, como agua, comida, refugio y seguridad.

Sin pertenencia, no podemos tener comunidad. ¿Pero cómo la cultivamos? ¿Cómo nos aseguramos de que todos los miembros de nuestro equipo sientan que pertenecen?

Rhodes Perry escribió dos libros sobre el tema, *Imagine Belonging* y *Belonging at Work*. En nuestra conversación, dijo: "La gente pregunta: '¿Qué es pertenecer al lugar de trabajo?'. Piensan que es demasiado difícil de alcanzar y que no se puede medir. En realidad, sí se puede".

Según Rhodes, para medir la pertenencia se necesitan cuatro elementos, que surgen de un estudio elaborado por Coqual, antes llamado Centro de Talento e Innovación:

1. **Sentirse visto:** Mostrarse de manera plena tal como eres, todo el genio que aportas al lugar de trabajo y toda tu experiencia vivida.
2. **Sentirse conectado:** Tener relaciones auténticas con los colegas, donde puedas compartir todo lo que quieras sobre ti y, cuando lo hagas, ellos lo recibirán con cariño.
3. **Sentirse apoyado:** La gente te respalda y obtienes lo que necesitas para que puedas hacer tu mejor trabajo.
4. **Sentirse orgulloso:** Cuando tus valores y propósitos complementan la organización en la que trabajas.

"Cuando tienes los cuatro elementos, la gente se pone manos a la obra", añadió Rhodes. "Sin esos elementos, sientes lo contrario a pertenecer. Entonces, si no te sientes visto, te sientes invisible. Si no te sientes conectado, te sientes distante. Si no recibes apoyo, te sientes desanimado. Si no sientes orgullo, entonces sientes vergüenza. Ahí es cuando empiezas a preguntarte: '¿Qué hay de mí que no se alinea con esta organización?'. Y es entonces cuando estás en un estado de estrés y en definitiva no lo estás dando todo. Estás en modo protector, sólo tratando de sobrevivir".

Tricia Montalvo Timm pasó la mayor parte de su carrera en modo protector. Abogada corporativa, trabajó en Silicon Valley durante 25 años. Le encantaba ayudar a las empresas a pasar de unos pocos cientos de empleados a más de mil. Como asesora general de Looker Data Sciences, ayudó a vender la empresa a Google por una valoración de 2600 millones de dólares. A pesar de su éxito profesional, Tricia con frecuencia sentía que no pertenecía a su lugar de trabajo. Para encajar, había ocultado su identidad latina desde sus primeros días en Silicon Valley. De manera irónica, lo mismo que hizo para tratar de sentir que pertenecía sólo la hizo sentir más desconectada.

Cuando hablé con Tricia, me dijo: "Necesité mucho de mí para cambiar, para poder encajar".

En su libro *Embrace the Power of You: Owning Your Identity at Work*, Tricia comparte una historia sobre cuándo "confesó" por primera vez que era latina. Fue durante el Mes de la Herencia Hispana, mientras estaba en Looker, que compartió su identidad con el jefe. Él la animó a contar su historia a toda la empresa. Al principio se mostró reacia, pero luego encontró el valor y aceptó. Frente a cientos de compañeros de trabajo habló de su padre, que es de Ecuador, y de su madre, que es de El Salvador. Compartió historias sobre cómo intentaba mezclarse con sus compañeros de trabajo. Habló de quedarse hasta tarde en la oficina para poder hablar español con el conserje.

Compartir su historia abrió las puertas para que los colegas hispanos de Tricia compartieran sus historias y para que todos en el equipo se presentaran con autenticidad en el trabajo. Ella dijo: "Cuando las personas escuchan las historias del colega sentado junto a ellas, con quien han trabajado durante cinco años y nunca se dieron cuenta de su verdadera experiencia vivida, ya sea raza, género, orientación sexual, religión, comienzan a crear empatía".

Contar historias puede ser un salvavidas para tu equipo y, en última instancia, fortalece a tu comunidad. Tricia agregó: "La gente se da cuenta: 'Oh, no conocía esta dimensión de quién eres y esta increíble experiencia que aportas'. Luego, al compartir su historia, esa persona ahora siente una mejor conexión y puede aportar su yo más pleno al lugar de trabajo".

Estoy bastante seguro de que la mayoría de mis empleados se han sentido sofocados en el trabajo en algún momento. Hasta cierto punto, todos cambiamos de personalidad cuando llegamos al trabajo y volvemos a ser nosotros mismos cuando salimos del estacionamiento para regresar a casa. ¿Sabes lo agotador que es seguir fingiendo? Ahora imagina sentirte así con respecto a tu identidad, hasta el punto de ocultar partes fundamentales de ti.

Creo que para tener un sentido de pertenencia se requiere un cierto nivel de intimidad. Me refiero a la intimidad que tienes con amigos cercanos. Las personas que has elegido como "tu gente". Tienes chistes internos y experiencias compartidas. Has celebrado y llorado con ellos. Has sido vulnerable con ellos, te han visto en tu mejor y en tu peor momento. Estas relaciones se basan en el cariño y la confianza. Sólo pensar en tus amigos se siente bien, ¿no?

Necesitamos ese mismo sentimiento en el trabajo. Crear intimidad manteniendo el profesionalismo es un equilibrio delicado, pero se puede lograr. Lo sé porque lo hicimos en nuestra empresa. Cuando se logra la intimidad, mejoran las relaciones laborales y, en última instancia, mejora tu oferta. Y a través de estas relaciones cercanas se puede ver el verdadero potencial de alguien. Cuando una persona siente que pertenece, cuando se siente segura de compartir quién es de verdad (sus intereses, pasiones, desafíos, esperanzas secretas), puedes ayudarla a dar un paso hacia esa potencialidad.

Incluso podrías ayudarla a explorar todo su potencial y convertirse en quien debe ser.

Enfocarse en el potencial individual mejora el conjunto

Daniel Eugene Ruettiger soñaba con jugar al futbol americano en Notre Dame. Quizá lo conozcas por su apodo, Rudy, que es el título de la película de 1993 basada en su historia. Lo que quizá no sepas es que la película modificó los hechos para adaptarlos a su narra-tiva. La historia real es incluso más inspiradora que la retratada en la película.

Después de servir en la Marina, Ruettiger postuló a Notre Dame. Fue rechazado por sus bajas calificaciones, pero después de su cuarto intento en dos años, por fin recibió su carta de acepta-ción. En Notre Dame, hizo una prueba para el equipo de futbol americano, con la esperanza de al menos ganarse un paseo en el lugar. Pero Ruettiger era pequeño de estatura y no tenía el nivel de talento que tenían la mayoría de los jugadores universitarios. Si bien ingresó al equipo de exploración de la escuela, durante tres años nunca llegó a formar parte de la "plantilla" de los Irlandeses Luchadores que juega los sábados.

En la película *Rudy*, Ruettiger le pregunta al nuevo entrenador, Dan Devine, si puede "vestirse" para el último partido en casa, su última oportunidad de por fin hacer realidad su sueño. Devine le dice que no y son sus compañeros quienes hacen cambiar de opinión al entrenador. La historia muestra a un gran equipo cambiando el corazón de un líder cascarrabias.

En la vida real, fue idea de Devine. Le pidió a Rudy que se vistiera para el último partido. Permaneció cerca de Ruettiger después de graduarse y, como favor, aceptó ser retratado como un villano en la película para que tuviera luz verde.

En realidad, Devine vio potencial en Ruettiger, no como juga-dor, sino como un ser humano con un sueño. Y al honrar ese sueño,

Devine demostró que era un gran líder. Su decisión benefició a Ruettiger y a todo el equipo.

Ruettiger estuvo en el campo sólo tres jugadas: un saque inicial, un pase incompleto y, en la jugada final, una captura. Después del partido, sus compañeros lo sacaron en hombros del campo. Fue el primer jugador en la historia de Notre Dame en recibir ese honor, y desde entonces sólo un jugador lo ha recibido.

Cuando alguien hace todo lo posible por un sueño, anima a otros a hacer todo lo posible por el suyo. Ruettiger no era la estrella. Durante casi toda su carrera universitaria, ni siquiera fue jugador. Pero Dios mío, él fue un contribuyente. Ruettiger fue el centro motivacional del equipo. Por diseño, los deportes *son* comunidad, pero el espíritu y compromiso de Devine con el potencial fortalecieron su comunidad.

Ruettiger tenía una poderosa "apariencia afectiva", un término psicológico para referirse a cómo la gente te ve y responde. Hillary Elfenbein, profesora de comportamiento organizacional en la Olin Business School de la Universidad de Washington en St. Louis, se refiere a esto como una "firma emocional". Los demás sienten la forma en que entramos en una habitación. La forma en que te presentas importa.

El compañero de equipo de Ruettiger, Jay Achterhoff, dijo: "Nunca en tu vida has visto a un tipo que quisiera estar más en el campo". Ruettiger esperaba lo máximo de sí. Esa firma emocional pudo inspirar aún más a sus compañeros de equipo a esperar más de sí. Durante su estancia en el equipo, Notre Dame ocupó el cuarto lugar a nivel nacional (1974), el decimoséptimo (1975) y el duodécimo, el mismo año en que ganaron el campeonato (1976).

En los años posteriores a la partida de Ruettiger, el equipo de fútbol de Notre Dame comenzó a tener problemas. Ahora bien, eso podría atribuirse a varios factores, no hay pruebas estadísticas del impacto de Ruettiger en el equipo. Pero hay una prueba innegable: fue la primera persona sacada del campo en una celebración del triunfo *por el equipo*. Tú decides si sus esfuerzos (y el apoyo de Devine) los motivaron.

La cultura es estática, las comunidades actúan

Cuando la Iglesia Bautista de Westboro anunció que irían a la Escuela Preparatoria Nyack en Nyack, Nueva York, para protestar contra una obra de teatro, la comunidad entró en acción. Westboro, un grupo de odio que protestaba en funerales militares y otros eventos, llevaba carteles con mensajes horribles para llamar la atención sobre sus puntos de vista homofóbicos, se opuso a la obra que los estudiantes eligieron montar ese año, *The Laramie Project*. La obra exploró la reacción ante el asesinato en 1998 de Matthew Shepard, un estudiante gay de la Universidad de Wyoming.

Nyackers, una comunidad progresista que incluía muchas familias de homosexuales y lesbianas, *no* quería que Westboro pusiera un pie en su pueblo, ni quería que interrumpieran la obra. Casi de inmediato, circuló una campaña de correo electrónico pidiendo a los vecinos que compraran entradas para la obra para que el grupo de odio no pudiera conseguir un asiento. En cuestión de horas, todas las funciones se agotaron.

La Iglesia Bautista de Westboro no fue a Nyack para protestar por la obra ni por ningún otro evento.

Lo que me llamó la atención cuando escuché esta historia fue que la mayoría de las personas que compraron entradas no eran parte de la comunidad LGBTQ+. Y que nadie tenía que recordar a nadie los valores de su comunidad ni dar un discurso sobre igualdad. Cuando se les presentó lo que percibían como una amenaza para su comunidad en su conjunto, la cancelaron. Y rápido. Hubo un sentimiento de "en mi comunidad no, no lo haces". Hola, propiedad psicológica (la P en ACSP).

La belleza de fomentar una comunidad en el lugar de trabajo es que es dinámica y activa. Una comunidad puede organizarse con rapidez para resolver amenazas conocidas, ayudar a otros necesitados, gestionar crisis y resolver problemas. Una comunidad también se reúne pronto para celebrar victorias, personales y profesionales, como una fiesta en la calle o en la oficina. En resumen, las comunidades actúan.

Una comunidad es más fuerte que la suma de sus partes, la suma del potencial de cada individuo. Es una fuerza cambiante, evolutiva, diversa, alegre y poderosa. Y cuando tengas una comunidad próspera, tus empleados no sólo querrán permanecer en ella, sino que también querrán contribuir una y otra vez.

BUEN Y GRAN LIDERAZGO	
BUENOS LÍDERES	**GRANDES LÍDERES**
Construyen cultura primero	Crean comunidad primero
La cultura empresarial genera un enfoque limitado que unifica al equipo. Los buenos líderes consideran que las Leyes Inmutables son importantes para ellos y comparten esos valores con su equipo.	Cuando primero se crea una comunidad, la cultura nace de ella y refleja el todo. Los grandes líderes implementan Leyes Inmutables como representación de la totalidad de la organización.
Fomentan la diversidad	Buscan diversidad
Un equipo diverso aporta a la organización una perspectiva y conciencia tanto de las oportunidades como de los desafíos. Los buenos líderes dan la bienvenida a personas de todo tipo y procedencia.	La diversidad no ocurre por accidente, un equipo diverso se construye de manera deliberada y pensada. Los grandes líderes buscan de manera activa equipos diversos y crean los sistemas para apoyarlos.

Capítulo 10

Eleva la experiencia y el rendimiento de los empleados de alto nivel

Mi primer trabajo después de la universidad fue en un minorista de computadoras que brindaba servicios tecnológicos para empresas. Mi nuevo puesto era programador, el término de la vieja escuela para codificador. No hice ese trabajo por mucho tiempo, porque a través de la exposición casual a otro trabajo, descubrieron que tenía un mayor potencial en otros lugares. Podría representar a la empresa, vender computadoras, impresoras y proyectos de red, también enseñar. Muy rápido me convertí en una "estrella en ascenso", en parte porque era muy joven y motivado.

En esa empresa tenía un Jefe Malo y un Jefe Bueno. El Jefe Malo me asignó la primera tarea en el nuevo puesto de ventas, para responder a una oferta del gobierno. Era una solicitud de propuesta (RFP) de cincuenta páginas y los requisitos no se parecían a nada que hubiera visto antes. Tuve que incluir detalles sobre cada cosa, como el peso del equipo y la fuente de fabricación de las tuercas y tornillos que mantienen unidas las máquinas. Tenía una semana para responder, así que todos los días hacía mis tareas habituales y luego me quedaba hasta tarde en la noche para trabajar en la RFP, y luego, cuando llegó el fin de semana, trabajé en la propuesta durante doce horas el sábado y doce horas el domingo.

Cuando entregué la solicitud de propuesta, a tiempo el lunes por la mañana (nada menos que impresa y encuadernada), el Jefe Malo parecía estupefacto. Dijo: "Nunca habíamos completado una de estas ofertas. Son abrumadoras".

Mi pecho se hinchó de orgullo. ¡Había logrado algo que nadie en mi empresa había logrado antes!

El Jefe Malo hojeó las páginas de mi arduo trabajo y mis noches de insomnio y dijo: "Dado que no trabajamos con el gobierno, incluso si ganamos la lotería y ganamos esta licitación, no sabríamos cómo atenderla". Luego arrojó la propuesta directo a su bote de basura... ¡zaz! Luego se rió entre dientes y dijo: "No pensé que de verdad lo lograrías. Buen trabajo. Vuelve al trabajo".

Dan Cable, profesor de comportamiento organizacional en la London Business School, dijo una vez: "Me pregunto qué hace mi alma todo el día cuando estoy en el trabajo". Es la triste situación de muchos trabajadores, que abandonan sus almas, sus corazones, su alegría por un trabajo. Eso fue cierto para mí en aquel momento. Cuando hacía un trabajo que no tenía sentido, me sentía perdido. Me asignaron cosas sólo para hacerme trabajar más duro y por más tiempo. Quizá el Jefe Malo quería ver si me quebraría debido a sus artimañas.

¿Buen trabajo? Estaba tan enojado. Y triste. Y confundido. Me había dado una tarea, lo di todo por ella y ¿era una broma para él? Seguridad psicológica: destruida. Propiedad psicológica: desapareció. El flagrante desprecio por mi trabajo por parte de la misma persona que me asignó la tarea me sacudió hasta lo más profundo, pero estaba decidido a tratar de encontrar mi camino en la empresa.

Aun así, el Jefe Malo hizo que fuera difícil quedarse. Le gustaba mucho el castigo y lo demostró. Recuerdo una vez que cometí un error al instalar un *software* antivirus para un cliente. Me olvidé de poner la versión más actual en algunas de sus máquinas. Una de ellas se infectó con un virus y el cliente se enteró y llamó a nuestra oficina. Por ese error, el Jefe Malo me hizo disculparme con el cliente, lo cual estuvo bien y estuve feliz de hacerlo. Luego me ordenó reinstalar el *software* en cada máquina *mientras él vigilaba por encima de mi hombro* para asegurarse de que no "volviera a arruinarlo". Por último, me hizo sentarme en mi cubículo durante un día entero y leer cada palabra del manual de instrucciones, de adelante hacia atrás (al menos cinco veces) y luego escribir un informe al respecto. Incluso después de todo eso, todavía quería demostrar que era el mejor. Tal vez estaba tratando de demostrarme que era inquebrantable. O tal vez, sólo tal vez, me quedé tanto tiempo gracias al Jefe Bueno.

El Jefe Bueno era mi supervisor inmediato. Me escuchó, se comprometió y me apoyó. En lugar de castigarme por mis errores, los vio como oportunidades para ayudarme a crecer. Me llamaba a su oficina para informarme y descubrir cómo podríamos hacer mejoras. Reconoció de manera pública mis éxitos y los de otras personas del equipo.

El Jefe Bueno vio potencial en mí y me ayudó a identificar nuevas fortalezas y ver nuevas posibilidades, lo que a su vez ayudó a la empresa. Una vez me dijo: "Algún día podrías estar en traje aquí". Ésa fue su manera de decirme que yo era una estrella en ascenso, un futuro líder.

El Jefe Bueno trataba de empoderar a las personas para que pudiéramos depender de nosotros mismos.

El Jefe Malo trataba de intimidar a la gente para que dependiéramos de él.

Durante un tiempo, los esfuerzos del Jefe Bueno superaron el comportamiento del Jefe Malo, hasta que dejó de ser así. Dejé de preocuparme por la empresa y pasé muchas noches quejándome de él con mi cerveza. Al final dije: "¿Por qué trabajo para este tipo cuando podría trabajar para mí?".

Una de las razones por las que me quedé en la empresa tanto tiempo, a pesar de las costumbres del Jefe Malo, fue porque me capacitaron. Todo fue idea del Jefe Bueno. Dijo: "Mike puede impartir clases de Novell a nuestros clientes" y me capacitó. Novell era el principal sistema operativo de red en aquel momento. El Jefe Malo incluso asistió a mis primeras clases para poder ayudarme si tropezaba.[*] También convenció al Jefe Malo para que me enviara

---

[*] Aunque no me di cuenta en ese momento, las clases de Novell que impartía eran talleres. Muchos estudiantes sólo aprendieron a gestionar redes Novell. Pero algunos

a los cursos de Dale Carnegie, que eran increíbles y a un evento de Tony Robbins. Me encantaron estos entrenamientos y clases. Ellos me moldearon y, como tenía un profundo interés en aprender y enseñar, me ayudaron a convertirme en la persona que soy hoy. El Jefe Bueno también se preocupaba por mí como individuo. Sabía que me gustaba practicar deportes de equipo y bajaba a las canchas de basquetbol para jugar un partido conmigo y con mis compañeros. Nadie era en particular bueno en el basquetbol, pero me encantaba el tiempo que pasábamos juntos lanzando canastas y hablando groserías. El Jefe Bueno estuvo presente. No es de extrañar que el Jefe Malo nunca estuviera.

El Jefe Bueno se preocupaba por mi experiencia trabajando en la empresa y de manera continua se esforzó por mejorarla brindándome *oportunidades para crecer*. Se fijó en mí y trató de comprenderme para poder comunicarse mejor conmigo. Y en lugar de dominarme, trabajó *conmigo*.

En mi última semana, el Jefe Malo me miró y dijo: "Eres una bala perdida, Michalowicz. Si sólo hicieras lo que te dicen, podrías tener éxito".

El Jefe Bueno, que había estado parado a un lado, se acercó a nosotros y, frente a Jefe Malo (que también era su jefe), dijo: "Seguro que eres una bala, Mike. Quiero hacer todo lo que pueda para aprovechar tu potencia de fuego. Gracias por ser parte de nuestro equipo".

Ten en cuenta que no estoy diciendo que el Jefe Malo sea una mala persona. No creo que tuviera malas intenciones. Creo que él, como tú y yo, es producto de las experiencias de su vida. Tal vez alguien ejercía control sobre él, o tal vez sólo recibía atención de su familia si era asertivo. No sé. Sólo digo que no era una mala persona, sino un mal jefe.

---

notaron cuánto sabíamos y se convirtieron en clientes. Y lo mejor de lo mejor fue invitado a unirse a nuestra empresa como ingenieros de redes.

Él intentó controlarme. El Jefe Bueno intentó canalizarme. Los malos líderes expresan sus deseos y tratan de hacer que la gente los cumpla. Los grandes líderes alientan a las personas a expresar sus propios deseos y alinearlos con las necesidades de la empresa.

Parte de darlo todo por nuestro equipo es crear un entorno que le permita alcanzar su potencial. Ya lo haces al implementar ACSP y siguiendo el Ritmo de retención. Una vez implementado esto, estás listo para implementar tres poderosas estrategias que mejorarán la experiencia de tus empleados y, a su vez, ayudarán a que tu empresa crezca.

Sé el Jefe Bueno.

Estrategia #1: Dar a los empleados oportunidades para crecer

Mi esposa, Krista, aprendió a leer temprano, cuando tenía cuatro años. Todavía recuerda con emoción el momento en que señaló un letrero en un edificio y dijo: "Kay... Kay... Kayma... Kaymard... Kaymart". Sí, el letrero de Kmart fue la primera experiencia de lectura de mi esposa (y ha sido leal a la tienda desde entonces). A Krista le encanta contar esta historia porque es linda, claro, pero también porque está orgullosa de ella.

El aprendizaje es el centro de la autoestima, el crecimiento personal y profesional y la supervivencia. Una de las mejores formas en que podemos mejorar el desempeño de los empleados *y* ayudarlos a alcanzar su potencial es brindarles oportunidades para crecer y aprender.

Un estudio realizado por la Universidad de Umeå en Suecia entre 15 mil personas en 25 países encontró que los países que apoyaban la educación continua tenían ciudadanos más felices que aquellos que no lo hacían. La gente es más feliz cuando aprende, en los países y en las empresas.

Esto es lo que el aprendizaje aporta a tu equipo:

1. Apoya al ACSP. El aprendizaje los prepara para acoplarse mejor a la empresa, también amplía su capacidad, puede permitir una mayor seguridad y mejora la propiedad.
2. Alimenta las siguientes necesidades de la pirámide de Maslow:
   a. Seguridad: Relevancia y habilidad para garantizar que sigan siendo empleables.
   b. Estima: Autoestima, respeto, estatus y libertad a través del crecimiento en conocimiento y capacidad demostrable.
   c. Autorrealización: Alcanzan su potencial.
3. Desarrolla las tres cualidades fundamentales: Aprender, escuchar y ser ágil.
4. Genera nuevas ideas que pueden servir a la empresa.
5. Ayuda a los empleados a mantenerse a la vanguardia con las últimas tecnologías, tendencias y estrategias.

Para ser grandes líderes, debemos enseñar, capacitar, asesorar y guiar a nuestros equipos, ya sea de manera directa o mediante programas de aprendizaje externos. ¿Tienes algo de lo siguiente?:

- Capacitación laboral
- Aprendizajes/pasantías
- Ensayos/juegos de rol
- Entrenamiento instruccional
- Entrenamiento interactivo
- Tutoría/entrenamiento
- Una combinación de lo anterior

Si no cuentas con oportunidades de capacitación para tu equipo, ¿por dónde podrías comenzar? Soporté muchas sesiones de gritos y momentos humillantes con mi Jefe Malo sólo para poder seguir aprendiendo (gracias a mi Jefe Bueno). Imagínate lo que pudo pasar si esa empresa hubiera implementado un sistema como ACSP. Tal vez me hubiera convertido en uno de los "trajeados", como predijo el Jefe Bueno. Diablos, es posible que todavía estuviera trabajando allí hoy.

No soy la única persona que se siente así. El estudio *2022 Workplace Learning Report* de LinkedIn identificó que 94% de los empleados dijeron que permanecerían en una empresa por más tiempo si ésta sólo invirtiera en ayudarlos a aprender. Pero todavía escucho a líderes empresariales decir cosas como: "Si capacitas a tu gente, es posible que dejen tu empresa y se vayan". También expresan temores por los costes financieros. Lo entiendo: pagar las clases y, a veces, viajar *para* asistir a ellas, además del salario mientras asisten, parece una tarea arriesgada. ¿Qué pasa si llevan sus nuevos conocimientos a uno de tus competidores? ¿Qué pasa si esperan un aumento porque ahora tienen cualificaciones que no tenían cuando los contrataste? ¿Qué pasa si (gulp) terminan sabiendo más sobre tu negocio que tú?

Si entrenas a la gente, es posible que se vayan. Pero si no lo haces, permanecerán en el puesto *y* en el mismo nivel. Dejar de entrenar a tu equipo es una manera segura de ir quedando cada vez más atrás de tu competencia.

Espero que puedas dejar de lado esos miedos y concentrarte en esto: capacitar a tu gente los hace mejores y hace que *les agrades* más. De esta manera, brindar oportunidades de aprendizaje es el mejor regalo.

Estrategia #2: Crear manuales de operación personales

"¿Por qué la gente se desconecta de las expectativas?". Ésta fue la pregunta que me hizo mi amigo Darren Virassammy, director de operaciones y cofundador de 34 Strong, durante una de nuestras conversaciones sobre el compromiso de los empleados. Como expertos líderes en desarrollo basado en fortalezas, medición del compromiso de los empleados y consultoría, los clientes de 34 Strong incluyen corporaciones multinacionales como Johnson & Johnson, Bank of America y Microsoft.

"Muchas personas tienen estilos de aprendizaje muy diferentes", continuó Darren. "Entonces, por ejemplo, podría enseñar de una manera que es como yo aprendería de manera natural, pero en realidad nunca he descubierto su estilo de aprendizaje".

Darren explicó que cuando no sabemos cómo aprenden las personas, es más difícil establecer expectativas claras para ellas. Usó el ejemplo de darle a alguien una lista a seguir. Si el estilo natural de aprendizaje de esa persona es procesar las cosas de manera verbal, es probable que no lea la lista (creo que soy el tipo de la lista al que se refería Darren de una manera no sutil. Déjame afinar y luego lo descubrimos, ¿de acuerdo?).

Todos tenemos diferentes estilos y preferencias de aprendizaje, de comunicación, de recibir reconocimiento. Es por eso que, como grandes líderes, debemos dar todo por las personas de nuestro equipo, no sólo a todo el equipo. Necesitamos tratar a las personas *como quieren que las traten.*

A lo largo de los años, muchos emprendedores han expresado interés en ver de primera mano cómo apoyamos a nuestro equipo, cómo trabajamos juntos, cómo es nuestro entorno de trabajo y cómo funciona. Cada determinados meses, organizo una sesión de capacitación e intercambio para líderes empresariales, donde repaso la investigación y las pruebas en las que estoy inmerso en ese momento. Como parte de estos eventos, ofrecemos un recorrido por nuestra pequeña oficina aquí en Boonton, Nueva Jersey.

Me parece fascinante que, además de preguntar a nuestros empleados sobre el ambiente de trabajo, todos parecen notar dos cosas en el recorrido: el Árbol de los Sueños, que conociste en el capítulo 8, y los Manuales Operativos Personales (POM). Los POM cuelgan junto al lugar de trabajo de cada persona, junto a una fotografía escolar de cuando eran niños.

La idea de los manuales surgió de Adrienne Dorison, mi socia en Run Like Clockwork, la empresa que capacita a los equipos en el método que comparto en *Clockwork, corregido y aumentado.* Hace años, compartió un sistema que creó para potenciar mejor la comunicación entre cada miembro del equipo. Lo llamó Manual de Operaciones para Empleados.

Adrienne explicó: "Cuando compras una computadora, un teléfono o casi cualquier cosa nueva, viene con un manual de instrucciones que te brinda una descripción general de cómo usar el producto. Por lo general, estos manuales tienen una página al frente que es como una hoja de trucos, un resumen de las instrucciones más importantes que el comprador necesita para que la cosa funcione de manera correcta. Necesitas un conjunto de instrucciones básicas similar sobre cómo trabajar con tus colegas".

Me encantó la idea de inmediato y la diseñé para que se adaptara mejor a las necesidades de nuestra empresa. Puedes modificar y cambiar el nombre de esta herramienta como desees y ajustar los elementos que necesites, pero la esencia debe seguir siendo la misma. El POM es una "hoja de referencia" de una página sobre cómo comunicarse, gestionar y trabajar con tu equipo, y cómo pueden trabajar entre sí y contigo. Desde que lo implementamos en nuestra oficina, ha eliminado fricciones, ha evitado malas comunicaciones y ha elevado la camaradería. Los POM te permiten comprender al instante cómo se comunica mejor un compañero de equipo y dónde residen sus fortalezas naturales. El sistema simple, en verdad, hace maravillas.

Echa un vistazo a mi POM y luego te lo desglosaré:

MANUAL OPERATIVO PERSONAL PARA **MIKE MICHALOWICZ**	
Estilo:	Disidente, innovador, piensa "fuera de la caja" e impávido ante el fracaso.
Habilidad:	Innata: Autonomía, generador de ideas, animador, vocero y seguridad. Potencial: Encuentra patrones relevantes, mentalidad y visión futurista, seguridad en arriesgarse, busca grandes impactos, orientado a la acción, simplifica lo complejo. Experiencial: Hablar en público, servicios de IT, gestión forense de datos, autor, filmación de audio y video.

MANUAL OPERATIVO PERSONAL PARA	MIKE MICHALOWICZ
Fragilidad:	Escuchar con atención, detalles, análisis, adaptabilidad y críticas infundadas.
Aprecio:	Palabras de reconocimiento
Mejora:	Técnica del sándwich, qué funciona, qué no funciona y cómo arreglarlo, y un empujón positivo. Da todos los hechos relevantes de una situación.
Comunicación:	Por favor: Dame indicaciones cortas con viñetas. Hablemos un poco sobre el tema personal/familiar y luego ¡manos a la obra! Dime lo que sabes que es un hecho y lo que estás asumiendo o suponiendo. Por favor no: Escribir correos largos, dejarme mensajes largos, tener conversaciones largas. Decirme lo que asumes como si fuera un hecho.
Intenciones personales/ profesionales:	Personal: Una casa en la playa, dominar la guitarra, salud y finanzas personales óptimas, ser el "lugar de destino" para reuniones familiares. Profesional: Autor líder en negocios, orador líder, 25 libros de negocios.
Resumen:	Mike es un comunicador verbal, animado y estimulante y proyecta entusiasmo y calidez. Tiene una gran iniciativa y empuje competitivo para hacer las cosas. Entiende bien a la gente y utiliza ese entendimiento de manera efectiva para persuadir a otros para hacer con gusto lo que se necesita.

He aquí cómo crear el POM:

1. Los empleados completan sus POM. De esta manera, tienen propiedad psicológica sobre ellos. Si luego hacen cambios significativos, lo comentan con su jefe para explicar los cambios.
2. Estilo: Ésta es una descripción general de una oración de la manera de comportarse de la persona. Utilizamos la herramienta de optimización del talento llamada Índice Predictivo. Pero hay muchos que me parecieron excelentes, incluidos Evaluación All In, StrengthsFinder, Myers-Briggs, Enneagram y DISC.

3. Habilidad: Aquí identificamos las habilidades experienciales, innatas y potenciales de la persona. De nuevo, utilizamos herramientas conductuales y organizativas para ayudar con esto. Además, se anima a cada persona a ajustar el documento de la forma que mejor se adapte a cómo se ve a sí misma.

4. Fragilidad: Es una lista de las debilidades de la persona, un área donde hay poca capacidad y ningún interés en buscar desarrollarla. Esto no significa que todos sean libres de realizar trabajos relacionados con sus debilidades, pero hacemos todo lo posible para coincidir las fortalezas de las personas con las tareas que las necesitan, y reducir/evitar que las personas realicen tareas que se encuentran en su zona de fragilidad.

5. Aprecio: Esto se basa en *Los 5 lenguajes del aprecio en el trabajo: cómo motivar al personal para mejorar su empresa* de Gary Chapman y Paul White. En su libro codifican cómo nos gusta dar y recibir agradecimiento. Incluyen palabras de afirmación, contacto físico apropiado, tiempo de calidad, actos de servicio y obsequios tangibles. Cuando muestres agradecimiento a un colega, habla *su* idioma incluso si no es el tuyo por naturaleza.

6. Mejora: Así es como una persona prefiere que la corrijan y la apoyen. Debo añadir que siempre debe hacerse en privado.

7. Comunicación: Éstos son los "qué sí" y "qué no" que ayudan a una persona a sentirse cómoda comunicándose.

8. Intenciones personales/profesionales: Ésta es una breve lista de lo que queremos lograr de manera personal y en el trabajo. Cuando comprendes las aspiraciones personales de cada compañero de equipo más allá del trabajo, puedes apoyarlos, aunque sólo sea reconociendo sus objetivos.

9. Resumen: Ésta es una descripción general de la persona y su personalidad. Esto se dice con la voz del empleado (lo que significa que él escribe todo el párrafo).

He descubierto que la parte más impactante del POM es la sección de Comunicación, porque nos ayuda a adaptarnos a los estilos

y preferencias únicos e individuales sin confusión ni discusión. Todos somos muy diferentes y aun así trabajamos bien juntos. Por
ejemplo, Kelsey dice: "Cuéntame todo sobre tu vida. Trae tus soluciones, no sólo los problemas y las críticas". Mientras que Erin sólo
dice: "Brevedad". Y agregué el punto, porque ya sabes, éste es un
libro y mis editores me obligaron. Pero en el POM de Erin, ella ni
siquiera puso el punto, porque, ya sabes, brevedad.

Antes de empezar a usar el POM, pensaba que Kelsey hablaba
demasiado. Pensé que perdía el tiempo charlando. Y pensé que
Erin era brusca y a veces grosera. Daba respuestas de una sola palabra. Se mostraba distante. Pero el POM me ayudó a entenderlas.
Kelsey estaba siendo Kelsey y Erin estaba siendo Erin. Ambas son
colegas increíbles. Y ahora sé cómo cada persona prefiere comuni-
car su genialidad.

Más allá de la comprensión y la aceptación, el POM también me
da ventajas. Si sé de antemano cómo se presentan Kelsey y Erin,
entonces lo reflejo lo mejor que puedo. Cuando lo hago, ven que
me preocupo lo suficiente como para comunicarme como ellas. Es
como viajar a un país extranjero donde no hablas la lengua mater-
na. Si sólo intentas algunas palabras, incluso con un acento retorci-
do, a la gente le importará que te importe lo suficiente como para
intentarlo.

Una vez, Erin me dijo: "Me encanta estar aquí. Ustedes me entienden". Se siente así porque la aceptamos con creces tal como es.
La celebramos por lo que es. Eso la capacita para ser ella y tener un
sentido de pertenencia.

Cuando obligas a la gente a cumplir, buscan desafiar. Cuando
aceptas a las personas tal como son, se convierten en superestrellas.

El POM también nos ayuda a aprovechar las fortalezas de una
persona. Cuando decidimos implementar las reuniones one to one
por primera vez, asumí que yo debía ser la persona que lo hiciera.
Después de todo, soy dueño del negocio. Pero cuando miras mi
POM, eso no tiene sentido. Mi preferencia de comunicación es una
"breve sincronización personal/familiar y luego ¡manos a la obra!"

y no quiero tener "largas conversaciones". ¿Cómo sería eso útil en reuniones *one to one*? No lo sería. Las reuniones durarían unos dos minutos y ambos saldríamos frustrados, preguntándonos por qué nos molestamos en estas reuniones en primer lugar.

Al observar el POM de Kelsey, fue una obviedad, ella debía encargarse de las reuniones *one to one*. La preferencia comunicativa de Kelsey de "cuéntame todo sobre tu vida" es una de las principales razones por las que es tan buena en estas reuniones. Nuestro equipo las valora más que al salario, vacaciones, beneficios de salud, planes de jubilación y reconocimiento y recompensas. Para ser claros, no estoy sugiriendo que renunciarían al salario, los beneficios y demás por estas reuniones. Lo que estoy diciendo es que les aportan un beneficio tan significativo que las aprecian más que todos los demás "beneficios". Dicen que las reuniones son "como una terapia con alguien que busca de manera activa apoyarte y puedes actuar en base a ese apoyo". A la gente le *encanta* pasar tiempo con Kelsey porque a ella le encanta apoyarlos. Su apoyo comienza con una escucha profunda, como se indica en su POM.

Aquí hay otro ejemplo del poder del POM. Erin es increíble en su trabajo y quería agradecerle por el gran proyecto que completó. Mi tendencia natural es decírselo, porque mi preferencia de agradecimiento son las "palabras de apreciación". Antes de elogiarla, miré su POM. Su preferencia de apreciación son los "actos de servicio". Erin tiene una actividad secundaria que repone productos de limpieza sin el uso de recipientes de plástico. Esto no es una sorpresa, en su manual anotó que ama la naturaleza. Entonces, para agradecerle, me inscribí como cliente en su servicio de artículos para el hogar. Este simple gesto significó más para ella que cualquier palabra. ¿Cómo podría saberlo? Cuando se lo dije, ella dijo: "¡Estoy impresionada!". Para ella, eso es casi un monólogo.

Tengo una tradición anual. El día antes de Navidad llego a la oficina. No hay nadie porque estamos cerrados desde la semana anterior al feriado hasta Año Nuevo. Camino por el espacio en silencio, sintiéndome agradecido por todo lo que creamos. Por los libros que vendemos, por el trabajo que hacemos, por las personas a las que ayudamos. También miro el Manual de Operaciones Personal de todos y cada uno de los compañeros de trabajo, agradeciendo que cada persona haya elegido incluir a nuestra empresa en el viaje de su vida. En estos momentos, recuerdo cómo nuestro equipo trabaja, se comunica, aprecia y prospera. Es una forma poderosa de resincronizar con mi equipo.

Estrategia #3: Dejar atrás la gestión de estatus

El organigrama tradicional es una pirámide. Por lo general, el pez gordo está en la parte superior, etiquetado algo así como "presidente". O si esa persona dibujó la pirámide, podría leerse: "Yo". Desde arriba, hay una larga fila hasta los líderes, los Cs: CFO, CTO, CIO, COO. Luego, una línea desciende bajo ellos con más títulos, y así de manera sucesiva. Este tipo de organigrama es una estructura de "mando y control". Las direcciones e instrucciones fluyen desde arriba. Algunas de las mejores organizaciones de mando y control tienen un flujo de retroalimentación, donde las personas en la base de la pirámide brindan ideas de liderazgo. Pero no importa cómo se mire la pirámide: es rígida, inflexible, masiva y pesada. Y hay un problema de verdad grande: elimina a cualquiera en la cadena de mando y el flujo de comunicación se interrumpe. Si se elimina el pez gordo, el sistema estará por completo en peligro.

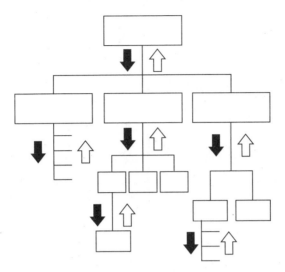

FIGURA 6.0 MANDO Y CONTROL
En la estructura piramidal tradicional, las instrucciones se emiten de arriba hacia abajo, capa por capa, y la retroalimentación (suponiendo que se fomente la comunicación bidireccional) fluye capa por capa. Ésta puede ralentizarse y los mensajes/intención pueden diluirse o cambiar en el flujo hacia arriba y hacia abajo.

Una estructura organizativa más eficaz es una red. En una relación resistencia-densidad, las telarañas son más fuertes que el acero. Más importante aún, las telarañas son elásticas. Pueden soportar huracanes y aun así permanecer intactas y están en mejores condiciones de adaptarse a las pérdidas. Prueba este experimento tú mismo. La próxima vez que veas una telaraña, arranca un hilo. Se romperá, por diseño, pero la estructura de la telaraña permanecerá. El diseño es tal que, si algún hilo individual se rompe, la estructura permanece.

En los negocios, la comunicación directa fortalecida fluye entre individuos. Los líderes pueden brindar orientación, pero los individuos deben ser capaces de resolver microproblemas por sí solos, ser ágiles y asumir el control de sus funciones.

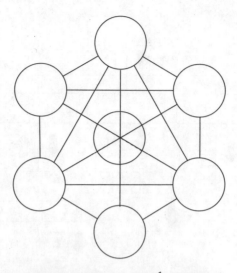

FIGURA 7.0 COMUNICACIÓN EN RED
En la estructura en red, el mando y el control fluyen directo a los individuos. El líder (centro en este gráfico) participa en comunicaciones relevantes para garantizar una dirección mantenida. La comunicación es más rápida y es menos probable que los mensajes/intenciones se diluyan o cambien.

En mi primer trabajo después de la universidad, era parte de un organigrama piramidal y en definitiva experimenté "mando y control" por parte de mi Jefe Malo. Mi Jefe Bueno intentó tender un puente sobre la pirámide para empoderar a los individuos, pero mi Jefe Malo dominó y castigó cualquier esfuerzo realizado fuera de la estructura piramidal. Muchos empleados talentosos abandonaron esa empresa en parte debido a la estructura organizativa. Incluyendo, en última instancia, al Jefe Bueno.

El enfoque de mando y control del liderazgo restringe la innovación y la maleabilidad porque obliga a los empleados a gestionar el estatus. Te daré un ejemplo de un estudio popular. Se trata de un desafío de bombones, pero es probable que no sea el que estás pensando. Peter Skillman, exvicepresidente de diseño de Palm y luego de Nokia, presentó un sencillo ejercicio de formación de equipos para inspirar creatividad e innovación: el Marshmallow Design Challenge. Cada grupo tiene dieciocho minutos para construir una torre con veinte palitos de espagueti, un metro de cinta adhesiva, un metro de cuerda y un malvavisco. El objetivo es construir la torre más alta, con el malvavisco encima, sin que la estructura se caiga.

En colaboración con Tom Wujec, miembro de Autodesk, los creadores del *software* de diseño AutoCAD, Skillman llevó a cabo este ejercicio en talleres de diseño con setenta grupos, incluidas empresas Fortune 50. En su charla TED, "Construir una torre, construir un equipo", Wujec explicó que los peores resultados provinieron de los recién graduados de la escuela de negocios, y los mejores fueron los recién graduados del jardín de niños. "Como nos cuenta Peter, [los niños de kínder] no sólo producen las estructuras más altas, sino que son las más interesantes de todas".

¿Por qué? Skillman y Wujec descubrieron que los graduados en negocios pasaban mucho tiempo "disputando el poder" y tratando de evaluar quién estaba a cargo, la gestión del estatus. Habían aprendido a mandar y controlar en la escuela y trataron de descifrar su pirámide antes de empezar a jugar con los palitos de espagueti. Los niños no tenían ese problema. No les preocupaba quién estaba a cargo y no pensaban en la forma correcta de hacer nada. Sólo trabajaron juntos y probaron cosas y, al final, obtuvieron mejores resultados.

Es hora de dejar atrás la gestión de estatus de "mando y control" de la vieja escuela, ¿no crees?

Las personas más felices son buenas para los negocios

En 1971, Bután, país del sur de Asia, fue incluido en la categoría de países menos desarrollados (PMA) de las Naciones Unidas, que rastrea métricas como el producto interno bruto y la vulnerabilidad económica y ambiental. Es probable que no sea una coincidencia que un año después, el cuarto rey de Bután, Jigme Singye Wangchuck, declarara: "La felicidad nacional bruta es más importante que el producto interno bruto". Según la Iniciativa de Pobreza y Desarrollo Humano de Oxford, "el concepto implica que el desarrollo sostenible debe adoptar un enfoque holístico hacia las nociones de progreso y dar igual importancia a los aspectos no económicos del bienestar". En otras palabras, valoran la felicidad por encima de la cantidad de riqueza que pueden producir.

Luego, Bután creó el Índice de Felicidad Nacional Bruta (GNHI), que rastrea estándares en nueve dominios: bienestar psicológico, salud, educación, uso del tiempo, diversidad cultural y resiliencia, diversidad ecológica y resiliencia, buena gobernanza, vitalidad comunitaria y niveles de vida. Y, según las métricas de GNHI, la gente de Bután es considerada la más feliz del mundo.

¿Has estado alguna vez en Bután? Yo todavía no. De hecho, hasta que leí el artículo del Foro Económico Mundial sobre el desarrollo sostenible del país, debo admitir que no estaba seguro de saber que el país existía. Se podría pensar que el resto del artículo trata sobre cómo la gente "se las arregla" sin recursos básicos y no parece importarles. No, señor.

Mientras escribo esto, Bután es el siguiente en "graduarse" de la categoría de PMA de la ONU. Ha mejorado de manera considerable su situación económica, ambiental y social en los últimos cuarenta años. Ha "registrado un crecimiento promedio del PIB anual del 7.5% desde principios de la década de 1980 y los niveles de pobreza han disminuido del 36% en 2007 al 10% en 2019". El 100% de las personas tiene acceso a electricidad. Y tienen algo que ninguno de nosotros tiene: Bután es el único país del mundo con emisiones de carbono negativas.

Las personas más felices son buenas para los negocios. Cuando invertimos en la felicidad y el bienestar de nuestros empleados, generaremos dividendos en múltiples áreas. Ya has recorrido un largo camino para mejorar las condiciones de tu equipo. Si observas la lista de los nueve dominios del Índice de Felicidad Nacional Bruta, estás haciendo planes para cubrir bastantes de ellos. El objetivo es trabajar de manera continua para mejorar la experiencia de los empleados. No tiene por qué suceder de la noche a la mañana. Con intención y acción constante, esto *sucederá* y tu empresa será más fuerte y vital para ello. ¿Cuál será el Índice de Felicidad de tu equipo?

BUEN Y GRAN LIDERAZGO	
BUENOS LÍDERES	**GRANDES LÍDERES**
Capacitan para el crecimiento laboral	Capacitan para el crecimiento laboral y personal
Limitar el crecimiento de un empleado limita en última instancia su contribución a la empresa. Los buenos líderes capacitan a su equipo para expandir y mejorar su conjunto de habilidades para que puedan crecer.	Los programas de crecimiento personal ayudan a tus empleados a alcanzar su potencial y convertirse en las personas que deben ser. Las personas valoran las organizaciones que las valoran. Los grandes líderes brindan a su equipo oportunidades de crecimiento tanto laboral como personal.
Dominan la comunicación grupal	Dominan la comunicación individual
Los equipos inspirados logran hacer las cosas, siempre y cuando se mantengan inspirados. Los buenos líderes desarrollan fuertes habilidades de comunicación motivacional para empoderar a sus equipos.	Las personas muestran y reciben aprecio de diferentes maneras y tienen diferentes habilidades y capacidades, diferentes fortalezas y debilidades, y diferentes estilos de comunicación. Los grandes líderes no tratan a todos de la misma manera. Tratan a las personas como quieren que las traten.
Priorizan objetivos de ingresos	Priorizan los objetivos de felicidad
Una empresa necesita ingresos para generar flujo de dinero y necesita ganancias para ser sostenible. Los buenos líderes comparten y priorizan métricas con su equipo.	No se puede hacer feliz a la gente, pero se puede crear un entorno que fomente la felicidad y les permita buscarla. Los grandes líderes comparten objetivos de ingresos y priorizan la felicidad.

Capítulo 11

Adáptate a los entornos laborales cambiantes

En 2003, dos empleados de Best Buy, Calid Ressler y Jody Thompson, estaban desarrollando nuevas directrices de recursos humanos cuando vieron una oportunidad para un cambio profundo. Propusieron plena autonomía para los trabajadores a cambio de una plena responsabilidad. En otras palabras, haz lo que acordaste en el tiempo acordado, pero en el cronograma que desees. Trabaja desde casa cuando quieras sin necesidad de dar explicaciones. Sin ausencias por enfermedad ni vacaciones, sólo cumple con tus compromisos.

Y lo más radical es que ahora todas las reuniones eran opcionales. Tu gerente te invita, pero si crees que no tiene valor asistir, no lo hagas. La idea era que los gerentes pasarían a esperar los resultados macroeconómicos: proyectos completados en tal o cual fecha, aumento de ingresos por ventas en un X% durante el trimestre, y así de manera sucesiva. Y eliminarían las micromediciones, como la hora de inicio a las nueve de la mañana. y los almuerzos de media hora. Éste es el Entorno de Trabajo Sólo por Resultados (o ROWE por sus siglas en inglés).

Best Buy probó ROWE con el personal de la oficina, no con las personas que trabajaban en las tiendas minoristas. Tiene sentido. ¡Imagínate si todos en el Best Buy local de repente decidieran no ir los sábados!

El experimento logró cuatro victorias importantes: la vida de los empleados mejoró (por ejemplo, la mayoría informó haber ganado casi una hora adicional de sueño antes de comenzar la jornada laboral), la rotación voluntaria se redujo en 90% en los equipos de ROWE y la productividad aumentó un 41 por ciento.

La cuarta victoria: de 2003 a 2009, Best Buy tuvo el mejor crecimiento sostenido de su historia.

En ROWE, los líderes gestionaban el rendimiento de la empresa no gestionando a las personas, sino capacitándolas. Thompson afirmó: "Cuando tomas control de tu propia vida y te sientes responsable de ti mismo y de tu trabajo, te sientes orgulloso, liberado y digno". Añadió que el enfoque también arrojó "una luz brillante sobre las personas que antes pudieron esconderse dentro del sistema apareciendo todos los días sin lograr mucho".

Ressler y Thompson escribieron un libro sobre ROWE, *Why Work Sucks and How to Fix It: The Results-Only Revolution*, y abrieron su propia firma de consultoría para ayudar a otras empresas a implementar su estrategia.

Diez años después, el nuevo CEO de Best Buy, Hubert Joly, canceló el compromiso de la empresa con ROWE. No quería que su equipo "corriera libre como unicornios", como había dicho una vez Thompson. La empresa estaba en crisis y Joly quería que su equipo volviera al trabajo presencial, dijo: "En pocas palabras, en Best Buy estamos 'todos manos a la obra'". Lo que significa, ¡trae tu trasero a la oficina!

Joly argumentó que ROWE era "defectuoso desde el punto de vista del liderazgo". En efecto, argumentó que el modelo corporativo tradicional de mando y control fue reemplazado por una delegación nebulosa y arbitraria. El gran experimento terminó no porque no funcionara (recuerda, Best Buy tuvo el mejor año de crecimiento y rentabilidad de su historia durante el gran experimento ROWE), sino quizá en parte porque los jefes no podían liderar.

A pesar del regreso al trabajo presencial, los ingresos de Best Buy sólo tuvieron un crecimiento o una disminución marginal, excepto por un año atípico en 2021, cuando todos comenzaron a gastar como marineros borrachos, *y* después de que Best Buy regresó a un entorno de trabajo remoto para equipos de oficina debido al covid-19. Hoy, la empresa ha adoptado un enfoque híbrido. Los empleados están remotos para un trabajo personal y juntos para un trabajo colaborativo.

La regresión a la antigua cultura y políticas, incluso si son menos efectivas, es muy común. Best Buy tuvo sus mejores años durante ROWE, pero volvió al entorno laboral "tradicional". ¿Por qué? Porque la comodidad de hacer lo que ya has hecho, aunque sea menos efectivo, o nada efectivo, es más fácil que hacer algo diferente. Al parecer, muchos líderes sólo pueden permanecer con audacia en su zona de confort.

A veces, un nuevo líder no puede aceptar ninguna variación de sus políticas y procedimientos estándar. Y a veces un nuevo entorno de trabajo funciona bien durante un tiempo y luego no tanto. Y a veces tienes ambas situaciones en un solo líder.

Cuando cambiamos los entornos laborales para adaptarnos a nuestras necesidades como líderes (incluso de buena fe por el bien de la empresa), debemos hacerlo con una profunda consideración de cómo afectará el mundo de nuestros empleados. De lo contrario, el cambio no será bien recibido porque mueve todo el ecosistema de la empresa: líderes, empleados, proveedores, contratistas y clientes. Y cuando ese cambio en el entorno no aplica ACSP (cuando ignora el Acoplamiento, Capacidad, Seguridad y Propiedad) puede convertir a un empleado que lo da todo en alguien que renuncia en silencio (o en un verdadero desertor) en cuestión de horas.

Cambiar un ambiente de trabajo lleva tiempo. Los empleados se mostrarán escépticos respecto de él y de ti. Debes mostrarles que los has considerado y que todavía lo das todo por ellos, pase lo que pase.

Los humanos necesitan vínculos

Travis Ruskus es uno de los principales equilibristas de rocas del mundo. Ya sabes de lo que estoy hablando, esas estructuras de arte rupestre apiladas que la mayoría de la gente hace en la naturaleza.

Los aficionados, cof... yo... apilan tres piedras planas y publica la "obra de arte" en todas las redes sociales. Pero Travis apila, equilibra y arquea rocas de todas las formas y tamaños. Crea estructuras que desafían la lógica. Y una vez que están completas, filma el colapso de la estructura mientras saca una piedra clave, devolviendo la estructura rocosa a su lugar, que se encuentra al azar en el entorno que la rodea.

Una noche, en una cena con Travis, le pregunté cómo llegó a la ciudad. "En el ovni", dijo mientras rompía una pinza de langosta con su mano. Después de un momento de silencio, porque, bueno, ¿cómo respondes a ese tipo de comentario? Travis levantó la vista. "Llamo a mi camioneta ovni". Uf.

Resulta que Travis adornó una vagoneta en la que ahora vive todo el año, menos la estadía ocasional para reponer fuerzas y recuperarse (la cual hace en la casa de sus padres). Conduce a cualquier lugar que le interese. De manera constante conoce gente nueva. Ve todo el mundo y tiene total libertad. Y eso le encanta.

Mientras terminábamos de comer, le pregunté:

—¿Y hay algún reto en esa vida?

—Sí, es solitaria. Puede resultar muy solitaria.

—Pero pensé que conocías gente nueva todo el tiempo.

—Sí —explicó—. No se trata de conocer gente nueva. El problema es que no veo a la misma gente.

Ah, sí, para evitar la soledad necesitamos a las *mismas* personas. Necesitamos nuestra comunidad, esa constante. Necesitamos el consuelo de la familiaridad comunitaria, que nos proporciona un sentido de importancia en este mundo. Un sentimiento de pertenencia.

Los humanos necesitan vínculos con humanos. Vínculos personales a largo plazo.

Y una empresa que fomenta ese tipo de vínculos se convierte en el centro de sus vidas.

En su artículo para *Harvard Business Review*, "El trabajo y la epidemia de soledad", el excirujano estadounidense Vivek Murthy sostiene que, a pesar de nuestra creciente conexión a través de la tecnología, la sociedad está experimentando niveles crecientes de soledad, y eso era antes de la pandemia. Y no son sólo nuestros empleados los que sienten eso. Más de 50% de los CEO se sienten solos en su trabajo.

Murthy afirma: "Esto no sólo es malo para la salud, también para los negocios. Los investigadores de Gallup descubrieron que tener fuertes conexiones sociales en el trabajo hace que los empleados tengan más probabilidades de comprometerse con su trabajo y de producir mayor calidad, y menos probabilidades de enfermarse o lesionarse".

¿Cómo combatimos la soledad en el trabajo? Murthy pide a las empresas que "hagan del fomento de las conexiones sociales una prioridad estratégica". Pero, ¿cómo hacemos eso cuando los entornos laborales se encuentran en un estado de cambio al parecer constante? ¿Cuando muchos empleados esperan trabajar desde casa? ¿Cuando tantas empresas tienen equipos en todo el país o en el mundo?

En mi empresa, la solución ha sido el cara a cara. Para aquellos que viven cerca, nos reunimos varias veces a la semana. Mantenemos nuestra pequeña oficina para aquellos que quieran trabajar en persona. La oficina está llena los martes y jueves, cuando tenemos *team back*. Nos aseguramos de comer juntos. Para los que viven fuera de Nueva Jersey (¿por qué alguien elegiría vivir en otro lugar que no sea el Garden State?), los llevamos en avión a una reunión en persona de un día completo cada trimestre y un retiro anual de varios días.

Como resultado, nuestro equipo está conectado y fuerte. Nos conocemos como personas reales, no como imágenes de vídeo en movimiento. Mis compañeros me dicen: "Me encanta venir a la oficina" y "Amo a mi famiboral (familia laboral)".

Podemos combatir la soledad en el trabajo asegurándonos de que todos los miembros del equipo se reúnan cara a cara al menos cada trimestre (o con más frecuencia). Y que el objetivo principal de esas reuniones sea facilitar la conexión humana en persona.

Encuentra tu mezcla

La gente dice que es más productiva desde casa. Y es probable que eso sea cierto… por un tiempo. En cierto punto, cuando todo lo que hacemos es trabajar desde casa, en realidad no somos más productivos. La vida se acomoda. Trabajamos en periodos cortos y saltamos de lo personal a lo empresarial.

Cuando estábamos en el trabajo, trabajábamos y luego nos quedábamos dormidos o nos hundíamos en una madriguera de redes sociales, o tonteábamos con un colega, matando el tiempo de dos personas de un tiro.

Quizá desde casa seamos "más productivos" en algunos aspectos, pero somos menos en otros. Sin otras personas, perdemos la productividad de la lluvia de ideas, los momentos improvisados, las diferentes perspectivas y la colaboración. Perdemos conexión.

En una conversación con un periodista de *Bloomberg*, el economista de Stanford, Nick Bloom, compartió una historia sobre su trabajo con James Liang, CEO cofundador y presidente de una de las agencias de viajes más grandes del mundo, Trip.com. La primera vez fue en 2011. Liang quería evaluar el trabajo desde casa porque tenían un gran centro de llamadas en Shanghai, donde el espacio de oficina costaba bastante dinero. El resultado de su ensayo controlado aleatorio con 250 personas fue que la productividad aumentó 13% para los empleados que trabajaban desde casa.

En 2021, Bloom y Liang llevaron a cabo su segundo experimento, esta vez centrado en el trabajo híbrido. *Bloomberg* afirma: "Tomaron a 1 600 personas (codificadores, profesionales de finanzas y marketing, alrededor del 25% gerentes) y los asignaron al azar entre estar por completo en la oficina y trabajar desde casa dos días a la semana". Los resultados mostraron que, si bien el desempeño se mantuvo casi igual o un poco mejor, "el gran beneficio fue que las tasas de abandono se redujeron en un tercio y la satisfacción laboral de los empleados, el equilibrio entre la vida laboral y personal y la intención de permanecer en la empresa fueron mayores de manera significativa".

En lo personal, mi estrategia más exitosa es separar tareas. Por ejemplo, cuando se trata de escribir, trabajo mejor en aviones. Escribir en el trabajo es difícil a menos que me encierre en la oficina y use tapones para los oídos. Pero cuando se trata de aviones, puedo escribir durante ocho horas seguidas. No quiero tener contacto visual con extraños, ni ellos conmigo. No tengo WiFi, así que no hay distracciones. Sólo escribo.

También escribo en casa, desde las 5:30 a. m. hasta alrededor de las 7:00 a. m. todos los días de la semana, y lo hago a través de una videoconferencia con un puñado de colegas autores que trabajan en sus libros. ¡La conexión importa!

Enviar correos electrónicos parece muy adecuado para la oficina en casa. Pero cuando se trata de hacer videos, lo mejor es mi oficina-oficina. Y, por supuesto, para generar ideas sobre nuevos productos y generar ideas para mis libros (incluido éste), mi oficina en definitiva es la mejor, con el equipo allí. De hecho, cada dos martes hacemos un día de lluvia de ideas y estrategias y, por lo general, un almuerzo grupal.

La verdadera producción óptima se logra con la variabilidad planeada. Considéralo como un entrenamiento cruzado para atletismo: combina cosas para optimizar tu rendimiento y lograr lo mejor. En las reuniones *one to one* con los empleados, determina qué es lo óptimo para ellos y construye una estructura a su alrededor que tenga en cuenta diferentes enfoques según sus tareas. Encuentra lo que funciona para ellos y lo que une a todos. En otras palabras, encuentra la mezcla.

Presentismo

En quinto grado, recibí un premio por "asistencia perfecta". Se entregaba a los estudiantes que no faltaban ni un sólo día a la escuela. No obtenía las mejores calificaciones, pero sí sabía que si asistía, recibiría felicitaciones. Entonces eso se convirtió en lo mío: no faltar ni un día a la escuela. Lo que luego se convirtió en no faltar ni un día al trabajo. Y durante más de una década, iría sin importar nada. Enfermo como un perro, todavía voy. ¿Podría enfermar a otros? Claro, pero ellos también podrían solucionarlo. Otras veces me perdí eventos familiares y actividades escolares de mis hijos. Pero esos eran los sacrificios que ellos, quiero decir yo, teníamos que hacer.

El presentismo es un fenómeno que resulta en una disminución (o nulificación) de la productividad cuando un miembro del equipo no puede funcionar por completo debido a una enfermedad, lesión, agotamiento, distracción emocional, relaciones comprometidas u otras causas. La gente está en el trabajo, pero fuera de él. Esto es diferente a perder el tiempo o a ser incapaz. Esto es cuando el nivel de trabajo promedio de una persona cae porque no puede estar de manera física o emocional presente o ser capaz.

La evidencia emergente, como se informó en *Harvard Business Review*, indica que una simple detección, tratamiento y educación pueden amplificar la productividad. La buena noticia: lo estás dando todo en las reuniones *one to one*, que de manera automática tienen esta protección incorporada. Cuando tienes un diálogo semanal sobre el estado físico y emocional de tu empleado, es más difícil para él ocultarlo. Cuando se les anima a cuidarse y a comprender que su salud y bienestar son parte integral del éxito de la empresa, también es menos probable que *luchen* por superarlo.

El desafío es que alabamos el presentismo. ¿Escuchaste la historia de Kevin Ford, el empleado de Burger King del aeropuerto que nunca faltó un día de trabajo en veintisiete años? Su historia estuvo en todas las noticias porque, en reconocimiento por su asistencia perfecta, Ford recibió (redoble de tambores, por favor) una bolsa de regalos con algunas Reese's Pieces, un vaso de bebida de Starbucks y un cupón para una entrada gratis al cine. Wow.

Entiendo por qué los medios de comunicación enmarcaron la historia sobre su peculiar don, pero creo que la verdadera historia fue sobre el costo de su asistencia perfecta. Tuvo que asistir enfermo a trabajar varias veces a lo largo de los años. Es probable que haya perdido más de unos pocos eventos familiares importantes. Y en 27 años, seguro las personas que amaba lo necesitaron de vez en cuando, y él no podía ayudarlos, porque de manera responsable estaba repartiendo Whoppers y papas fritas.

También entiendo que algunas personas *no* pueden faltar ni un día al trabajo porque necesitan cada centavo que puedan ganar. Aquí es donde los líderes de Ford le fallaron. No sólo porque el reconocimiento por su servicio fue un fracaso (un fracaso que él amaba, por cierto, porque es una joya humana llena de gracia), sino porque pasaron por alto por completo sus sacrificios y el precio que le costó. En una entrevista, Ford dijo: "Me encantaría tener un día libre para visitar amigos, divertirme y relajarme. . . Ni siquiera puedo pensar en un día libre, hace mucho que no tengo uno". Hace 27 años, para ser exactos.

Supongo que esa entrada al cine tendrá que esperar... para siempre.

A medida que te adaptas a los entornos laborales cambiantes, recuerda que presentarse sólo por presentarse no es productivo para tu equipo ni para tu empresa. Y el costo es todo lo que se pierde.

Renuncia silenciosa

Todo empleado que deja una empresa siempre deja a su empleador dos veces. Primero en su corazón y luego en su cuerpo.

No me di cuenta, pero soy una persona que "renuncia en silencio". O al menos lo fui. La renuncia silenciosa se produce cuando un empleado se marcha, deja de preocuparse y, en algunos casos, deja de trabajar por completo, pero permanece en el personal. Todo esto lo hacen en silencio, esperando que nadie se dé cuenta. Y la mayoría de los líderes no lo hacen.

Cuando tuve mi único trabajo corporativo, lo hacía muy mal. No porque quisiera, al menos no al principio. ¿Recuerdas mi historia sobre la venta de nuestra empresa forense a Robert Half International? Nos ignoraron durante semanas y luego nos asignaron roles que no tenían ningún sentido. La parte de esa historia que no conté fue sobre una conversación que tuve cuando por fin entré a la oficina corporativa en Manhattan. El edificio estaba en la Avenida de las Américas a pocas cuadras del Rockefeller Center, donde cada año exhiben con orgullo el gran árbol de Navidad.

Cuando llegué, Tina, la persona de recursos humanos, me acompañó hasta un pequeño escritorio. "Trabajarás aquí", dijo. Luego me dio mis objetivos. "Es necesario que se te puedan facturar al menos 36 horas a la semana. Llega a las ocho de la mañana. Asiste a conferencias telefónicas semanales. A John, tu jefe, le gusta quedarse hasta tarde. Así que asegúrate de estar disponible para responder preguntas. Buena suerte".

Antes de que ella se diera vuelta para alejarse, le dije: "Una pregunta para ti. Me gustaría sentarme allí, con las otras personas con las que trabajaré de manera principal. ¿Puedo mover mi escritorio?".

Tina se rio. "Lo siento, Mike. Aún no estás en ese nivel". Luego se alejó.

Como dije antes, cuando nos veamos obligados a cumplir, buscaremos una manera de desafiar.

En ese momento, mi corazón se fue. Fue tan claro para mí que estaba llenando un espacio en blanco. Nadie se preocupaba por mí. Sólo se preocupaban por mi resultado.

Sin el corazón, comencé a renunciar en silencio. ¿Qué pasa si no produzco las 36 horas facturables? ¿Qué pasaría si no esperara hasta que John se fuera a pasar la noche? ¿Qué pasa si ni siquiera voy a la oficina? Encontré otra ubicación de Robert Half en Nueva Jersey que estaba a la mitad del viaje diario. Iría allí para completar mi tiempo requerido en la oficina.

No facturé 36 horas y no les importó de inmediato. En mi revisión semestral, me dijeron que no producía lo suficiente y me recortaron el salario. Este "castigo" no fue un incentivo para trabajar más duro en realidad. De hecho, me incentivó a resentirlos más. La reciprocidad funciona en ambos sentidos. Una buena acción engendra una buena acción. El desprecio engendra desprecio.

Conoces el resto de la historia. Cuando el jefe vino a mí y me dijo: "Dios mío, necesitamos que lideres esto", no había manera de que yo estuviera de acuerdo. No podría importarme menos una empresa a la que no le importaba yo. Sólo estaba ganando tiempo hasta la inevitable terminación. No estaba dañando a la empresa ni haciendo nada en su contra. Pero es seguro que no hice nada para que creciera.

Mi cuerpo salió once meses y una semana después de mi contratación. Mi corazón se fue el primer día.

Renunciar de manera silenciosa tiene menos que ver con el empleado y más con el empleador. Sí, existe gente para ordeñar el sistema. La gente profesional que se "resbala" y pide compensación. Las personas que consiguen un trabajo y luego no se presentan y solicitan el seguro de desempleo. Las personas que de manera natural hacen lo mínimo. Pero son la excepción. Aquí hay dos verdades que conozco por experiencia:

1. La mayoría de las personas quieren trabajar lo mejor que puedan y prosperar cuando se les apoya para hacerlo.
2. La mayoría de las personas quieren vivir su mejor vida y prosperar cuando reciben apoyo para hacerlo.

Por desgracia, los empleadores a veces fallan en lo primero y casi siempre en lo segundo.

La renuncia silenciosa ocurre cuando un empleado se da cuenta de que, sin importar su esfuerzo, nunca será suficiente. Nunca lo llevará a donde quiere estar. Y concluye que el empleador está tratando de exprimirlo todo lo posible antes de que se rinda y renuncie. Los empleados sólo están renunciando a preocuparse y desarrollar una estrategia para lograr el equilibrio. Cuidarse a sí.

Entonces alcanzan el estándar más bajo. Hacen lo justo para no justificar una terminación causal. El empresario se convierte en

220 | ALL IN

agencia de renta de coches: devuelve el coche con el depósito lleno, sin rayones ni abolladuras y con el interior limpio. ¿Qué hacemos al respecto? Derrapar en el estacionamiento. Despegar en los semáforos. Y nunca llenar el tanque de gasolina.

Renunciar en silencio es el resultado de ignorar la ACSP. El líder se salta la seguridad y la propiedad. Puede ser un líder al que no le importa lo suficiente ser grandioso. O es un líder nuevo que utiliza viejas y cómodas estrategias de liderazgo.

No tienes empleados

"*Solían* llamarse empleados, boomer". Mi hija de veintitantos años me dijo esto cuando le mostré algunos extractos de este libro durante las primeras etapas de su escritura. Quería corregirla de inmediato: "Soy de la Generación X, la generación de los jeans lavados con ácido. No un boomer. Pero es reconfortante aprender y ser rechazado al mismo tiempo".

Le había mostrado con orgullo a Adayla mis ideas e investigaciones más recientes, y ella se detuvo después de leer la primera línea: "Los grandes líderes hacen que sus empleados no crean en ellos, sino en ellos mismos". Es cierto que era una frase burda. Pero me gusta pensar que sonaba a John F. Kennedy. "No preguntes…" y todo eso.

Después de rechazar la revelación señalada en mi libro, explicó lo que quería decir. El término "empleado" tiene una definición restringida: alguien que trabaja para una empresa específica, para lograr resultados específicos, dentro de plazos específicos. Hoy en día, una empresa está compuesta por una mezcla de personas. Proveedores, subcontratistas, ayuda virtual, empleados de tiempo completo, tiempo parcial, por día, empleados a término, voluntarios, pasantes, etcétera.

No tenemos empleados. Tenemos un equipo. Un grupo de especialistas que se han reunido durante un periodo de tiempo para lograr un objetivo. Todos desempeñan un papel, se les asignan objetivos y coordinan sus esfuerzos para lograr una visión compartida. Al igual que un equipo deportivo tiene jugadores que utilizan sus habilidades específicas en sus roles para lograr sus objetivos y los objetivos del colectivo (como ganar un campeonato, por ejemplo).

"Equipo" es la palabra ahora, y yo, un Gen X, la usará.

BUEN Y GRAN LIDERAZGO	
BUENOS LÍDERES	**GRANDES LÍDERES**
Exigen políticas de trabajo remoto/en persona	Permite que los empleados encuentren su combinación remota/en persona
Una política de asistencia presencial no está mal. Habla de un estándar. Pero piensa en lo que le sirve mejor a tu equipo. Lo que les permite ser lo mejor de sí. En algunos casos, es necesaria la presencia física de las personas (por ejemplo, comercio minorista, servicios médicos, transporte). Los buenos líderes formulan políticas que sirven mejor a la empresa y a los empleados.	Algunos empleados trabajan mejor en una oficina física. Otros son más felices y productivos trabajando de forma remota. Y algunos prefieren una combinación de los dos. Los grandes líderes alientan a su equipo a experimentar y descubrir dónde trabajan mejor.
Recompensan el esfuerzo	Recompensan el descanso
Recompensar a los empleados por un trabajo bien hecho demuestra que valoras sus contribuciones. Celebrar los mejores intentos es importante, ya que les ayuda a desarrollar su potencial. Los buenos líderes recompensan el esfuerzo, no sólo los resultados.	El agotamiento del equipo no sólo es peligroso para los miembros, también para tu empresa. Los equipos agotados no tienen un alto rendimiento y no alcanzan su potencial. Tomarse un tiempo libre permite a los empleados recargar baterías, lo que les facilita aportar nuevas ideas. Los grandes líderes recompensan el tiempo que se toman para recuperarse.

Capítulo 12
Deja ir a la gente

"Un empleado intentó atropellar a nuestro presidente".

Cuando escuché esto, escupí. He oído algunas historias de ira de los empleados, pero ésta puede ser la más extrema. En una entrevista con la abogada de pequeñas empresas Nancy Greene, autora de *Navigating Legal Landmines*, le pregunté si tenía alguna historia "jugosa" sobre despidos que salieron mal. Fue entonces cuando me contó esta joya.

"Un trabajador afrodescendiente de la construcción pensó que estaba exento de ser despedido porque estaba en una clase protegida", comenzó Nancy. Continuó explicando que tenía una larga lista de problemas de desempeño documentados, incluidas ausencias inexplicables, llegar tarde al trabajo y salir de la obra para atender llamadas personales. Le habían advertido que podría ser despedido, pero continuó con su desempeño insatisfactorio y presentó una demanda por discriminación ante la Comisión de Igualdad de Oportunidades en el Empleo (EEOC) de Estados Unidos. La EEOC es un importante puerto seguro para empleados marginados que están siendo discriminados por sus empleadores. Pero fue una elección extraña para este tipo, porque su jefe *también* era afrodescendiente.

Cuando le dijeron al empleado que de todos modos lo despedirían si no hacía las mejoras requeridas, se enfureció y salió furioso de la oficina. "Más tarde ese día", dijo Nancy, "nuestro presidente, que era este pequeño y dulce hombre afroamericano de setenta años, salió de la oficina para irse a casa. Antes de que pudiera subir a su auto, una camioneta salió de la nada e intentó atropellarlo. Era el empleado furioso, a punto de ser despedido. Por fortuna, nuestro presidente era un hombre *vivaz* de setenta años. Se apartó del camino, se deslizó entre dos autos y no lo alcanzó".

Al día siguiente, el empleado fue despedido. Luego presentó otra denuncia por discriminación. Era trabajo de Nancy presentar la respuesta. "Presenté declaraciones juradas a la EEOC diciendo: 'Aquí están las diez personas que lo vieron intentar golpear al presidente de la compañía con su camioneta'". Como era de esperar, la EEOC no prosiguió con su reclamo.

Loco, ¿verdad? Esta historia es un ejemplo extremo de lo que puede suceder cuando un empleado no espera ser despedido. Claro, al obrero asesino le habían dicho que lo despedirían, pero pensó que no podía suceder debido a la denuncia que presentó. Cuando se dio cuenta de que lo despedirían de todos modos, perdió los estribos. O como dicen por ahí: "El que pierde los estribos, pierde la cabeza y azota si no se endereza".

Como CEO de N D Greene PC, una firma de abogados con sede en el norte de Virginia que se especializa en derecho laboral para pequeñas empresas, Nancy ha ayudado a cientos de empresas a navegar por el complicado (y con frecuencia emocional) mundo de la contratación y el despido. En nuestra conversación, ella compartió sólidos consejos para la disciplina progresiva, el despido y el cumplimiento de la ley laboral. Te daré lo mejor que aprendí de ella en este capítulo. Pero considerando todo lo que hay para compartir, la conclusión más importante es la siguiente:

Alguien que pierde su trabajo nunca debería sorprenderse por ello.

Si te adhieres a esa intención, las acciones que emprendas serán, de manera natural, las más adecuadas. La mayoría de la gente no va a reaccionar como lo hizo el asesino de la construcción, pero eso no significa que no se enojen. Y cuando nos preocupamos tanto por nuestro equipo, eso es lo último que queremos. De hecho, me atrevería a decir que no queremos dejar ir a nadie, en especial después de trabajar con el método ACSP e invertir en el potencial de una persona.

Si tan sólo despedir a alguien fuera simple… Identifica a un miembro del equipo que tiene un desempeño deficiente para los roles que debe desempeñar y que no encajaría bien en ningún otro rol en la empresa. Le pides que mejore y le das instrucciones sobre cómo hacerlo. Lo intenta, pero todavía no lo logra. Dices: "Lo siento, no mejoraste". Dice: "Gracias por el informe" y luego sale por la puerta sin problemas, tal vez despidiéndose con un saludo vulcano que significa "vive mucho y prospera". La triste realidad es que, cuando la mayoría de la gente se va, seguro hay un gesto con la mano, pero no el vulcano.

Aquí vengo con mi sombrero de Jefe Disruptor puesto para desafiar tus suposiciones con esta pregunta: ¿el despido *debe* ser algo negativo? ¿Qué pasa si cuando tomamos la difícil decisión de dejar ir a alguien, resulta ser algo bueno para todos, incluida la persona a la que se despide? No puedo prometer que éste será siempre el caso. Algunas personas son idiotas, de manera simple y llana. Algunas personas se aburren y rayan cuadros valorados en millones de dólares. Algunas personas mienten sobre la muerte de su abuela para poder tomarse un tiempo libre para ir de fiesta a las Bahamas. Y algunas personas intentan atropellar a su jefe con su camioneta.

Para aquellos no idiotas, las personas que, a pesar de todos sus esfuerzos (y los tuyos), simplemente no son las adecuadas para tu empresa, el despido no tiene por qué ser un final triste o desordenado. Podría ser el comienzo de algo grande.

Piensa en los atletas profesionales. Algunos abandonan el negocio de las competencias en el campo y pasan a ser comentaristas deportivos. Otros atletas se quedan después de alcanzar su punto máximo y se desvanecen en el olvido. Ya no están en forma, pero siguen sin retirarse para competir "sólo un año más". A otros se les anima a caminar y aprovecharlo como una oportunidad para expresar un potencial inexplorado.

El exmariscal de campo de los Steelers, Terry Bradshaw, ha hablado durante décadas como comentarista deportivo. El gran tenista y antagonista de los jueces, John McEnroe, sigue siendo el rey de la pontificación en televisión. Y Tara Lipinski, patinadora artística medallista de oro olímpica en 1998, no intentará clasificarse para los próximos Juegos Olímpicos. Ella es una exalumna de la profesión del patinaje y ahora una famosa comentarista de ese deporte. Cuando la opción actual ya no existe, puedes capacitar a las personas para que encuentren su próxima opción. Su próximo capítulo.

Dejar ir a las personas es saludable para la organización y, casi siempre, para la persona a la que dejas ir. Muchos líderes se aferran a las personas, pensando que están ayudando a esa persona cuando en realidad les están haciendo daño a ella y a la empresa. Y se justifican para evitar una conversación difícil (aunque honesta).

La realidad es que cuanto más tiempo mantengas en el personal a alguien que no encaja, más tiempo le impides acceder a una oportunidad laboral donde *sí* encaje. Más tiempo lo mantienes alejado de las experiencias, la comunidad y el reconocimiento que merece. Un gran líder no necesita proteger a un empleado de sentimientos hirientes ni impedirle algo grandioso. Sí, dejar ir a alguien desencadena emociones y pérdidas, pero al mismo tiempo abre la puerta al futuro. Si el potencial no se puede expresar contigo, ¿no tienes la responsabilidad de permitir que esa persona exprese su potencial en otro lugar?

Contrata despacio, despide rápido

Un dicho popular sobre el empleo es "Contrata despacio. Despide rápido". Pero ¿qué pasa si ese enfoque es incorrecto? ¿O al menos mal entendido? Quizá deberíamos decir: "Contrata despacio. Despide más despacio".

Contratar despacio tiene sentido. Cuando contratamos de manera metódica, ajustando la idoneidad a la capacidad y nos tomamos el tiempo para evaluar el potencial de un candidato, la necesidad de despedir será menos frecuente. Cuando no nos tomamos el tiempo para asegurarnos de haber detallado con claridad el Trabajo Primario y otras responsabilidades de un puesto, el nuevo empleado comienza el trabajo en desventaja. Y cuando contratamos basándonos sólo en currículums y entrevistas, y no nos tomamos el tiempo para evaluar la capacidad y el potencial de un candidato ni aseguramos un complemento al entorno de la empresa, tal vez estamos preparando a ese empleado para el fracaso desde el principio.

Por otro lado, despedir rápido puede no ser el mejor enfoque. La idea es que, una vez que estés seguro de que una persona no es adecuada para tu empresa, no dudes en dejarla ir. Esa parte también tiene sentido, pero tendemos a llegar a esa conclusión sin hacer nuestra debida diligencia. Es como si accionáramos un interruptor, un empleado es bueno hasta que deja de serlo.

Recuerda, los grandes líderes lo dan todo por sus empleados, y eso incluye tomarse el tiempo para descubrir *por qué* alguien no está funcionando y si hay algo que puedas hacer al respecto. Ésa es la parte de "despedir más lento": no comiences el proceso de despedir hasta que estés seguro de que es lo mejor. Si fuiste lento y deliberado al contratar a alguien, y luego no funciona según lo planeado, puede haber una oportunidad para corregir el rumbo (a menos que el problema sea terrible).

Cuando un empleado tiene un desempeño deficiente, sigue estos pasos antes de comenzar el proceso de despido:

1. Intenta corregir primero el comportamiento del empleado. Con frecuencia, algo que debió comunicarse, o que tú crees que se ha comunicado, no lo hizo. Diles lo que estás observando y qué piensas sobre cómo mejorarlo o solucionarlo.
2. Si el comportamiento no mejora, considera si hay un camino diferente para ellos en tu organización. Éste es un proceso que yo llamo "readaptación".

3. Vuelve a entrevistar al empleado para tener una idea de su interés. ¿Qué quieren hacer? ¿Han descubierto algo mientras estaban en el trabajo que cambió sus metas o deseos?
4. Vuelve a medir al empleado para determinar si está en forma. ¿Te perdiste algo? ¿Sería mejor en un rol diferente?
5. Si hay un conflicto entre colegas (por ejemplo, este miembro del equipo trae consigo una nube oscura y el desempeño de todos se ve afectado), explica el impacto que están teniendo en los demás. Pregúntale qué acciones pueden tomar para que todos, incluido él, disfruten más trabajando juntos.

Si agotaste todas las opciones para encontrar el lugar adecuado para un empleado que alguna vez pensaste que sería excelente para tu empresa, es hora de dejarlo ir. Veremos cómo hacerlo más adelante. Primero, repasemos cómo tener esas primeras conversaciones difíciles sobre no estar a la altura.

Cómo tener conversaciones difíciles

Si sigues el Ritmo de Retención detallado en el capítulo 7, tendrás la herramienta más poderosa para enfrentar los problemas de rendimiento: las reuniones *one to one*. Cuando sabes qué le pasa a un empleado (sus proyectos laborales, sus objetivos personales y profesionales, las preocupaciones que tiene sobre su comunidad laboral, sus intereses y cualquier desafío personal que pueda tener), es mucho más fácil lidiar con los problemas a medida que surgen. Cuando notes que un empleado tiene dificultades de alguna manera o no cumple con las expectativas, puedes abordarlo de una manera no amenazante y trabajar juntos para encontrar una solución.

Por ejemplo, Terry (no Terry Bradshaw) es nueva en nuestro equipo. Ella es una gran empleada. Está motivada y ansiosa por aprender. Como mencioné antes, tenemos un retiro empresarial anual de tres días. Terry programó un viaje a Italia que se cruzaba con el retiro. No preguntó si podía perderse el retiro, sólo reservó el viaje. En sus reuniones *one to one* con Kelsey, Terry mencionó su sueño de viajar a Italia y que había reservado el viaje. Cuando Kelsey le preguntó sobre sus fechas, notó esta situación de empalme con el retiro.

En su conversación, Kelsey se enteró de que Terry no se dio cuenta de que el retiro de la empresa era una reunión obligatoria. Necesitamos que todos los empleados asistan a la reunión porque es cuando intercambiamos ideas y planeamos el año venidero. Kelsey explicó que se esperaba que Terry asistiera al retiro, y Terry ajustó sus vuelos lo mejor que pudo para al menos estar allí durante la parte principal del retiro. Si no tuviéramos las reuniones semanales, es posible que Kelsey no hubiera descubierto este problema a tiempo para que Terry lo corrigiera.

Terry no programó de manera intencional un conflicto, fue sólo un descuido. Y tal vez yo tenga parte (gran parte) de culpa. Debido a una invitación para una conferencia que llegó en el último minuto, pedí cambiar las fechas de nuestro retiro con sólo unos meses de anticipación, cuando por lo normal se planea con un año. Muchos errores, descuidos y desatinos no son intencionales y se deben a una falla en la comunicación. Repararlos con cuidado y franqueza por lo general los arregla para siempre. Puede que me equivoque, pero sospecho con firmeza que Terry no volverá a estar ausente durante un retiro.

Nuestro trabajo como líderes no es criticar a los empleados por su bajo desempeño o por cometer un error. Nuestro trabajo es descubrir *por qué* tienen un rendimiento deficiente o cometieron un error y determinar qué condiciones fomentarían un rendimiento óptimo. En otras palabras, no podemos sólo pedirles a nuestros empleados que corrijan su comportamiento. Tenemos que hacer nuestra parte y hacer las correcciones necesarias en su entorno de trabajo.

Todas las reuniones *one to one* con los empleados, ya sean controles semanales o reuniones disciplinarias formales, deben realizarse en privado. En la reunión, evita utilizar frases que equivalgan a decir: "Yo tengo razón y tú estás equivocado". En su lugar, utiliza un lenguaje que demuestre que tienes curiosidad y que estás escuchando, por ejemplo: "Esto es lo que he observado. ¿Cuáles son tus pensamientos?".

Una forma eficaz de tener conversaciones difíciles con los empleados es aprovechar los principios de la Gestalt.

La Gestalt es un tipo de psicología iniciada en Alemania por Max Wertheimer. La palabra "Gestalt" significa "forma" o "estado". La idea es mirar la totalidad de la mente, el todo completo, en lugar de las partes. Entonces, en lugar de observar cada error que cometió un empleado, cada problema que pueda tener, mira el panorama completo.

Parte de los principios de la Gestalt es el Protocolo del Lenguaje Gestalt. Fue diseñado para gestionar una relación a través de conversaciones difíciles. Esta estrategia te ayuda a evitar entrar en un debate con un compañero de equipo, donde una persona defiende y la otra ataca, y así de manera sucesiva. Éstas son las pautas a seguir:

1. No des consejos directos. Habla desde tu experiencia.
2. No des consejos integrados. Por ejemplo, evita decir: "¿Has considerado…?" o "¿Ya intentaste…?".
3. Utiliza declaraciones de "yo" en lugar de declaraciones de "tú".
4. Comparte los detalles, tanto lo positivo como lo negativo al respecto.
5. Comparte por qué preguntas lo que preguntas antes de preguntar. Esto no es un juicio.
6. En lugar de preguntar "¿Por qué?", pregunta "¿Cómo?". No preguntes: "¿Por qué hiciste eso?". En lugar de eso, pregunta: "¿Cómo llegaste a esa decisión?".
7. Para obtener claridad, parafrasea: "Lo que te oigo decir…".

La técnica del sándwich

La Técnica del Sándwich es una forma consciente de abordar temas difíciles con colegas. Me encanta esta técnica de retroalimentación crítica porque es fácil de recordar. Quiero decir, ¿a quién no le gusta un buen sándwich? El proceso también es sencillo de ejecutar y muy eficaz. En resumen, es una buena noticia (un trozo de pan), que abre a la persona para escuchar. La siguiente parte aborda el problema a solucionar (la carne o el hongo portobello, para mis amigos vegetarianos). Y la última parte es otra buena noticia, que podría ser un estímulo o una prueba solidaria de su progreso histórico (la otra rebanada de pan).

Digamos que un empleado llega tarde de manera constante a las reuniones de la empresa. Así podrías emplear la Técnica del Sándwich para abordar ese problema:

Pan (buenas noticias): "Aprecio el entusiasmo que muestras en nuestras sesiones de lluvia de ideas. Aportas un pensamiento tan poderoso y original. Y usamos esa idea específica que tuviste la semana pasada. Gracias por eso".

Carne (problema a solucionar): "Me di cuenta que has llegado tarde a nuestras reuniones en línea. ¿Sabes de qué estoy hablando?". Espera la confirmación y quizá la explicación. Luego agrega: "A veces retrasamos la reunión por ti, y otras veces, cuando llegas tarde, todos te saludan y eso interrumpe nuestro impulso. ¿Puedes llegar unos minutos antes a cada reunión?". Discute las opciones y sugiere alternativas. Por ejemplo, si llega tarde a una reunión en línea, es posible que mantenga la cámara apagada y el micrófono silenciado. Si la reunión es en persona y tiene un conflicto que le hará llegar tarde, podría aceptar saltarse la reunión o preguntar si se podría posponer.

Pan (más buenas noticias): "Todos buscamos mejorar el negocio. Aprecio lo abierto que estás a recibir comentarios honestos y tu voluntad de modificar tu horario y apoyar a la empresa. Estoy emocionado de escuchar tus ideas en nuestra próxima lluvia de ideas el martes".

¿Ves cómo la Técnica del Sándwich es una técnica que fortalece, en lugar de avergonzar? Durante la parte "carne" del proceso, recuerda ver primero si hay claridad compartida sobre el problema. Luego pregúntale qué piensa sobre cómo seguir adelante. Deje que el empleado cree la solución. Eso le da (lo has adivinado) propiedad psicológica (tocaré ese tambor hasta el fin de los tiempos).

Cuando uses esta técnica, no intentes abordar todo de una vez, porque podría resultar abrumador para la persona. En su lugar, prioriza el tema más urgente, el más importante. Arregla eso primero. Una vez que haya mejorado, "sandwichea" el próximo desafío.

Cómo saber a quién dejar ir

Ya abordaste el tema del acoplamiento, tuviste conversaciones difíciles y crees que puede ser el momento de iniciar el proceso de despido. ¿Cómo puedes estar seguro de que es la decisión correcta? La razón principal para despedir a alguien es si retener a esa persona sería perjudicial para la empresa. No contribuye a la empresa o no contribuye tan bien como se esperaba, o su presencia perjudica a la empresa de otra manera. Los motivos de despido pueden incluir:

- Desempeño (no cumple con las expectativas, falta al trabajo).
- Costo (tu empresa no puede pagarlo, reducción de personal).
- Interrupción (la persona está comprometiendo el desempeño de los demás).
- Reputación (la persona está dañando la reputación de la organización).
- Criminal (la persona está llevando a cabo una actividad criminal, por ejemplo, robo dentro o fuera de la empresa).
- Acoso (*bullying*, acoso sexual).

- Mentir (mentiras sobre la solicitud, desempeño laboral, presentación de informes sobre el trabajo, comportamiento poco ético, etcétera).
- Drogas/alcohol (uso ilegal, incapacidad para desempeñarse, etcétera).
- Desajuste de la comunidad (no armonizan con la comunidad que estás construyendo).
- Violaciones de políticas (viola las reglas de la empresa).

La lista anterior es bastante estándar. A la hora de decidir si es momento de iniciar el proceso de despido, también podemos aprender de las razones por las que podríamos abandonar una relación personal. En un artículo para Mindbodygreen.com, Sarah Regan comparte los consejos de la terapeuta matrimonial y familiar Shelly Bullard, quien ofrece catorce señales de que es hora de dejarlo ir. He adaptado la lista para empresas:

1. No te sientes cómodo ni seguro con él, ni de manera emocional ni física. No sientes que puedes confiar en él. Ese sentido arácnido está ahí por una razón. Y cuando se trata de seguridad personal, se debe confiar en nuestro instinto.
2. Tú (u otra persona de tu equipo) está haciendo el trabajo por él. Cuando de repente un miembro del equipo parece estar trabajando más horas, es posible que esté asumiendo el trabajo de otra persona.
3. Tiene un efecto agotador para todos en la oficina. La gente siente que necesita darle la vuelta a esta persona o tratarla con guantes de seda.
4. El negocio lo ha superado. Las primeras personas a bordo rara vez serán las últimas en subir. Las cosas cambian y, a veces, una persona ya no encaja. O a veces le ha quedado pequeño el negocio. Quiere más (más beneficios, más responsabilidad, más oportunidades de crecimiento) y tu empresa no tiene más para ofrecer.

5. Su rendimiento cae de manera continua y, a pesar de tener esas conversaciones difíciles, no ha mejorado.
6. Tus empleados no quieren trabajar con él.
7. Es insubordinado.
8. Sigues pensando que debes dejarlo ir.

Este último es tan importante como el resto, porque no podemos ignorar la persistente sensación de que algo no está bien. Los grandes líderes saben cuando lo saben, ¿sabes?

¿Has tenido un rendimiento inferior?

Antes de despedir a alguien por su bajo desempeño, realiza una revisión honesta de cómo tú y tu empresa tal vez tuvieron un desempeño inferior para esta persona.

¿Le proporcionaste la seguridad física, psicológica y financiera que necesitaba para hacer su mejor trabajo? ¿Le diste propiedad psicológica sobre algún aspecto de su rol? ¿Estabas involucrado en sus metas y sueños? ¿Estabas comprometido a construir y fomentar una comunidad y a asegurarte de que sintiera que pertenecía? ¿Seguiste el Ritmo de retención? ¿Les diste oportunidades para crecer y mejorar su desempeño?

Aquí hay otras preguntas a considerar:

1. ¿Lo has involucrado en un diálogo regular? ¿Reuniones *one to one*?
2. ¿Has explorado formas de apoyar sus metas y sueños a través de su trabajo? Incluso si sólo se trata de revisar de manera periódica sus metas y sueños.
3. ¿Has expresado gratitud a tu equipo?
4. ¿Has hecho un esfuerzo adicional para tu equipo?
5. ¿Has ayudado a tu colega a encontrar y desarrollar su potencial?

Los últimos quince minutos

Cuando Nancy Greene compartió esa dulce, dulce sabiduría: "Alguien que pierde su trabajo nunca debería sorprenderse por ello", le pedí que compartiera el protocolo que recomienda.

Explicó: "No estás obligado de manera legal a aplicar una disciplina progresiva, pero has invertido tiempo y energía en esa persona. El objetivo como empleador nunca es perder a un empleado con potencial. Quieres que estén allí diez años, quince años, veinte años".

En pocas palabras, la disciplina progresiva es una serie de conversaciones imperativas en las que se abordan los problemas en cuestión, se trabaja en conjunto para resolverlos y, si los problemas persisten, se abordan las consecuencias, incluida la posibilidad de ser despedido. Nancy recomienda documentar cada conversación por escrito para respaldar la comunicación verbal.

Si sabes que tal vez estés a punto de despedir a alguien, conoce la ley con anticipación. Cuando estés listo para despedir, querrás asegurarte de cumplir y tener capacidad legal para hacerlo. Recuerda, las leyes laborales varían de estado a estado (y país a país), por lo que si tu empleado es un trabajador remoto que vive en una localidad diferente a aquella en la que se encuentra tu empresa, deberás asegurarte de cumplir con las leyes del lugar.

Nancy explicó que muchos problemas y fricciones legales se pueden evitar garantizando que las políticas de la empresa estén por escrito, lo que elimina malentendidos. Es importante que los empleados comprendan qué derechos tienen sobre la propiedad física, como las laptops; propiedad intelectual; listas de clientes y otra información de propiedad exclusiva. También deben existir cláusulas de no competencia y acuerdos de confidencialidad antes de despedir a alguien. Esto hará que el paso final sea lo más sencillo posible para todos.

Cuando hayas pasado por todo el proceso de "despedir más lento" y estés listo para dejar ir a alguien, esa reunión final no debe

236 | ALL IN

durar más de quince minutos. Nancy explicó que nunca es una reunión larga porque no es una pelea. "La decisión ya está tomada. Tú sólo le estás informando y dándole su documentación final, pero la persona ya sabe que el despido está por llegar. Y si de verdad no lo ha visto venir en este momento, es porque no le has avisado".

Cuando le pregunté a Nancy cómo tener esta conversación tan difícil, dijo: "Diles: 'Oye, hemos tenido estas discusiones. Ya lo entendiste. Ya escuchaste mis preocupaciones respecto a tu desempeño. Estoy seguro de que te has sentido frustrado en el puesto. Es hora de que la empresa y tú sigan adelante'. Debido a que has tenido todas esas discusiones previas, esta reunión final no es una sorpresa".

Mantén tu compromiso de ver el potencial en todos

Como mencioné al comienzo de este capítulo, empoderar a un empleado para que desarrolle su potencial en otros lugares es la medida más desinteresada, en especial si no hay ninguna oportunidad de desarrollar ese potencial en tu empresa. Un empujón hacia la puerta puede ser justo lo que necesita para convertirse en quien quiere ser.

Lisa Palazzi trabajó para mí como asistente personal durante casi un año. Por más que lo intentó, no era la persona adecuada para ese papel. Hizo todo lo posible para gestionar mi agenda, pero no era lo suyo. El primer día de incorporación, donde el equipo compartió curiosidades sobre ellos mismos, descubrimos que a Lisa le apasionaba la extinción de incendios. Tenía un enorme potencial en esa área, pero no teníamos la oportunidad de que ella creciera en eso. Quiero decir, a menos que alguien comenzara a quemar mis libros, algo que algunas de las reseñas que recibo indican que sería una mejor opción que leerlos. Pero incluso entonces, sería una situación con un balde de agua, es seguro que no un camión de bomberos.

Pero lo que *sí* teníamos era la capacidad de permitirle tener la flexibilidad de explorar su interés. Como todos vieron que ella sería excelente como bombero y la apoyaron, ella correspondió haciendo lo mejor que pudo con mi horario, aunque no era su pasión. Nos mantuvo adelante mientras buscábamos a alguien que encajara mejor y la mantuvimos mientras buscaba oportunidades para alcanzar su potencial, fuera de la empresa. Y aquí está la parte sorprendente. Lisa hizo un mejor trabajo como encargada de mi agenda que la mayoría de las personas que intentaron desempeñar ese papel por mí. ¿Por qué? El poder de la reciprocidad. Cuida los verdaderos intereses de la persona y ella cuidará de los tuyos.

Doce meses después, Lisa encontró el trabajo de sus sueños como bombero de un aeropuerto en Georgia y encontramos a la persona perfecta para manejar mi agenda, Erin. Vimos el potencial de Lisa cuando la contratamos y no dejamos de verlo sólo porque no fuera la adecuada para el trabajo que necesitábamos que hiciera.

Dejar ir a Lisa no fue una experiencia negativa y complicada. Fue una experiencia alegre porque ambos ganamos. La verdadera prueba de esto es que, seis meses después de dejar nuestra empresa, Lisa preguntó si podía venir a nuestro retiro anual de la empresa para participar con el equipo. Ella no tenía que hacer eso, ella *eligió* hacerlo. Y lo hizo con su dinero y su tiempo porque quería darnos sus ideas para ayudar a crecer el negocio. Además, aprendimos a no encender la chimenea de la casa sin abrir el conducto de humos. Fuego evitado.

Te pregunto de nuevo, ¿el despido debe ser negativo? ¿Qué pasa si cuando tomamos la difícil decisión de despedir a alguien, resulta ser algo bueno para todos, incluida la persona despedida? Deberíamos redefinir "dejar ir a alguien" por "dejar que alguien florezca". Imagina una planta que pones a la sombra. Lucha por crecer. Intentas regarla, fertilizarla, cantarle canciones, pero no importa lo que hagas, sigue marchitándose. Si la transfieres a una nueva ubicación donde pueda recibir el sol que necesita para crecer, la planta prosperará.

No es necesario que enmarques un despido como un despido, puede ser una transición al estatus de exalumno. En nuestra oficina tenemos un muro de exalumnos, con Lisa, Liz, Jake y Maritza. Todos antiguos compañeros en activo que han pasado a explorar su potencial en otros lugares. Todavía admirados por nuestra empresa. Todos siguen ofreciendo apoyo e información y apareciendo cuando nosotros o ellos lo pedimos.

La autoevaluación "mejor la próxima vez"

Cuando hay una incompatibilidad entre la idoneidad y la capacidad de un empleado, es una oportunidad para investigar qué pudo salir mal. El fracaso es una parte clave del aprendizaje. Tal vez contrataste a alguien para un puesto y terminaste dándole trabajos diferentes por completo. Quizá debes ajustar las listas de elementos imprescindibles para la siguiente persona. Tal vez el interés demostrado de una persona en los talleres disminuyó con el tiempo, una señal de que ese potencial específico está limitado. Es posible que necesites encontrar un nuevo ejercicio para el evento que revele el interés de alguien más allá de la curiosidad.

En su TED Talk "Aumenta tu autoconciencia con una solución simple", la psicóloga organizacional Tasha Eurich afirma que la mayoría de las personas (95%) piensan que son conscientes de sí, pero sólo una pequeña fracción lo es (menos del 15%). ¡Es una gran brecha! Creemos que nos conocemos, pero pocos lo hacemos.

En su libro *Insight: The Surprising Truth About How Others See Us, How We See Ourselves, and Why the Answers Matter More Than We Think*, Eurich revela los resultados de tres años de investigación sobre la autoconciencia. Esa investigación mostró lo que las personas en verdad conscientes de sí, el 15%, lo hacen de manera diferente. Y tiene que ver con el tipo de preguntas que se hacen.

Eurich dice que para empezar a ser más consciente de nosotros mismos: "Sólo necesitamos cambiar una simple palabra. Cambia 'por qué' por 'qué'. Las preguntas con 'por qué' nos atrapan en un espejo retrovisor. Las preguntas 'qué' nos hacen avanzar hacia el futuro".

Un gran líder reflexiona sobre su parte en las cosas. En lugar de culpar del despido al empleado que no funcionó, a otra persona o a las circunstancias, tómate el tiempo para evaluarte a ti y a tu empresa. Esto no es una fiesta de vergüenza preguntándote "¿por qué salió mal?". Debes preguntarte: "¿Qué puedo hacer mejor para asegurarme de que la siguiente persona sea la ideal?" y luego tomar medidas sobre lo que has aprendido.

Creé la herramienta de autoevaluación "Mejor la próxima vez", que puedes descargar en theallincompany.com. Te recomiendo que completes todo el formulario y tomes medidas para realizar mejoras. Por ahora, aquí hay algunas preguntas sobre el "qué" que debes considerar a medida que adquieres conciencia de tu liderazgo:

1. ¿Qué cambios debo hacer en los requisitos imprescindibles de este puesto (responsabilidades, cualidades y cualificaciones) para garantizar que la siguiente persona se adapte mejor?
2. ¿Qué más puedo hacer para identificar habilidades y potencial en los candidatos?
3. ¿Qué puedo hacer para mejorar la seguridad física, psicológica y financiera de mi equipo?
4. ¿Qué más puedo hacer para fomentar la propiedad psicológica en los empleados?
5. ¿Qué más puedo hacer para fomentar el potencial de los empleados?
6. ¿Qué más puedo hacer para ayudar a los empleados a ser más quienes son en el trabajo?

BUEN Y GRAN LIDERAZGO	
BUENOS LÍDERES	**GRANDES LÍDERES**
Despiden empleados	Gradúan empleados
Si el desempeño de un empleado es inadecuado o su potencial no se puede aprovechar en la empresa, deberá seguir adelante. Los buenos líderes se aseguran de que los despidos de empleados no sean una sorpresa.	Cuando la capacidad existente y la capacidad potencial de un empleado están fuera de las funciones/ necesidades que tiene la empresa, se le debe dirigir a desarrollar su potencial en otra parte. Su historia siempre será parte del negocio. Y en algunos casos, se puede mantener una afinidad. Los grandes líderes hacen todo lo que está a su alcance para pavimentar el camino a seguir para los empleados despedidos.
Contratan despacio, despiden rápido	Contratan despacio, despiden más despacio
Contratar con rapidez para satisfacer una necesidad urgente da como resultado malas contrataciones. Cuando alguien no encaja en realidad, debe dejar la empresa. Los buenos líderes hacen esfuerzos extraordinarios para determinar si un candidato es compatible y actúan de manera rápida cuando sienten que alguien no encaja.	Cuando una buena combinación se desalinea, intenta realinearla antes de dejar ir a alguien. Los grandes líderes se toman el tiempo para reconsiderar la aplicación del potencial de un empleado antes de graduarlo.

Cierre

Tu liderazgo vive por generaciones

Sólo vi a mi papá llorar una vez en toda mi vida. Sucedió cuando estaba en casa durante el fin de semana después de la universidad. Durante una comida típica en la mesa de la cocina de mis padres, miré por la ventana. A lo lejos podía ver la escuela primaria a la que asistía cuando era niño. Me llamó la atención que mi padre nunca me contó mucho sobre su infancia, salvo por un campamento al que fue cuando tenía doce años. Así que de manera casual le pregunté sobre su familia y cómo fueron sus años de formación.

De repente sus ojos se llenaron de lágrimas y empezó a llorar. Lo único que pudo murmurar fue: "Tenía que estar de rodillas y sostener ladrillos sobre mi cabeza. No sé lo que hice. No sé lo que hice". Sollozó tan profundamente. No tenía ni idea. Nunca volví a ver a mi papá llorar. Y nunca más escuché una palabra sobre lo que había sucedido. O cuántas veces había sucedido.

Mi padre, John P. Michalowicz, nació en las viviendas del Lower East Side de Nueva York en 1928. Si no conoces las viviendas, eran edificios de apartamentos congestionados que albergaban a más de quince mil personas, en su mayoría inmigrantes muy pobres.

Las condiciones para muchos eran deplorables e inhabitables, y se propagaban enfermedades como la malaria y la gripe española. En su informe de 1902, el Departamento de Viviendas declaró que "se ha descubierto que las condiciones de las viviendas son tan malas que resultan indescriptibles de forma impresa".

Incluso después de que la Ley de Viviendas de 1902 obligara a los propietarios a mejorar algunas condiciones, como instalar un inodoro "operativo" en el pasillo de cada piso, la vida era dura para inmigrantes como la familia de mi padre. Y como tantos niños con los que creció, mi padre enfrentó una buena cantidad de tragedias. Su madre, Elizabeth, fue internada en un asilo cuando él tenía cinco años, dejándolo a él y a sus hermanos al cuidado de su padre abusivo (el hombre de los ladrillos).

Pero ésta no es una historia trágica.

Tampoco es una historia sobre mi papá.

Ésta es una historia sobre una gran líder, Helen Fuller.

Cuando mi papá no podía caminar en su último año, lo visitaba varias veces a la semana y les hacía preguntas a él y a mi mamá sobre su vida. Al principio hice esto para pasar el tiempo. Luego me di cuenta de que era una oportunidad para que mis padres, de la Gran Generación, con los labios apretados, se sinceraran sobre su pasado y me contaran historias que no había escuchado antes.

Un día pregunté: "¿Quién es la persona que tuvo más influencia en tu vida?".

Sin dudarlo, dijo: "Helen Fuller". Las lágrimas brotaron de sus ojos. Lágrimas de alegría, esta vez. Sonrió de oreja a oreja.

Nunca había escuchado el nombre antes, así que lo presioné para que me dijera más. Me enteré de que la señora Fuller trabajaba para la Community Service Society (css), una organización formada en 1939 con la misión de que "todo neoyorquino merece vivir con dignidad y seguridad económica". Mi papá fue uno de los primeros niños en beneficiarse del programa.

La señora Fuller únicamente se reunió con mi padre algunas pocas veces, pero para él ella fue más una madre de lo que lo fue su padre, o de lo que su madre podría llegar a ser alguna vez. Se conocieron por primera vez cuando papá tenía doce años. Por su historia, quedaba claro que ella lo había escuchado de verdad. Que ella quería aprender sobre sus sueños. Que ella vio su potencial y lo guio a explorarlo.

Ese verano, ella lo envió a un campamento de CSS en Maine. Mi papá lo llamó "Campamento Snug-in-the-Woods", pero no encuentro ningún registro de ello. Quizá fue el nombre que le pusieron los niños. Cualquiera que sea el nombre que reciba, ese campamento ayudó a mi padre a ver otra forma de vivir. Le dio la oportunidad de liberarse de las peligrosas condiciones en las que vivía. Y le dio la oportunidad de imaginar un futuro más allá del destino de tantos niños de esas viviendas.

La señora Fuller se reunió con mi papá al menos dos veces más. Le sugirió que fuera a la universidad y le explicó con exactitud cómo hacerlo. Con su apoyo, se unió al ejército, lo que ayudó a financiar su educación. Después de su servicio militar y graduarse de la universidad, consiguió un trabajo y, como era mucho más común en aquellos días, trabajó allí toda su vida. Trabajó para Foster Wheeler desde el día en que completó sus estudios hasta el día de su jubilación. Durante su tiempo en la empresa fue ingeniero, gerente de ventas y, en última instancia, gerente de proyectos, supervisando la construcción de refinerías de petróleo en todo el mundo.

Más importante aún, papá vivió una buena vida. Era un esposo y padre amoroso. Fue gentil, solidario y amable. Cuando quise aprender a tocar la guitarra, él pagó mis lecciones, a pesar de que nadie en mi casa tenía inclinaciones musicales (ejem… incluyéndome a mí, lo cual por fin descubrí). Cuando después le mostré mi interpretación de "Back in Black" de AC/DC con mi guitarra desafinada, que estaba demasiado fuerte y distorsionada, sonrió al final y, con mi mamá, me dio mi primera ovación de pie. La única música que escuchaba papá eran conciertos de Beethoven, Vivaldi y Bach, pero nunca me dijo que bajara el volumen de la música ni mi interés. Me animó a explorar mi potencial.

Cuando quería hacer deporte, papá me animaba, aunque nadie en la casa era deportista. Y cuando comencé mi primera empresa, ¿adivinen quién me respaldó? No tenía idea de lo que estaba haciendo. Fue arriesgado y loco. Y aunque ni mis padres ni mis familiares eran emprendedores, mis padres me dieron dinero de sus ahorros para la jubilación para que lo hiciera, sin dudarlo.

Cuando me entregó el dinero, papá me dio una palmada en la espalda y me dijo: "Dale todo lo que tienes. Ve si es para ti".

Mis padres también se inscribieron para ser el equipo de limpieza de la oficina. Habla de apoyo. Habla de creer en alguien que sólo quiere intentarlo. Habla sobre apoyar el potencial de otra persona, en especial cuando no es el suyo.

No fue hasta que papá mencionó a la señora Fuller que pensé en el impacto que *él* tuvo en mí. En mí está muy arraigada la creencia de que todos somos excepcionales y que todos tenemos potencial. Ahora veo que vino de mi papá. Y la razón por la que vino de mi padre es porque tenía el don del liderazgo de la señora Fuller. Ella vio potencial en él. Mi papá vio potencial en mí. Yo lo veo en ti. Claro como el día.

La señora Fuller era la definición de un gran liderazgo. Vio potencial en los niños que otras personas habían descartado y luego cultivó ese potencial. Como ella hizo eso por mi papá, él vio el potencial en los demás y lo alimentó. Yo he pasado a hacer lo mismo. Y quizá mis hijos sean los próximos videntes potenciales.

Un gran liderazgo engendra un gran liderazgo.

Tu liderazgo tendrá un impacto no sólo en tu equipo, sino también en los equipos con los que trabajarán, en sus hijos y en los hijos de sus hijos.

Me pregunto si siquiera te das cuenta: tienes el mayor potencial que existe. Puedes desarrollarte y crecer desarrollando y haciendo crecer el potencial de los demás. Eso es algo importante. Eres importante. Sí, eres importante. No lo digo a la ligera. El gran liderazgo se define por el servicio, el impacto y el cuidado de los demás. No importa el tamaño de la empresa que tienes o para la que trabajas. No importa si trabajas para una empresa o administras una familia. No importa si cuidas de cientos de personas o si estás guiando a una sola persona. O tal vez estás en medio de los desafíos de la vida y sólo estás llamado a liderarte a ti. No importan tus circunstancias, eres un líder. Y la oportunidad de grandeza está a tu alcance.

Un gran liderazgo no son de manera necesaria los personajes famosos o los grandes nombres. Sí, seguro podríamos recitar lo geniales que son algunas de esas personas, pero creo que eso no le haría ningún favor a Helen Fuller. Creo que no te haría ningún favor a ti ni al impacto que tienes.

Los grandes líderes guían a otros hacia su grandeza. No tienes que ser famoso, ni dirigir una gran empresa, ni realizar un acto heroico que te lleve a aparecer en las noticias de las seis. Todo lo que se requiere para un gran liderazgo es un gran cariño. Y como ya sabes, eso comienza con ver el potencial de las personas y tomar medidas para desarrollarlo. Eso es lo que hacen los grandes líderes.

Tienes la oportunidad de ayudar a todas las personas que tocas, incluso si sólo trabajas con ellas durante un año, incluso si tu participación con ellas es de un sólo contacto. Sin importar el momento, lo sé. Cuando ayudas a una persona, la apoyas y le cambias la vida, nunca lo olvida. Apuesto a que puedes reflexionar sobre tu vida e identificar con rapidez a las personas que han tenido un gran impacto en ti. Sospecho que lo hicieron porque se preocupaban por ti. Te ayudaron a ser más tú. Es posible que incluso te hayan ayudado a convertirte en la persona que debías ser.

Estás en el papel de tu vida. Tienes la oportunidad de ayudar a otros a ser más ellos mismos. Y quizá, sólo quizá, ése sea el regalo más bondadoso que puedas darle a toda la humanidad.

En ecología, el "efecto cascada" se refiere a una "secuencia de eventos en los que cada uno produce las circunstancias necesarias para el inicio del siguiente". Se utiliza con frecuencia cuando se hace referencia a desastres climáticos. Por ejemplo, un pequeño cambio en la naturaleza puede afectar a todo el ecosistema, porque cada cambio provoca otro cambio, que a su vez provoca otro cambio, y así de manera sucesiva. En el caso de los seres humanos, el efecto cascada también puede tener efectos positivos.

La señora Fuller ve potencial en mi padre, quien luego comienza a verse a sí mismo de manera diferente. Entonces él es una persona mejor, más evolucionada, más esperanzada y, a su vez, un mejor padre para mí y para mi hermana. Papá ve potencial en nosotros y ambos vivimos nuestras vidas sin miedo a probar cosas nuevas. Mi hermana también se convirtió en empresaria por primera vez cuando tenía cincuenta años. ¿La primera persona animándola? Papá.

Nos sentimos apoyados de maneras que nuestro padre no lo estaba, y luego transferimos ese nivel de apoyo a nuestros hijos, a nuestros equipos, a nuestros grupos sociales. El apoyo de la señora Fuller a mi padre ha tenido un efecto en cascada que mejoró innumerables vidas.

Tu liderazgo también tendrá un efecto en cascada. Ya lo has hecho, para bien o para mal. Intencional o accidental. Pero hoy tienes la oportunidad de tomar una decisión. ¿Usarás tus poderes para un bien intencional? ¿Usarás tus poderes para hacer crecer el potencial humano?

Los grandes líderes crean *generaciones de impacto*.

En las páginas de este libro, no sólo has aprendido el valor de encontrar y fomentar el potencial de tus empleados, sino que has descubierto un camino comprobado a seguir. Has aprendido la fórmula para crear un equipo imparable: Acoplamiento + Capacidad + Seguridad + Propiedad (ACSP). Y has obtenido las herramientas y las ideas para aplicar esa fórmula a tu propio negocio.

También has aprendido lo que *no* funciona: las creencias, estrategias y sistemas que han estado obstaculizando el crecimiento de tu negocio y dificultándote reclutar y retener a los mejores empleados que de verdad se preocupan por tu negocio. Puedes dejar de lado estas estrategias comerciales obsoletas y dañinas en potencia ahora. Estás listo para defenderte.

Ahora comprendes que, si deseas que tu equipo lo dé todo por tu empresa, tú debes darlo todo por tu equipo. Y ahora sabes con exactitud cómo hacerlo.

Y ahora comprendes que ACSP va más allá de sus problemas y objetivos comerciales.

Así es como cambiarás el mundo.

En sus últimos días, mi papá perdió la capacidad de hablar. La última vez que lo escuché hablar le hice la misma pregunta que le había hecho meses antes: "¿Quién tuvo la influencia más importante en tu vida?". Había olvidado su nombre y quería escribirlo para poder compartirlo contigo.

La voz de papá era tan débil que no podía entender sus murmullos. Entonces le pregunté de nuevo. Aun así, no pude entender.

Luego dije: "Papá, ¿puedes deletrear su nombre?".

"H... E... L... E... N", dijo. "F... U... L... L... E... R".

Escribí cada letra de su nombre en mi libreta. Allí estaba ella. La mayor influencia de mi papá, el mayor líder de su vida. Helen Fuller. Qué honor ser la persona que alguien recuerda en su último aliento.

Los grandes líderes no hacen que la gente crea en ellos. Hacen que la gente crea en sí misma. Eso es lo que Helen Fuller hizo por mi padre y por muchos otros niños que, sin su guía y apoyo, tal vez nunca hubieran expresado o comprendido todo lo que aguardaba en su interior para ser revelado.

La honro, señora Fuller.

Te extraño, papá.

BUEN Y GRAN LIDERAZGO	
BUENOS LÍDERES	**GRANDES LÍDERES**
Van por todo	Lo dan todo

AGRADECIMIENTOS

¿Sabes lo que descubrí cuando escribí mi primer libro? Se necesita un equipo. Mi fantasía de escribir de manera febril en una cabaña cerca de un estanque y salir con oro literario era sólo eso: una fantasía. Después de un año de esfuerzo, en mi sótano junto a la caldera, había creado una basura literaria. Entonces conocí a la persona que transformaría mi vida para siempre: Anjanette.

Anjanette Harper, has estado convirtiendo mis ideas crudas y sin cortes en joyas literarias con todos y cada uno de los libros que creamos. Justo cuando creo que es imposible subir el listón, te has vuelto a superar. Tú, amiga mía, eres la definición de arte y esfuerzo. Tu amistad significa mucho para mí.

Noah Schwartzberg, nada me alegra el día más que una llamada tuya diciendo: "Éste es el mejor libro que has escrito hasta ahora". Y nada destruye más mi día que una llamada tuya que dice: "Necesitamos un recorte aquí o allá".

Pero es dentro de este delicado estira y afloja donde un libro alcanza su mejor forma. Siempre estaré en deuda contigo por cuestionar y mejorar los conceptos, recortar y ampliar el texto y seguir manteniendo mi voz intacta. ¡Me quito el sombrero ante ti, amigo mío!

Danielle Mulvey, lo único que puede igualar tu impulso es tu amor por los emprendedores, los líderes, la familia y los amigos. La All In Company que has creado tiene un impacto extraordinario y una atención incomparable. Aprecio los momentos que pasamos juntos recorriendo el país, hablando con emprendedores y profundizando en cada idea de negocio imaginable.

Y a mis héroes anónimos que trabajan detrás de escena para hacer que el viaje empresarial sea muy sencillo. Kelsey Ayres, Amy Cartelli, Jenna Lorenz, Andrea Conway, Erin Chazotte, Isabel Capodanno, Adayla Michalowicz y Cordé Reed: ¡ustedes son increíbles! Su dedicación y arduo trabajo han hecho posible esta misión.

Espero que este libro te haya resultado de gran utilidad. De manera sincera espero que te hayas enamorado. Como puedes ver, este libro es el resultado de un esfuerzo de equipo. Un esfuerzo de todo el Equipo All In.

PD.: Anjanette, si mis cálculos son correctos, de hecho estaremos dando los toques finales al próximo libro mientras estamos sentados junto a un estanque. Un estanque en verdad grande. Gracias por crear mis sueños y felicidades por crear el tuyo.

NOTAS

Introducción

[1] Will Stewart, "Pictured: Guard Who Ruined £740,000 Painting by Drawing Eyes on It", Mail Online, 11 de febrero de 2022, dailymail.co.uk/news/article-10502763/Pictured-Bored-security-guard-ruined-740-000-painting-drawing-eyes-it.html. Revisado el 3 de julio de 2022.

[2] "Where Museum Guards Pick the Art", CBS News, 27 de marzo de 2022, cbsnews.com/news/baltimore-museum-of-art-guarding-the-art/. Revisado el 3 de julio de 2022.

Capítulo 2: Elimina la entropía

[3] Daniel B. Murray y Scott W. Teare, "Probability of a Tossed Coin Landing on Edge", Physical Review E 48, nota 4 (Octubre, 1993): 2547-52, journals.aps.org/pre/abstract/10.1103/PhysRevE.48.2547.

Capítulo 3: Contrata potencial

[4] Dana Rodriguez, "A Practical Definition of 'A Player'", Topgrading, 22 de noviembre de 2018, topgrading.com/resources/blog/a-practical-definition-a-player.

[5] Jim Farber, "Eddie Van Halen, Virtuoso of the Rock Guitar, Dies at 64", The New York Times, 6 de octubre de 2020, nytimes.com/2020/10/06/arts/music/eddie-van-halen-dead.html. Revisado el 2 de septiembre de 2022.

Capítulo 5: Mantén un entorno seguro y de aceptación

[6] "Consecuencias imprevistas", Wikipedia, 30 de mayo de 2008, https://es.wikipedia.org/wiki/Consecuencias_imprevistas. Revisado el 20 de noviembre de 2022.

[7] Radha Iyengar, "I'd Rather Be Hanged for a Sheep Than a Lamb: The Unintended Consequences of 'Three-Strikes' Laws", NBER, 7 de febrero de 2008, nber.org/papers/w13784.

[8] Mike Archer, "Ordering the Vegetarian Meal? There's More Animal Blood on Your Hands", The Conversation, 15 de diciembre de 2011, theconversation.com/ordering-the-vegetarian-meal-there-s-more-animal-blood-on-your-hands-4659.

[9] Kate Moore, "The Forgotten Story of the Radium Girls, Whose Deaths Saved Thousands of Lives", BuzzFeed, 5 de mayo, 2017, buzzfeed.com/authorkatemoore/the-light-that-does-not-lie. Revisado el 30 de noviembre de 2022.

[10] Charles Duhigg, "What Google Learned from Its Quest to Build the Perfect Team", The New York Times Magazine, 25 de febrero de 2016, nytimes.com/2016/02/28/magazine/what-google-learned-from-its-quest-to-build-the-perfect-team.html. Revisado el 4 diciembre de 2022.

Capítulo 6: Fomenta la propiedad psicológica

[11] Bill Fotsch y John Case, "The Business Case for Open-Book Management", Forbes, 25 de julio de 2017, forbes.com/sites/fotschcase/2017/07/25/the-business-case-for-open-book-management. Revisado el 14 de abril de 2023.

[12] Patricia Corrigan, "Baltimore Museum Security Staff Curate a Show of Their Own", Next Avenue, 29 de abril de 2022, nextavenue.org/museum-security-staff-members-curate-a-show-of-their-favorite-art/. Revisado el 26 de diciembre de 2022.

[13] "Jon L. Pierce", The Science of Ownership, 8 de octubre de 2014, thescienceofownership.org/facesvoices/featured/jon-l-pierce/.

[14] Jon L. Pierce, Stephen A. Rubenfeld, y Susan Morgan, "Employee Ownership: A Conceptual Model of Process and Effects", Academy of Management Review 16, no. 1 (enero de 1991): 121-44, jstor.org/stable/258609. Revisado el 26 de diciembre de 2022.

Capítulo 10: Eleva la experiencia y el rendimiento de los empleados de alto nivel

[15] Tracy Brower, "Learning Is a Sure Path to Happiness: Science Proves It", Forbes, 17 de octubre de 2021, forbes.com/sites/tracy brower/2021/10/17/learning-is-a-sure-path-to-happiness-science -proves-it. Revisado el 23 de 2022.

[16] Abigail Johnson Hess, "LinkedIn: 94% of Employees Say They Would Stay at a Company Longer for This Reason— And It's Not a Raise", CNBC, 27 de febrero de 2019, cnbc.com/2019/02/27/94 percent-of-employees-would-stay-at-a-company-for-this-one-reason. html. Revisado el 21 de noviembre de 2022.

[17] Karl Moore, "The 5 Languages of Appreciation at Work", Forbes, 18 de abril de 2022, forbes.com/sites/karlmoore/2022/04/18/ the-five-languages-of-appreciation-at-work/. Revisado el 20 de noviembre de 2022.

[18] "Strong Like Spider Silk", Science, 20 de noviembre de 2018, science.org/content/article/spider-silk-five-times-stronger-steel-now-scientists-know-why. Revisado el 30 de diciembre de 2022.

[19] Tom Wujec, "Build a Tower, Build a Team", TED Talk, ted. com/talks/tom_wujec_build_a_tower_build_a_team. Revisado el 20 de noviembre de 2022.

[20] United Nations, "Least Developed Country Category: Bhutan Profile", un.org/development/desa/dpad/least-developed-country -category-bhutan.html. Revisado el 20 de noviembre de 2022.

[21] Oxford Poverty and Human Development Initiative, "Bhutan's Gross National Happiness Index", ophi.org.uk/policy/bhutan -gnh-index/. Revisado el 20 de noviembre de 2022.

[22] Lyonpo Loknath Sharma y Ratnakar Adhikari, "What Bhutan Got Right About Happiness —and What Other Countries Can Learn", World Economic Forum, weforum.org/agenda/2021/10/lessons-from-bhutan-economic-development. Revisado el 20 de noviembre de 2022.

Capítulo 11: Adáptate a los entornos laborales cambiantes

[23] Kim Bhasin, "Best Buy CEO: Here's Why I Killed the 'Results Only Work Environment'", Business Insider, 18 de marzo de 2013, businessinsider.com/best-buy-ceo-rowe-2013-3. Revisado el 18 de noviembre de 2022.

[24] Seth Stevenson, "Don't Go to Work", Slate, 11 de mayo de 2014, slate.com/business/2014/05/best-buys-rowe-experiment-can-results-only-work-environments-actually-be-successful.html. Revisado el 18 de noviembre de 2022.

[25] "Revenue for Best Buy (BBY)", CompaniesMarketCap.com, companiesmarketcap.com/best-buy/revenue. Revisado el 18 de noviembre de 2022.

[26] Vivek Murthy, "Work and the Loneliness Epidemic", Harvard Business Review, 26 de septiembre de 2017, hbr.org/2017/09/work-and-the-loneliness-epidemic.

[27] Justin Fox, "Are Workers More Productive at Home?", Bloomberg, 2 de junio de 2022, bloomberg.com/opinion/articles/2022-06-02/are-workers-more-productive-at-home.

[28] Paul Hemp, "Presenteeism: At Work—But Out of It", Harvard Business Review, 1 de octubre de 2004, hbr.org/2004/10/presenteeism-at-work-but-out-of-it.

[29] Allie Gold, "Man Goes Viral for Never Missing a Day of Work in 27 Years", Q104.3, 28 de junio de 2022, q1043.iheart.com/content/2022-06-28-man-goes-viral-for-never-missing-a-day-of-work-in-27-years.

[30] Ieva Gailiūtė and Mindaugas Balčiauskas, "'They've Kind of Lost Touch with Their Workers': Man Shows a 'Goodie Bag' He Received from Burger King to Celebrate 27 Years of Loyalty", Bored Panda, boredpanda.com/burger-king-employee-27-years-perfect-attendance-goodie-bag. Revisado el 30 de diciembre de 2022.

Capítulo 12: Deja ir a la gente

[31] "Gestalt Psychology", Psych Web, psywww.com/intropsych/ch04-senses/gestalt-psychology.html. Revisado el 19 de noviembre de 2022.

[32] Subhanjan Sarkar, "The Gestalt (Language) Protocol", Pitch. Link, 24 de junio de 2019, pitch.link/blog/the-gestalt-language-protocol.

[33] Sarah Regan, "How to Actually Let Go of Someone & 14 Signs It's Time, from Therapists", MindBodyGreen, 14 de abril de 2022, www.mindbodygreen.com/articles/how-to-let-go-of-someone. Revisado el 19 de noviembre de 2022.

[34] Tasha Eurich, "Increase Your Self-Awareness with One Simple Fix", TED Talk, ted.com/talks/tasha_eurich_increase_your_self_awareness_with_one_simple_fix. Revisado el 19 de noviembre de 2022.

Cierre: Tu liderazgo vive por generaciones

[35] Stuart Marques, "The Early Tenements of New York—Dark, Dank, and Dangerous", NYC Department of Records & Information Services, 17 de mayo de 2019, archives.nyc/blog/2019/5/16/the-early-tenements-of-new-yorkdark-dank-and-dangerous.

[36] Oxford Reference, oxfordreference.com/display/10.1093/oi/authority.20110803095552857. Revisado el 19 de enero de 2024.

All in de *Mike Michalowicz*
se terminó de imprimir en Abril de 2024
en los talleres de Corporativo Prográfico, S.A. de C.V.,
Calle Dos Núm. 257, Bodega 4, Col. Granjas San Antonio,
C.P. 09070, Alcaldía Iztapalapa, Ciudad de México.